CIÊNCIA OCULTA
E
CIÊNCIA MODERNA

CIÊNCIA OCULTA
E
CIÊNCIA MODERNA

I. K. Taimni

Tradução:
Edvaldo Batista

EDITORA
TEOSÓFICA

Brasília – DF

The Theosophical Publishing House
Adyar, Chennai, Índia, 1974.

T 133 TAIMNI, I. K.

Ciência oculta e ciência moderna / I. K. Taimni
Tradutor: Edvaldo B. Souza
1ª ed., Editora Teosófica, Brasília, 2020.

Tradução do original: Science and occultism

ISBN 978-65-88797-03-7

1. Ciência Oculta 2. Ciência Moderna 3. Teosofia II. Título

CDU 141.332

EDITORA TEOSÓFICA
SIG Quadra 6, Nº 1235
70.610-460 – Brasília-DF – Brasil
Tel.: (61) 3322.7843
E-mail: editorateosofica@editorateosofica.com.br
Site: www.editorateosofica.com.br

Tradução: Edvaldo Batista de Souza
Revisão Editorial: Adolfo Kuhn Pfeifer – Zeneida Cereja da Silva
Diagramação: Leandro Collares
Capa: Marcos Queiroz
Impressão: Gráfika Papel e Cores (61) 3344-3101
E-mail: comercial@papelecores.com.br

Sumário

Prefácio da Edição Brasileira

Dr. Iqbal Kishen Taimni (1898 – 1978) nasceu em Lucknow, Índia, numa família brâmane, e tendo recebido seu Doutorado em Química Inorgânica pela Universidade de Londres em 1928, tornou-se professor da Universidade de Allahabad. Sua principal contribuição à Sociedade Teosófica foi como escritor de diversas obras, pelo que recebeu a Medalha Subba Row em 1975, tendo sido um autor da chamada terceira geração teosófica. Ele tinha uma rara habilidade em seus escritos de combinar seu conhecimento de Filosofia Oriental e sânscrito com Filosofia Oculta e Ciência Moderna[1].

Como será visto em seu próprio prefácio, o autor considera que sempre houve um questionamento ou, talvez, uma busca pela verdade a respeito do "homem, Deus e o Universo" que, não por acaso, é também o título de uma de suas obras mais metafísicas. Ele sustenta que nessa busca a Religião trouxe a revelação de várias religiões desde a antiguidade, como contribuição da teologia, ou talvez, se pudesse acrescentar, nesse ponto, a Ciência da Religião. A outra contribuição viria da Filosofia Especulativa, também desde a antiguidade, aliada à lógica com sua expectativa de coerência. O autor entende que a Ciência Moderna representa uma nova abordagem dessa busca baseada na experimentação e investigação dos fenômenos da Natureza. Essa nova abordagem

---

1 HARRIS, Philip S., org. *Theosophical Encyclopedia*. Quezon City, Philippines: Theosophical Publishing House, 2006. p. 601-602, p. 613.

talvez possa ser parcialmente representada por um importante cientista comentado pelo autor, a saber, Albert Einstein em suas própria palavras:

> Eu creio em Deus... que se revela na harmonia ordenada do Universo. Eu creio que a Inteligência está manifestada em toda a Natureza. A base do trabalho científico é a convicção de que o mundo é uma entidade ordenada e compreensível e não uma coisa ao acaso.[2]

Esse enfoque buscando compreender as leis da Natureza como expressões da Mente Divina, bem como visando encontrar um método prático para descobrir a verdade por percepção direta, e não meramente especulativa, também caracteriza o *Yoga*. Foi nessa direção que Taimni escreveu *A Ciência do Yoga*[3], obra na qual obteve maior notoriedade. Nessa obra, o autor comenta sistematicamente a disciplina dos *Yoga-Sūtras* de Patañjali, obra clássica do fundador da escola do *Yoga* compilada provavelmente no século VI a.C. Taimni sustenta que o *Yoga* é uma ciência de autoconhecimento e progressiva libertação da consciência pela meditação. Dessa forma, o *Yoga* é apresentado como Ciência Oculta para superação do sofrimento.

A ideia de Ciência Oculta é definida pela Dra. Annie Besant em *Os Ideais da Teosofia*[4]. Sobre a distinção entre a Ciência Moderna oficial e a Ciência chamada Oculta, bem como seus respectivos métodos, Besant afirma nessa obra, na magnífica tradução de Fernando Pessoa: "Mas qual a diferença entre os métodos? Nenhuma diferença na observação, nenhuma diferença no esforço, nenhuma diferença no raciocínio sobre a observação feita. Uma diferença de aparelhos [instrumentos] – eis tudo." Ou seja, Besant considera que a Ciência Moderna usa "instrumentos de vidro ou metal, papel tornassol e líquidos corados". Por outro lado, aquele pesquisador que pratica a Ciência Oculta por meio de poderes psíquicos ou *siddhis*, chamados atualmente de poderes paranormais ou de percepção extrassensorial pela Parapsicologia,

---

2 EINSTEIN *apud* LINDEMANN, Ricardo; OLIVEIRA, Pedro. *A Tradição-Sabedoria.* Brasília: Teosófica, 2011. p. 108.

3 Originalmente publicada em inglês (*The Science of Yoga.*) em 1961. TAIMNI, I. K., PhD. *A Ciência do Yoga.* Brasília: Ed. Teosófica, 7ª ed., 2020. (N.E.)

4 BESANT, Annie. *Os Ideais da Teosofia.* Brasília: Ed. Teosófica, 2001. p. 75. (N.E.)

utiliza-os como seus respectivos instrumentos, e assim afirma: "arranjamos nossos aparelhos desenvolvendo em nós um sentido que está em evolução natural, e nós desenvolvêmo-lo um pouco mais rapidamente do que a Natureza o pode fazer sem auxílio."

Escolheu-se colocar como título do livro, na edição brasileira, "Ciência Oculta e Ciência Moderna", evitando-se traduzir literalmente do original em inglês *"Science and Occultism"*. O objetivo é evitar a ideia preconcebida da obra em relação ao termo "Ocultismo". Como H. P. Blavatsky alerta[5], "a maioria confunde 'Ciências Ocultas' em geral, até mesmo com a 'magia negra' [...] Em suma, os prismas através dos quais o Ocultismo aparece, para aqueles inocentes da filosofia, são tão multicoloridos e variados como pode lhes tornar a fantasia humana." Assim, pelo menos, deixa-se uma "porta aberta", possibilitando que o leitor, ao avançar na leitura do livro, adentre no "salão de um novo mundo", em todo o seu conjunto de conhecimentos, e que ampliam e são corroborados pelos conhecimentos dos homens de Ciência. E, talvez, um real Novo Paradigma[6] possa ser construído a partir daí.

Cabe ressaltar que o autor colocou alguns 'termos' com a 'letra inicial em maiúscula', e na edição brasileira optou-se por adicionar outros tantos, por duas razões. Primeiro, para facilitar o entendimento das ideias, devido à complexidade do assunto. Segundo, porque alguns termos se referem a um conceito mais amplo do que as pessoas estão acostumadas a usar no dia a dia. Como, por exemplo, o conceito da Consciência, tão pouco compreendido de modo geral. E ainda que o termo, na literatura sobre Ciência Oculta, seja usado com a letra inicial minúscula quando se trata da consciência individual para diferenciar

5 BLAVATSKY, H. P. *Ocultismo Prático.* Brasília: Ed. Teosófica, 2001. p. 149. (N.E.)

6 A noção de Paradigma científico foi definida pelo físico e filósofo da ciência norte-americano Thomas Samuel Kuhn, em seu livro *Estrutura das Revoluções Científicas* (1962), como uma constelação de realizações – concepções, valores e técnicas – compartilhada por uma comunidade científica e utilizada por essa comunidade para definir problemas e soluções legítimos. Para o autor, as mudanças de paradigma são as transformações significativas que ocorrem sob a forma de rupturas descontínuas e revolucionárias. Atualmente o termo foi vulgarizado na sociedade, diminuindo o seu profundo significado, ao caracterizar qualquer mudança nas organizações como uma 'mudança de paradigma'. (N.E.)

da Consciência Universal, se entendeu necessário para ressaltar a diferença como a palavra é referenciada na Psicologia[7].

As notas explicativas, inseridas ao longo do texto na edição brasileira, objetivam facilitar o entendimento daqueles que estão mais acostumados com os estudos de religião comparada e filosofia metafísica, do que de ciência. Por outro lado, muitas delas, e o glossário de termos sânscritos ao final do livro, em especial, se mostrarão de auxílio ao entendimento dos homens de ciência.

Também cabe informar que se preferiu, para maior clareza, traduzir as palavras em inglês *Manifested* e *Unmanifested* da seguinte forma: "Manifestado" e "Imanifestado", respectivamente.

Ao construir uma "ponte" reflexiva, com sólidas fundações, corroboradas, de um lado, pelas descobertas da Ciência Moderna, e de outro pelos conhecimentos mais avançados disponíveis na literatura sobre a Doutrina Oculta, o autor possibilita que ambos, cientistas e estudantes da Ciência Oculta se aproximem e se reconheçam como buscadores da verdade. E talvez finalmente possam "apertar as mãos" e assim passem a criar todo um novo universo de possibilidades de pesquisas e investigações, que poderão levar a uma humanidade mais fraterna.

Tudo isso é suficiente para mostrar a relevância desse livro, que evidencia aquilo que um Mestre de Sabedoria escreveu[8], há quase 140 anos, no final do Século XIX: "A Ciência é a nossa melhor aliada." Ou, como reforçado pelo autor ao citar um trecho da Doutrina Oculta: "Verdadeiramente, é a verdade que prevalece no final das contas, e não a falsidade ou o erro."

Agradecimentos são devidos a todos que contribuíram para esta edição.

Brasília, 12 de outubro de 2020.

Adolfo Pfeifer e Ricardo Lindemann
Departamento de Treinamento — Departamento Cultural e de Estudos
Sociedade Teosófica no Brasil

7 Na Psicologia, conforme Sigmund Freud, ampliação da consciência se refere a trazer partes daquilo que se encontra no Inconsciente para o Consciente. (N.E.)

8 BARKER, A. Trevor. Comp. *Cartas dos Mahatmas para A. P. Sinnett: escritas pelos Mahatmas M. e K.H.* 2ª ed. Brasília: Ed. Teosófica, 2017. Carta 65, v. 1., p. 268. (N.E.)

Prefácio do Autor

Desde que o homem desenvolveu a capacidade de inquirir acerca dos problemas da vida humana e do Universo, os pensadores têm se perguntado e imaginado a respeito da natureza das três realidades básicas da existência – o Homem, Deus e o Universo. No que diz respeito ao mundo externo, esse aspecto do aprofundamento confinou-se dentro de duas vertentes bem distintas. Uma vertente representa o fluxo do pensamento derivado das revelações feitas pelas várias religiões que surgiram no mundo de tempos em tempos. Essa chama-se Teologia. A outra vertente representa o fluxo do pensamento derivado da especulação. Essa é chamada de Filosofia Especulativa.

A principal corrente de pensamento no tocante aos problemas mais profundos da vida vinha fluindo ao longo dessas duas vertentes até que a Ciência apareceu em cena e adotou uma nova abordagem a esses problemas. Essa abordagem baseia-se na experimentação e investigação de todos os fenômenos da Natureza, através de métodos objetivos e bem delineados, ocasionando o surgimento de uma nova corrente de pensamento, parte experimental e parte especulativa, chamada Ciência.

Enquanto os dois primeiros métodos de investigação nos têm sido transmitidos desde tempos imemoriáveis, a nova abordagem é de origem comparativamente recente, porque a Ciência iniciou sua carreira no presente mundo somente cerca de trezentos anos atrás, até onde atingem os nossos registros históricos.

Todos os três ramos do conhecimento mencionados acima – Religião, Filosofia e Ciência – têm como verdade axiomática que há uma Realidade Última subjacente no Universo e em todos os fatos da existência. Os conceitos no que tange à natureza desta realidade podem diferir, os métodos de encontrar essa realidade podem variar, todavia não há nenhuma diferença de opinião no que diz respeito à existência desta realidade. Todos os grandes pensadores reconhecem a validade da afirmação acima, no que diz respeito à Religião e à Filosofia, mas pode haver alguns que duvidem que a Ciência avance na suposição da existência de tal Realidade subjacente ao mundo fenomenal, que é o objeto de sua investigação. Os seguintes extratos do livro *O Universo e o Dr. Einstein*[1] mostrarão que o exposto é, de fato, pertinente ao caso:

> "O filósofo e o místico, *bem como o cientista*, sempre procuraram, por intermédio de várias disciplinas de introspecção, chegar ao conhecimento da essência imutável última, que fundamenta o mundo ilusório mutável."

"Minha religião", diz Einstein, "consiste em uma humilde admiração do espírito superior ilimitado que se revela nos mínimos detalhes que somos capazes de perceber com nossas mentes frágeis e débeis. Essa concepção, que conduz ao aprofundamento emocional da presença de um poder de raciocínio superior, que se revela no Universo incompreensível, é a que forma minha ideia de Deus."

A disciplina de cada um desses ramos fundamentais do conhecimento tenta abordar o problema de conhecer esta Realidade subjacente a seu próprio modo característico. Revisemos sumariamente esses métodos e assinalemos suas vantagens e desvantagens antes de tratar o Método Oculto de abordagem ao problema de conhecer essa Realidade.

O método indutivo da Ciência depende da experimentação e do acúmulo de dados precisos derivados de experimentos realizados para resolver um problema particular. Quando há dados suficientes, um

---

1 BARNETT, Lincoln. *O Universo e o Dr. Einstein*, Editora Melhoramentos, 1948. (N.E.)

esforço é feito para descobrir, se possível, a lei subjacente ao fenômeno que está sendo investigado e formular uma hipótese que possa explicar satisfatoriamente os fenômenos observados. À luz dessa hipótese, experimentos adicionais são realizados para verificar se a hipótese permanece válida sob as novas condições. Se os novos fatos descobertos desta maneira não sustentam a hipótese, ela é devidamente modificada ou completamente abandonada, e uma nova hipótese a substitui. Esse processo de experimentação e formulação de hipótese prossegue, até que uma hipótese razoavelmente satisfatória, que explique todos os fatos observados a uma razoável extensão, é alcançada. Uma hipótese abrangente, que ilustre um número razoável de fatos observados e que se aplique de forma universal, é geralmente denominada teoria.

Deve-se frisar, contudo, que uma hipótese não é parte necessária do trabalho científico. Fatos experimentais podem sustentar-se, haja uma hipótese ou não para ilustrá-los. É necessário, também, lembrar-se de que um cientista não necessita realizar qualquer trabalho experimental para a formulação de uma teoria específica. Uma teoria pode ser formulada com base no trabalho experimental feito previamente por alguns outros trabalhadores e com os dados já disponíveis.

A Teoria da Relatividade é uma ilustração notável desta espécie de formulação baseada nos resultados obtidos por diversos cientistas, em campos diferentes de trabalho, e em dados e ideias fornecidos por eles. Einstein formulou uma teoria que talvez seja a mais extraordinária e de amplas consequências na história da Ciência. Com apenas um lápis e papel, e seu conhecimento teórico da Ciência, ele reuniu uma quantidade enorme de conhecimentos experimentais disseminados em diversos campos da Ciência, em uma teoria que não apenas revolucionou o pensamento científico, mas produziu um grande impacto na vida da humanidade como um todo. É verdade que sua teoria foi também testada por alguns experimentos cruciais, mas essa corroboração experimental surgiu bem mais tarde.

O que foi dito acima mostrará que não é necessário ser um cientista experimental para poder elucidar os problemas científicos e aprimorar o pensamento científico. Um amplo e geral, porém preciso, domínio do conhecimento científico, combinado com compreensão clara das doutrinas[2] ocultas e capacidade de penetrar mais profundamente nas coisas que podem habilitar um estudante da Ciência Oculta, não apenas a entender minuciosamente ambos, mas também elucidá-los e posicioná-los a um relacionamento mais significativo. O estudante da Ciência Oculta tem a grande vantagem de poder confiar, implicitamente, nas doutrinas ocultas, pelo menos em suas linhas gerais, por razões que serão discutidas posteriormente. Ele, consequentemente, se posiciona em terra firme, entre as areias movediças do pensamento científico e pode, assim, fornecer um farol para aqueles que estão procurando um padrão confiável de referência, através do qual possa guiar seu curso nas ondulações encapeladas do pensamento moderno. Trata-se de um dever que recai a todos aqueles que têm a necessária percepção intuitiva, que permite ver o significado e o valor deste conhecimento precioso que nos foi concedido no mundo externo.

O cientista tenta investigar o oceano dos fatos desconhecidos, e com base em dados escassos que foi capaz de coletar, esboça suas conclusões a respeito de tudo, desde o mecanismo de percepção sensória à origem e natureza do Universo. A escassez destes dados pode ser verificada a partir da premissa de que ele não apenas precisa lidar com um infinito número de eventos sobre o Plano Físico, com seus limitados recursos, mas, também, por puro preconceito, ele colocou, fora de seu próprio alcance, todo o reino da Mente e da Consciência, e todos os mundos mais sutis que se escondem dentro do arcabouço do Universo físico. Os fatos da existência não cessam de existir quando as pessoas os ignoram, muito embora essas pessoas possam ser os cientistas da era moderna. Assim, quando um cientista chega às suas conclusões sobre o reino infinito dos fatos físicos e superfísicos, eles permanecem inexplorados ou explorados de forma parcial no cenário distante do desconhecido. É este fato inevitável que surge para lembrá-lo de que nunca chegará à verdade final da existência, e jamais poderá expressar-se com certeza sobre as verdades parciais e limitadas que descobriu. A descoberta de fatos novos e inesperados, nem mesmo

2 Doutrina – Conjunto das ideias básicas contidas num sistema filosófico, político, religioso, econômico etc. Conjunto coerente de ideias fundamentais a serem transmitidas, ensinadas. (N.E.)

suspeitados por ele, pode invalidar suas conclusões a qualquer tempo, como tem sido comprovado reiteradamente em diferentes campos da investigação científica.

Na medida em que o cientista limita-se aos fatos descobertos experimentalmente por ele, encontra-se em solo muito firme, e ninguém pode levantar objeções às suas reivindicações ou acusá-lo por tirar suas próprias conclusões com base nesses fatos parciais. É somente quando ele deixa seu domínio legítimo, e baseado em dados físicos extremamente insuficientes e em noções preconcebidas, que ele declara sua opinião não comprovada sobre os problemas finais da vida humana e do Universo, que ele se torna suscetível a erros grosseiros e ao ônus de induzir a preconceito a mente humana e, assim, interferir no curso natural da evolução humana.

Será visto do que foi ressaltado acima sobre o método científico que ele é inerentemente incapaz de descobrir as verdades fundamentais da existência em sua forma "real". Isto é assim não apenas por causa da natureza limitada do método indutivo, adotado pela Ciência Moderna em seus métodos de investigação, mas também, porque os cientistas, arbitrária e deliberadamente, posicionam-se perante um objetivo extremamente limitado, confinando-se somente aos fenômenos e métodos físicos em suas investigações. Decidiram ignorar os amplos e mais importantes campos da Mente e Consciência, que, sem dúvida, formam a retaguarda dos fenômenos físicos e representam um fator indispensável na investigação desses fenômenos. O "observador" permeia o panorama de todo o campo da investigação científica e, sem ele, não haveria nenhum trabalho científico, ainda assim, ele é ignorado da forma mais irracional, e as teorias científicas se formulam e se baseiam sobre fatos puramente físicos, como se a Mente e a Consciência não tivessem existência reais e independentes, e não contassem.

Os cientistas, especialmente aqueles cuja ortodoxia é menos rígida, provavelmente negarão a imputação acima. Todavia, a atitude adotada pelos cientistas como um todo sobre as doutrinas da Ciência Oculta, e o fato de que em suas teorias sobre a natureza e origem do Universo, Mente e Consciência não se envolvem, é uma prova indireta da imputação acima.

A Mente e a Consciência são realidades subjetivas que não podem ser observadas e investigadas por métodos objetivos e, assim, a Ciência Moderna apresenta a desculpa de que seus métodos são objetivos e, consequentemente, se confinam aos fenômenos puramente objetivos, que podem ser investigados através de métodos objetivos. Mas o que podemos dizer sobre os mundos mais sutis, que se ocultam dentro do mundo físico? Esses mundos são objetivos em sua natureza, podem ser observados e seus fenômenos investigados quando os sentidos mais sutis, que permanecem adormecidos em cada ser humano, tiverem sido ativados. Todos os videntes, místicos, ocultistas e grandes instrutores religiosos do mundo testemunharam, em termos inequívocos, a existência desses mundos. Sociedades para pesquisas psíquicas investigaram muitos fenômenos físicos anormais e chegaram à conclusão de que há, no mínimo, uma forte possibilidade, senão certeza, da existência de tais mundos. Diante desta prova confiável e esmagadora sobre a existência desses mundos, o que a Ciência Moderna tem feito para investigar se esses mundos de fato existem e, se não existem, qual é a sua natureza? Absolutamente nada. Dizer que esses mundos superfísicos não existem, porque não podem ser observados com o instrumento físico é obviamente irracional. Mostra que os cientistas modernos assumiram e decidiram que esses mundos não podem e não devem existir e, assim, impõem condições impossíveis para sua investigação como uma desculpa para nada fazerem[3].

O fato, provavelmente, é que a maioria dos cientistas teme, em seu íntimo, que toda a estrutura do pensamento científico, baseada arbitrariamente em uma filosofia puramente materialista, se desmoronará no dia em que a existência desses mundos suprafísicos for estabelecida

---

3 Quando faz referência aos cientistas dessa forma, o autor provavelmente menciona o pensamento dominante dos cientistas de meados do século XX, presos ainda aos dogmas materialistas da ciência do final do século XIX, e que não haviam se libertado das "amarras" autoimpostas como forma de estabelecer definitivamente sua independência do dogmatismo das igrejas de todas as religiões. O cientista do século XXI, em sua busca pela verdade, curioso e entusiasmado com uma natureza que parece "prodigiosa em milagres", provavelmente atuará mais de acordo com o terceiro objetivo da Sociedade Teosófica, qual seja, "investigar as leis não explicadas da Natureza e os poderes latentes no homem." (N.E.)

de modo irrefutável, e provar-se que a Mente e a Consciência, definitivamente, existem como realidades independentes na existência. É esse medo que se esconde por trás da imponente fachada da atitude científica que é realmente responsável pelo fato de que eles não estão preparados nem mesmo para olhar para todos esses assuntos superfísicos.

Há algo fundamentalmente fora do campo científico em uma abordagem que se propõe a descobrir a Verdade última e, assim, estaciona, repentinamente, em um determinado estágio no processo de descoberta, declarando: "Até aqui e não mais". O buscador da Verdade deve desafiar todos os fatos, e não se intimidar diante daqueles que estão em desacordo com as noções preconcebidas ou que interferem com suas buscas. Deve estar preparado para renunciar a tudo, enfrentar todas as espécies de dificuldades, sacrifício, não somente todos os confortos pessoais e prazeres, mas, também, seus ideais acalentados e buscas preferidas. Aqueles que encontraram a Verdade última da existência cumpriram todas essas condições em Sua busca e, por isso, foram bem-sucedidos, e aqueles que, novamente, desejam encontrar a mesma Verdade por si próprios devem seguir seus passos. Se alguém pensa que deve ser fácil empreender essa tarefa e encontrar a Verdade última – se há tal verdade na existência – que leia dois livros da literatura oculta – *Luz no Caminho*[4] e *Yoga-Sūtras de Patañjali*[5] – e então, que ele mesmo se pergunte quantos, entre os modernos buscadores da Verdade, persistirão no desejo de se submeter a este tipo de autodisciplina, ou serão capazes de fazer esse esforço prolongado e determinado.

Embora este livro se relacione, particularmente, com a Ciência Oculta e a Ciência Moderna, faz-se necessária, também, uma breve abordagem dos métodos de investigação e descoberta sobre os quais se baseiam a Filosofia e a Religião. Pois esses três ramos do conhecimento – Religião, Filosofia e Ciência – e seus métodos de pesquisa e investigação estão intimamente relacionados entre si e podem ser considerados complementares na concepção mais elevada desta busca da

4 COLLINS, Mabel . *Luz no Caminho.* Brasília: Ed. Teosófica, 7ª ed., 2019. (N.E.)

5 TAIMNI, I. K. *A Ciência do Yoga,* Brasília: Ed. Teosófica, 7ª ed., 2020. Essa obra apresenta uma exposição sistemática da disciplina dos *Yoga-Sūtras* de Patañjali. (N.E.).

Verdade[6]. A falta do reconhecimento do fato acima é responsável pela suspeita mútua, exclusividade e o trabalho em compartimentos, em que o conhecimento é pesquisado esmeradamente e sem falhas, que caracteriza a Filosofia Moderna, Religião e Ciência. Essa exclusividade, que se baseia no puro preconceito e estreiteza de visão do mundo, que se descortina diante de nós, desnecessariamente, impediu os filósofos, cientistas e líderes de pensamentos religiosos, de se aproveitarem da grande vantagem do intercâmbio mútuo de ideias e colaboração, tornando seus respectivos métodos menos efetivos do que precisariam ser. Se a Verdade é única e indivisível, então os métodos de investigação e descobertas da Verdade devem, também, ser unos e indivisos e deve ser impossível atingir a Verdade última seguindo rigidamente um determinado método[7]. Consideremos agora a disciplina da Filosofia.

---

6 Conforme apresentado no Posfácio, o autor foi um proeminente membro da Sociedade Teosófica, que tem como seu segundo objetivo: "Encorajar o estudo de Religião Comparada, Filosofia e Ciência." (N.E.)

7 Um grande pensador do século XXI, o norte-americano criador da Psicologia Integral, Ken Wilber, corrobora a ideia do autor, ao apresentar a premissa *"Eye to Eye"*. Ele afirma que existe um grande espectro de diferentes níveis de saber, cada um dos quais revelando um tipo diferente de mundo (um universo diferente, com objetos diferentes, sujeitos diferentes, modos de espaço-tempo diferentes, e assim por diante). Colocado de um modo mais simples, existe, pelo menos, o "olho da carne", o "olho da mente" e o "olho da contemplação". Apoiar-se exclusiva ou predominantemente em um desses modos produz, por exemplo, empirismo, racionalismo e misticismo. Cada um desses modos de saber tem seu próprio conjunto, específico e totalmente válido, de referentes. Todo conhecimento válido (em qualquer nível) teria as seguintes ramificações: a) Injunção instrumental ("Se você quer saber isso, faça isso"); b) Apreensão intuitiva (é a apreensão direta de dados produzidos pela injunção, sejam esses dados uma experiência sensorial, mental ou espiritual); c) Confirmação comum ou rejeição (é uma comparação dos resultados com outros que tenham 'adequadamente completado' as etapas da injunção e da apreensão). Exemplificando: para ver as luas de Júpiter, é preciso um telescópio; para entender Hamlet, é preciso aprender a ler; para perceber a verdade do teorema de Pitágoras, é preciso aprender geometria. Em outras palavras, todas as formas válidas de conhecimento têm, como um de seus componentes importantes, uma injunção — se você quer conhecer isso, tem de fazer isso. A etapa de injunção de todo conhecimento válido leva a uma apreensão, ou iluminação, uma revelação direta dos dados ou referentes no universo produzido pela injunção, e essa iluminação é então verificada (confirmada ou refutada) por todos os que realizam 'adequadamente' a injunção e assim revelam os dados. Dessa forma, o erro dos empíricos é não ver que, além da experiência sensorial, há também experiência mental e espiritual. Em resumo, todas as formas válidas de conhecimento

Como a indução é o instrumento de descoberta no caso da Ciência, a dedução – que procede do geral para o particular – é o método de investigação e descoberta no caso da Filosofia. A Filosofia acadêmica faz determinadas suposições básicas no concernente aos fatos fundamentais da existência e, a partir destas suposições básicas, elabora, com o auxílio da razão e experiência comum, um sistema entrelaçado e bem plausível de pensamento, que pode explicar, até onde seja possível, todos os fatos da vida humana e do Universo. Considerando a natureza complexa desses fatos, a incerteza e a natureza arbitrária da suposição básica e ausência de contato com as realidades interiores da existência, tal filosofia jamais poderia esperar aproximar-se da Verdade, em qualquer ponto, porque suas conclusões poderiam ser meramente suposições. Todavia, muitos filósofos ou foram homens de alguma experiência mística ou oculta, ou pegaram suas ideias básicas emprestadas das doutrinas comuns das grandes religiões. Esta é a razão pela qual suas filosofias, em suas conclusões abrangentes, geralmente refletem, pelo menos até certo ponto, as verdades fundamentais da existência.

A debilidade do método dedutivo, que se baseia meramente na razão e senso comum, é, assim, a incerteza e arbitrariedade dos postulados fundamentais. As conclusões que despontam do raciocínio variam de acordo com essas suposições, sendo possível chegar a quaisquer conclusões predeterminadas, trabalhando no sentido inverso e estabelecendo suposições básicas adequadas. Pode-se começar com a ideia de que não há nenhum Deus e ter uma Filosofia puramente Materialista ou supor que haja um Deus e ter uma Filosofia Teológica igualmente razoável. A Filosofia acadêmica é assim, em grande medida, algo de conjecturas, e seu defeito fundamental é que sua motivação é a produção

---

têm uma injunção, uma iluminação e uma confirmação; e isso é verdade tanto se estamos olhando para as luas de Júpiter, para o teorema de Pitágoras, para o significado de Hamlet ou para a natureza do Absoluto. Em outras palavras, não se pode resolver o problema do absoluto/relativo empiricamente, usando o "olho da carne"; nem se pode resolvê-lo usando o "olho da mente". A solução implica a apreensão direta da transcendência, que é desvendada apenas pelo "olho da contemplação", e, então, é completamente verificável ou refutável nessa esfera, usando procedimentos bastante públicos para todos os que completaram a injunção e desvendaram a iluminação. (WILBER, Ken. *O Espectro da Consciência*. São Paulo: Ed. Cultrix, 2010. (N.E.)

de um sistema muito claro e plausível de pensamento e não a descoberta das reais verdades subjacentes às aparências fenomenais.

Ao considerarmos o método dedutivo de descoberta, temos que levar em conta a faculdade intuitiva do homem. Como o homem é um microcosmo que contém dentro de si, em uma forma potencial, todas as realidades na existência, todas as verdades estão ocultas em uma forma sutil dentro de sua Consciência e, consequentemente é possível perceber essas verdades intuitivamente, pelo menos de forma parcial. Sempre, e onde quer que seja, em que a mente humana esteja sintonizada, seja qual for a causa, com a Mente Universal, um lampejo da Verdade subjacente pode iluminar o vasto campo da investigação. A Verdade surge em um lampejo dentro de uma percepção intuitiva, ou brota lenta e misteriosamente como um conhecimento integrado e é, então, elaborada e formulada pelo instrumento intelectual para apresentação àqueles que não tiveram o benefício da visão direta. Nesta transição, ela perde muito de sua claridade, objetividade e vívida qualidade, e surge como uma proposição elaborada e fundamentada, que pode ou não convencer ou ser aceita por aqueles a quem é apresentada, embora esta questão possivelmente não surja no caso de um receptor original.

Há ainda outro método de se adquirir o conhecimento concernente às realidades mais profundas da existência. É através da iniciação, quando o conhecimento é transmitido, de alguém que sabe e que possua o poder necessário e a autoridade de fazê-lo, a um discípulo qualificado, elevando, temporariamente, a receptividade do último por métodos ocultos. Em virtude desta sensibilidade artificial, assim induzida, a consciência do receptor é, temporariamente, erguida a um nível superior, possibilitando-o perceber a verdade específica como uma experiência direta na consciência. Esta espécie de sensibilidade, todavia, não dura e não está sob controle, uma vez que foi induzida temporariamente por uma atuação externa, pela descida de tipos particulares de forças nos veículos e através de métodos esotéricos[8]. Não obstante,

---

8 Existem duas espécies de conhecimento: esotérico e exotérico. O termo "exotérico" (antônimo de "esotérico", apesar de ter a mesma pronúncia) se refere ao ensinamento que, nas escolas da antiga Grécia, era transmitido ao público sem

geralmente, provocam processos que culminam na capacidade de obter essas realizações voluntariamente e através de esforços próprios. Este aspecto é, realmente, o domínio do *Yoga* e não precisamos entrar nesta questão no presente contexto.

Assim, percebemos que o valor e a validade de uma filosofia específica variam com a natureza de sua origem, a capacidade do proponente e a forma de sua formulação. Sua natureza pode variar desde uma suposição ousada, baseada em especulações, até uma apresentação razoavelmente satisfatória das realidades internas, com base em sua percepção espiritual revelada. Todas essas filosofias estão aí, reivindicando nossa atenção e lealdade, se possível, sem nada em seu exterior para indicar seu valor ou validade, e o aspirante à Verdade tem que exercer seu discernimento no julgamento de seu valor e autenticidade. Sua capacidade de exercer seu julgamento corretamente e distinguir entre o verdadeiro e o falso propriamente fornece o primeiro teste de sua habilidade para trilhar essa senda interna de desabrochar da consciência, que conduz à descoberta da Verdade última da existência.

Será também visto que o valor do método dedutivo depende, em grande medida, da exatidão das suposições básicas e até onde elas refletem as realidades fundamentais da existência. Se as suposições forem corretas, no mínimo até a um determinado ponto, as conclusões que delas se extraem, por um processo de raciocínio, serão também corretas e apropriadas, fornecendo não apenas uma filosofia de vida confiável, mas também, um guia eficiente de conduta, tanto para o indivíduo quanto para a sociedade. Se forem arbitrárias e incorretas, baseadas em preconceitos, caprichos pessoais e reações às condições circundantes, e não com base em quaisquer leis naturais, internas ou externas, então, naturalmente, produzirão uma filosofia de vida que não apenas não

restrições, por se tratar de ensinamento dialético, provável e verossímil. O conhecimento exotérico ou conhecimento do mundo exterior é aquele que percebemos através dos sentidos físicos. Helena P. Blavatsky, principal fundadora da Sociedade Teosófica, em 1875, dizia que o termo "esotérico" refere-se ao que está "dentro", em oposição ao que está "fora" e que é designado como "exotérico". Aponta o significado verdadeiro da doutrina, sua essência, em oposição ao exotérico, que é a "vestimenta" da doutrina, sua "decoração". (N.E.)

representa verdadeiramente as realidades internas da existência, mas conduz a dificuldades cada vez maiores, conflitos, frustações e caos.

Se, por exemplo, basearmos nossa filosofia de vida na bem conhecida Doutrina Oculta de que todas as criaturas vivas compartilham uma vida comum e são unas em sua natureza essencial, então não deve haver nenhum conflito real de interesses entre as diferentes pessoas, comunidades ou nações e as simpatias mútuas, o auxílio e a cooperação podem ser a única base correta de nossas relações em tudo. Um guia completo para a conduta humana e uma ordem social justa e humana, baseada no auxílio mútuo, consideração e cooperação, podem ser deduzidas desse princípio fundamental, e uma vida individual e uma ordem social como tais conduzem a relações harmoniosas, paz, estabilidade, contentamento e um desenvolvimento rápido do melhor aspecto da natureza humana, porque estariam em harmonia com as realidades internas que constituem a base do Universo. Por outro lado, se basearmos nossa filosofia de vida na doutrina materialista de que os seres humanos são produtos do acaso da interação de forças cegas e insensíveis da Natureza, que não possuem nenhuma realidade além da vida física, que a competição e a busca do interesse próprio são a lei natural da sobrevivência, então, inevitavelmente, tal filosofia deve conduzir ao conflito de interesses, rivalidades, exploração, luta constante e instabilidade, com suas consequências naturais, receio, infelicidade, ansiedade e caos geral.

Portanto, a questão se a filosofia materialista ou espiritual é a verdadeira e correta não é meramente acadêmica, nem um problema de filosofia. É uma questão, de cuja solução o progresso, a felicidade e a própria sobrevivência dependem. Não é necessário que se comprove o que foi dito acima. Temos apenas que abrir nossos olhos e ver o que está acontecendo no mundo em consequência das premissas errôneas sobre as quais se baseiam nossa presente filosofia de vida e a ordem social. Mesmo aqueles que professam uma perspectiva espiritual são guiados na prática pela filosofia materialista. Uma filosofia de vida pode ser facilmente julgada pelos seus frutos.

A abordagem da religião sobre os problemas mais profundos da vida é completamente diferente e se baseia na revelação. Os seguidores ortodoxos de uma religião geralmente admitem que o Instrutor ou o Profeta que promulgou a religião conhecia a Verdade e, assim, a concepção de Deus ou do ser humano, e o código de conduta que ele colocou diante deles é o correto, e nada há além para ser conhecido ou feito a este respeito. Tudo o que devem fazer é seguir os ensinamentos do Instrutor conforme consagrados nos livros sagrados da Religião, no máximo de suas habilidades, e esperar pelo melhor no que concerne à sua vida futura. Não há nenhum espaço em tal religião para experimento e indução, como no caso da Ciência ou para suposição e dedução, como no caso da Filosofia.

Este não é o lugar para discutir a sustentabilidade ou valor dessa abordagem, não obstante uns poucos fatos relevantes podem ser assinalados de modo sumário, a fim de habilitar o estudante a entender apropriadamente a natureza essencial desta abordagem e seu verdadeiro papel na descoberta da Verdade, que podem ser enunciados como segue:

(1) As grandes religiões do mundo promulgadas no passado foram oferecidas com o objetivo principal de fornecer um guia de conduta para um determinado povo vivendo em um conjunto específico de circunstâncias, e permitir-lhes aprender as lições elementares da vida espiritual. A finalidade principal dessas religiões não era proporcionar conhecimento referente às realidades internas da vida e treinamento para habilitar os aspirantes a adquirir conhecimento direto dessas realidades. Essa tarefa podia ser empreendida somente por algumas poucas almas que passaram por todas as experiências necessárias da vida e, assim, desenvolveram um determinado grau de maturidade espiritual[9]. Se, contudo, existisse a possibilidade da presença de um considerável número de pessoas, que necessitassem desses conhecimentos ou treinamento superior, esses eram fornecidos separadamente

9 Um paralelo com a Maturidade Existencial é feito por Hugh Shearman, em seu livro *Desejo e Plenitude* (Brasília: Ed. Teosófica, 1994), quando traz à reflexão que "os nossos principais problemas encontram-se no aspecto emotivo de nossas vidas." E que, "durante uma vida, seria necessário que cada indivíduo crescesse da infância [existencial], um tempo de receber, à fase adulta [existencial], de doar (...) amadurecendo em nossas relações humanas e na própria vida, de modo que do desejo possamos chegar à plenitude". (N.E.)

pelo Instrutor, porém, geralmente permaneciam esotéricos, não se misturando com os ensinamentos para o indivíduo comum.

Este fato não significa que os verdadeiros aspirantes e candidatos à Senda do desenvolvimento interior fossem, a qualquer tempo, deixados sem o conhecimento ou treinamento se dele necessitassem para seu progresso. Sempre houve no mundo escolas secretas de Misticismo[10] e de Ciência Oculta ou Instrutores individuais de elevado desenvolvimento espiritual que podiam transmitir tal ensinamento e orientação aos poucos que necessitassem auxílio e que fossem adequadamente qualificados para recebê-lo, e aqueles que necessitassem de tal auxílio e orientação sempre conseguiram encontrar o caminho até os mesmos[11].

(2) A possibilidade da revelação da Verdade é um fato da Natureza e da história. A humanidade não precisa galgar das profundezas às alturas do conhecimento espiritual por meio de seu próprio esforço desde o início. De tempos em tempos, este conhecimento é vertido das camadas superiores, a fim de possibilitar a humanidade galgar até as alturas do conhecimento pelos seus próprios esforços. Primeiramente, os indivíduos, em seguida a humanidade como um todo, aprendem a empreender esta tarefa árdua e difícil para encontrar a Verdade que se oculta no âmago de seu coração, mediante a percepção direta, obtida através de seus esforços. A revelação é uma parte deste treinamento preliminar.

A Ciência Oculta tem sempre ensinado que o conhecimento espiritual necessário em um estágio particular de desenvolvimento pode

---

10 Misticismo, do grego *mystikos*, "um iniciado em uma religião de mistérios" é o contato com uma divindade, verdade espiritual ou Deus através da experiência direta ou intuitiva. Os antigos cristãos empregavam a palavra "contemplação" para designar a experiência mística. O "místico" é aquele que aspira à união pessoal ou unidade com o Absoluto, que ele pode chamar de Deus, Cosmos, Mente Universal, Ser Supremo, etc. (N.E.)

11 Por analogia, um candidato a Discípulo de um Mestre de Sabedoria não difere de forma conceitual, de acordo com um dos princípios da Ciência Oculta, "assim em baixo, como em cima", de um candidato à orientação de um Mestrado Acadêmico. O Orientador de Mestrado não se propõe a fazer o trabalho de pesquisa e elaboração da Dissertação pelo Orientando, mas sim, com sua maior experiência e estudo, apontar caminhos de estudo e pesquisa não percebidos pelo estudante dedicado e profundamente interessado em sua pesquisa. (N.E.)

vir e vem de cima. De fato, ele é necessário bem nos estágios iniciais da evolução da humanidade, quando não há pessoas suficientemente desenvolvidas para conduzir o "fogo" da esfera celeste. Os Instrutores espirituais de outras humanidades mais evoluídas conduzem a evolução de nossa humanidade a partir dos bastidores e aparecem entre diferentes povos, em diferentes épocas, para transmitir os ensinamentos que são necessários àquela época. Ou ocorre uma descida direta da Vida Divina nos estágios críticos da evolução para proporcionar o ímpeto inicial necessário para essa finalidade. É este fato que se encontra inserido na bem conhecida doutrina dos *Avataras*; *Avatar*, em sânscrito, significa "descida do alto".

Não é somente em matérias de religião que esta forma de ajuda desce das alturas. Em outros campos há também um constante fluxo de ideias, conhecimento e outras forças evolutivas, por meio de indivíduos que são capazes de transmitir tal conhecimento desta forma. A maneira pela qual o conhecimento científico e a tecnologia se desenvolveram no século XX mostra, incontestavelmente, a mão oculta que estimula e guia esse desenvolvimento fenomenal[12]. Todavia, os outros "intelectuais" modernos se ressentem com a própria ideia de serem assim transformados em instrumentos de poderes mais elevados, e é inútil esperar que acreditem em tal "superstição".

(3) É também necessário lembrar que os ensinamentos originais dos grandes instrutores religiosos, em sua parcialidade notória, são passíveis de mudanças e de serem degradados à medida que ocupam as mentes de seus seguidores, século após século. Em parte, isso é devido à deterioração natural que acomete todas as coisas com o passar do tempo, mas é, principalmente, causada pela interpretação errônea daqueles que perderam completamente o contato com as realidades da vida interior e veem tudo somente com os olhos da carne. E quando o

12 A história das grandes descobertas científicas está cheia de relatos da forma inusitada como ocorreram. Cientistas dedicados em seus campos de pesquisa, que de forma acidental ou por "inspiração", descobriram o detalhe que faltava ou um caminho alternativo para alcançar o sucesso de suas laboriosas experiências ou a formulação definitiva de suas teorias, após meses e anos se debatendo sem encontrar a solução pretendida. (N.E.)

anseio de explorar esses sentimentos para seus propósitos egoísticos é adicionado a isto, somente nos resta os credos mortos que a maior parte dessas pessoas segue mecanicamente para cumprir suas obrigações religiosas. Assim, também nos casos de religiões, como nos de Filosofia, é necessário que os estudantes sérios e aspirantes da Verdade estejam atentos e exerçam constantemente seu discernimento para separar o conhecimento verdadeiro do falso que encobre o cerne da verdade existente em toda religião. Já foi mencionado que a Verdade última subjacente ao Universo, de diferentes graus de sutileza, deve ser total e indivisível e, portanto, os métodos de descobri-la devem, também, pela sua própria natureza, ser estreitamente inter-relacionados e indivisíveis. A divisão artificial da Religião, Filosofia e Ciência que foi criada e mantida por seus respectivos defensores, de fato deturpam seu princípio fundamental, criando as barreiras desnecessárias entre esses três ramos básicos do conhecimento, e tornam sua tarefa fundamental de descoberta da Verdade extremamente difícil, se não impossível.

Há algum ramo do conhecimento e método de descobrir a Verdade que não seja dificultado por estas divisões e inibições da busca da Verdade? Sim. A Ciência Oculta. E é pelo fato da Ciência Oculta ter-se mantido livre das restrições que logrou êxito, não somente na descoberta da Verdade Última, mas ao manter aberto o caminho que conduz à descoberta. Pois, é quando o conhecimento intelectual perde o contato com as realidades, cujo propósito é a reflexão, que ele se torna corrupto e deformado. O único meio de se preservar esse conhecimento puro e renovado é manter aberto o canal entre o conhecimento espiritual e intelectual, a fim de que haja sempre um certo número de iluminados que estejam permanentemente estabelecidos na Verdade, e suas fileiras sejam sempre incrementadas de novos membros que trilharam a Senda Oculta e tiveram êxito na aquisição do conhecimento das realidades internas.

Foram essas as condições que tornaram a Ciência Oculta a única fonte permanente e confiável do conhecimento verdadeiro no tocante às realidades internas, e a Senda Oculta o único meio de encontrar e conhecer essas realidades pela experiência direta. Compete aos cientistas serem capazes de compreender este princípio, pois a razão pela qual o conhecimento científico experimental, extremamente limitado como é, ter sido mantido puro e renovado e poder ser confiável sob todas as condições, reside no fato de que há sempre especialistas que possuem conhecimentos diretos dos fatos e há outros que tentam e têm sucesso em verificar estes fatos.

É verdade que todo o conhecimento da Ciência Oculta, diferentemente do conhecimento científico, não está disponível ao público em geral. E esta é a razão por que se chama Ciência Oculta, *Gupta Vidya,* ou o "Conhecimento Secreto". Mas isto é assim, em primeiro lugar, porque a maior parte dele, em sua forma verdadeira, está além da compreensão até mesmo dos intelectuais mais proeminentes, que estão confinados dentro da prisão do intelecto. E, em segundo lugar, porque ele confere tremendos poderes àqueles que o possuem e são compelidos a usá-los mal se não forem moral e espiritualmente qualificados para exercê-los. Não é necessário provar esse ponto. O uso indevido, irrestrito e irresponsável de poderes conferidos pelo conhecimento científico de forças meramente físicas mostram que riscos estarão envolvidos se essas pessoas puderem se apossar de poderes psíquicos e espirituais relacionados às forças mais sutis e tremendamente mais poderosas da Natureza. É por esta razão que os Adeptos[13] da Ciência Oculta que possuem e são os guardiães deste Conhecimento Supremo descerraram somente uma pequena ponta do véu que oculta a visão ilimitada e inconcebível do conhecimento oculto, de modo que aqueles que estão prontos e suficientemente amadurecidos possam receber um vislumbre das glórias que estão além, e façam os esforços necessários para trilhar esta difícil Senda que os qualificará finalmente a penetrar através dos véus e passar para os mundos verdadeiros que se encontram além.

É devido ao fato de que na Senda da Ciência Oculta é possível descobrir a Verdade última na qual todas as outras verdades estão contidas em essência, que o conhecimento autêntico, encerrado na Doutrina Oculta, revelado ou não, é definitivo, não sujeito à alteração

13 São aqueles que, ao longo da evolução, superaram o estágio do reino humano. Alguns deles permanecem junto à humanidade para auxiliá-la em seu processo evolutivo. (N.E.)

ou correção e, portanto, plenamente confiável. Nenhum fato novo pode emergir do desconhecido para invalidá-lo, sob o aspecto que for, porque nada mais há para ser conhecido. Não é que novos fatos não possam ser descobertos, mas esses novos fatos já se encontram na estrutura dos fatos conhecidos e são parte integral da Verdade Última.

É pelo fato de que as suposições fundamentais sobre as quais a Filosofia Oculta se baseia são corretas e promanam da experiência direta de que a Filosofia, mesmo em sua estrutura intelectual, é substancialmente correta e, assim, confiável. Pode haver pequenas variações da Verdade, como realmente existe, mas essas podem ser devidas somente às falhas do aparato intelectual por intermédio do qual elas passaram em interpretação e apresentação. Não pode haver nenhum erro maior ou fundamental, causado pelas suposições errôneas. Geralmente, quando há contradições aparentes, uma análise mais apurada irá mostrar que se devem ao fato de se considerar a mesma Verdade a partir de diferentes pontos de vista.

Além disso, considerando o aspecto religioso da Ciência Oculta, vemos que a Senda da Ciência Oculta conduz para a verdadeira, direta e a mais elevada experiência religiosa e, assim, não somente liberta o indivíduo das ilusões e misérias da vida de forma permanente, mas também lhe concede aquela Paz que ultrapassa o entendimento. A vida religiosa fundamentada na fé pode desmoronar-se ao menor toque da adversidade ou tentação, mas a que se alicerça na experiência religiosa verdadeira permanece intacta. Esta Verdade que aspiramos conhecer na experiência religiosa mais elevada, e é geralmente referida como Deus, é a mesma Verdade que o filósofo procura através do discernimento penetrante ou *Viveka,* e o cientista a procura através do experimento. O filósofo, o cientista e o místico procuram a mesma Verdade, ainda que a chamem por nomes diferentes e adotem diferentes, mas complementares, métodos para sua realização.

Tendo mostrado a identidade de suas metas aparentemente diferentes, vamos, agora, tentar mostrar como o método da Ciência Oculta combina os métodos aparentemente diferentes para atingir aquela meta em um todo integrado e, assim, estabelecer, também, a identidade essencial do método. O princípio da identidade essencial do método deriva diretamente da Doutrina Oculta mais fundamental, em consonância com a qual há somente uma Realidade Suprema na existência. Pois, pode ser visto facilmente que se há somente uma Verdade, a qual a Religião, a Filosofia e a Ciência procuram sob diferentes nomes e expõem de diferentes formas, então os métodos de descoberta desta Verdade nas três disciplinas devem relacionar-se entre si e devem ser, meramente, aspectos ou expressões diferentes de um método integral de abordagem.

Vimos acima como a indução, a dedução e a revelação são as características predominantes dos métodos adotados pela Ciência, Filosofia e Religião, respectivamente, na descoberta da Verdade. Vejamos que tipo de papel esses três métodos de adquirir conhecimento desempenham na Ciência Oculta. Tomemos primeiro a indução. A indução, como já dito, envolve a coleta de dados experimentais que servem como base para extrair conclusões, continuar com novas investigações e experimentos. Que parte a indução desempenha na Ciência Oculta? A fim de responder a esta questão, consideremos o que é a natureza fundamental dos fatos sobre os quais o Método Oculto de pesquisa e investigação das realidades da vida está baseado e a partir do qual se inicia. Esses fatos estão todos conectados com a natureza da vida e da experiência humana em sua natureza essencial e foram demonstrados de maneira muito simples por Buda na "Verdade do Sofrimento", sobre os quais o Óctuplo Caminho se baseia. Todo instrutor espiritual parte deste ponto e proclama, em termos claros, que a miséria, ilusão e limitações são inerentes à própria natureza deste mundo fenomenal e o único meio de superar essas condições é encontrar o mundo real, oculto dentro deste mundo fenomenal. Esse fato foi exposto com muita clareza e de modo sucinto no aforismo II-15 dos *Yoga-Sūtras* que mostra por que é necessário trilhar a senda do *Yoga*, delineada no livro. O aforismo resume toda a experiência humana e do qual se extrai uma conclusão óbvia do resultado.

Será visto, consequentemente, que aqueles que empreenderam essa investigação quanto à natureza da Realidade e da Verdade Última da existência não partiram baseados em uns poucos fatos relacionados com as forças físicas, as leis da Natureza e coletados por meio de aparatos físicos. Pesquisaram todo o campo do pensamento e da experiência humanos em uma vasta varredura, de uma maneira abrangente, e detectaram alguns fatos universais, que não poderiam ser questionados e que foram de suma significação e importância para o ser humano. Viram que tudo neste mundo fenomenal era temporário e sujeito à mudança e, assim, nenhuma base estável de segurança, de paz e de felicidade poderia ser construída nesse incessante fluxo de fenômenos. Verificaram que tudo neste mundo fenomenal era permeado de ilusões de diferentes tipos e graus, e que os sentidos, dos quais nossa vida física e experiência dependem, são ilusórios e que o conhecimento obtido por meio deles é, portanto, sem valor. A Ciência Moderna ao trabalhar com os mesmos dados físicos, durante um século, também, finalmente, descobriu a natureza ilusória dos dados coletados por meio dos órgãos sensoriais ou instrumento físico, mas em seu desespero para evitar encarar os fatos da existência, honestamente, refugiou-se agora em uma realidade de abstrações matemáticas.

Mas aqueles que percorreram o caminho das investigações nas realidades da vida chegaram a uma importante conclusão apenas com base na experiência humana comum, com a ajuda de seu discernimento penetrante. E resolveram encontrar a realidade por trás de todos esses fenômenos que se transformam eternamente, independentemente dos sacrifícios que tiveram que enfrentar e dos métodos que tiveram que adotar e, não obstante, do tempo que tiveram que despender para chegar à Verdade Suprema. Essa Verdade, e nada além dessa Verdade, era seu objetivo único.

Comparemos o exposto com a atitude daqueles que proclamam encontrar a verdade subjacente ao Universo por meio do método científico. Eles agora percebem a natureza eternamente mutante do mundo fenomenal e as ilusões criadas pelos sentidos e, não obstante, ignoram este fatos fenomenais da existência e continuam seu trabalho como se esse fosse o único mundo real na existência. Declaram que desejam encontrar a Verdade subjacente ao Universo, usando apenas os métodos físicos, que se harmonizam com suas noções preconcebidas sobre o Universo. Tentam descobrir a base fundamental desse mundo físico e, contudo, insistem em ignorar a Mente e a Consciência, que não são apenas as realidades mais importantes e significativas da vida humana, mas o fator mais importante nas observações dos fenômenos físicos. Essa espécie de atitude mostra que estão à procura da Verdade e nada mais do que a Verdade? Será que esse tipo de atitude mostra que são buscadores da Verdade, e que será possível encontrar a Verdade e nada mais que a Verdade, e que será possível para aqueles que adotem essa abordagem extremamente limitada e preconceituosa do problema encontrar a Verdade ilimitada da existência?

O segundo aspecto essencial do método indutivo é a experimentação. Tendo visto que a Mente e a Consciência desempenham o papel mais importante, mesmo no mundo fenomenal, aqueles que, de fato, aspiram à Verdade naturalmente concluíram que o Grande Segredo não poderia ser encontrado no mundo puramente físico, e a Realidade subjacente não poderia ser descoberta por métodos puramente fenomenais. Não se pode destruir uma ilusão por outra, da mesma forma que não se pode destruir as trevas com as trevas, mas somente com a luz. Assim, decidiram não apenas transcender o mundo físico, percebido por meio dos órgãos sensoriais falíveis, mas, também, os mundos mentais mais sutis, percebidos através da mente, porque a mente também foi considerada como uma criadora de ilusão[14].

Tendo chegado a esta conclusão e adotado o curso de ação indicado por ela, eles experimentaram com suas mentes, da maneira mais determinada e intensiva, e conseguiram, com sucesso, descobrir camada por camada da mente e dos mundos mentais criados por ela, até que descobriram o mundo da Consciência ou Realidade oculta por detrás do nível mais sutil da mente. Toda essa Ciência do *Yoga* foi laboriosa e pacientemente construída dessa maneira com o auxílio da Vida Divina, que sempre orienta esses esforços do Alto. Essa Ciência possibilitou aos pioneiros nesse campo, não apenas encontrar a Verdade

---

14 Para um ocidental inserido na sua cultura, diferentemente de uma boa parte dos orientais em que as antigas tradições espirituais ainda estão muito presentes, pode ser difícil imaginar a possibilidade de contemplação e reflexão para além da mente. Entretanto, de acordo com a Doutrina Oculta, mais sutis e acima do corpo físico, das emoções inferiores e da mente concreta e abstrata, se encontram outros veículos de manifestação da Consciência, como o da intuição ou amor-sabedoria, e o da vontade espiritual. (N.E.)

por si próprios, mas, também, provê métodos sistemáticos e confiáveis de descoberta dessa Verdade para outros que estão preparados para embarcar nessa viagem de autodescoberta e submetem-se à autodisciplina necessária para esse propósito.

O Método Oculto de descobrir a Verdade, acima delineado, será visto como envolvendo o método indutivo em sua forma mais elevada. Não apenas compreende a experimentação para encontrar fatos, mas a experimentação empreendida sem nenhuma ressalva e preconceitos sobre a natureza do objetivo e os meios para obtê-lo – o que não se pode dizer sobre o moderno método científico de descobrir a realidade por detrás do mundo fenomenal.

O que dizer do papel da dedução na descoberta da Verdade pelo Método Oculto? A primeira conquista notável deste método dedutivo foi a cadeia de conclusões às quais os buscadores da Verdade chegaram como resultado da miséria universal, sofrimento e limitações inerentes à vida humana. A conclusão de que o mundo fenomenal percebido pelos sentidos é ilusório e, portanto, não deve ser levado a sério como base de nossa felicidade e objeto de investigação detalhada, é o primeiro elo desta corrente. Que a Mente e a Consciência formam o pano de fundo do mundo fenomenal e devem, portanto, conter o segredo do Universo, foi a segunda conclusão importante. Que somente os métodos mentais poderiam desvendar os mistérios da Mente e da Consciência foi a terceira. Com essas conclusões fundamentais como suas premissas, começaram a experimentar com suas vidas e mentes e, pela persistência e coragem, descobriam uma por uma as realidades internas da vida e, finalmente, a Realidade Última.

A dedução, não obstante, desempenha um importante papel na Ciência Oculta. Tendo descoberto as verdades mais profundas e fundamentais pela percepção direta, é possível deduzir outras verdades e leis menores a partir dessas verdades por um processo de raciocínio e intuição. Este Universo é extremamente complexo, tanto no aspecto numênico quanto no fenomenal, e o conhecimento oculto das realidades e dos princípios fundamentais não podem fornecer-nos uma resposta a cada problema e questão que temos que enfrentar em nossa vida. A maior parte desses problemas, contudo, pode ser resolvida tendo por base os princípios fundamentais através de um processo de raciocínio guiado pela intuição. O fato de que o Universo manifestado é o resultado da repetida projeção, expressão e reflexão da mesma e Una Realidade em diferentes níveis de manifestação, é, também, de grande auxílio nesta tarefa, em virtude das relações análogas que se estabelecem nas expressões inferiores e mais elevadas do mesmo princípio. A base matemática do Universo é, ainda, um outro fato, que pode ser usado com grande eficiência no trabalho. Muitos exemplos desse tipo de dedução serão encontrados no *Homem, Deus e o Universo*[15] e muitos mais serão encontrados no presente trabalho, ao discutir diferentes problemas da Ciência Moderna.

Não significa que temos que depender inteiramente da dedução no que diz respeito à descoberta dessas verdades menores. O conhecimento certo e direto com relação a qualquer assunto pode ser obtido a qualquer tempo por aqueles que desenvolveram a capacidade necessária para essa finalidade. Mas não é necessário recorrermos a esses métodos difíceis e esotéricos a respeito de qualquer coisa, se podemos obter o mesmo resultado por métodos mais facilmente disponíveis, e universalmente aplicáveis de dedução. O intelecto não pode conduzir a conclusões errôneas, que contradizem os fatos da experiência direta, contanto que as premissas básicas sejam verdadeiras, a mente seja pura, isenta de preconceitos e o raciocínio seja correto. Afinal de contas, é a expressão do aspecto *Chit* do Eu e do instrumento da Alma nos níveis inferiores de manifestação.

A título de ilustração da aplicação do método dedutivo na Ciência Oculta, podemos abordar o campo da ética e da organização social. Do princípio básico da Vida Una que resulta da doutrina da Realidade Una, é possível deduzir, em linhas gerais, não somente uma ciência de ética confiável e funcional, mas, também, de organização social e relações internacionais. Essa moralidade individual e sociológica naturalmente se fundamenta no amor, na compaixão, justiça e fraternidade no verdadeiro sentido, porque essas são as qualidades que refletem verdadeiramente nossas reais relações mútuas e mantêm-nos

15 TAIMNI, I. K. *O Homem, Deus e o Universo*. São Paulo: Ed. Pensamento, 1995. (N.E)

sintonizados e em harmonia com a Realidade fundamental subjacente ao Universo. E tentará eliminar, da forma mais completa possível, de nossas relações mútuas em qualquer esfera, o ódio e todas a ramificações, tais como a crueldade, a exploração e a violência. O ódio sendo a negação do amor e, portanto, contra a realidade essencial de nossas relações mútuas, está fadado a criar problemas cada vez mais sérios, aumentando o conflito, terminando tudo em caos e desastre universal, a menos que suas consequências devastadoras sejam combatidas a tempo, no mínimo pela justiça e anulação dos erros, se não por políticas positivas baseadas no amor e na fraternidade.

Um exame impessoal e crítico das condições que prevalecem no mundo pode facilmente oferecer uma explicação para a situação caótica e perigosa que vem sendo criada pela enorme e repentina ascensão do poder físico em nossas mãos com praticamente nenhum desenvolvimento adicional de nossa sabedoria. Trata-se de resultado inevitável das políticas e ideais equivocadas que estão sendo buscadas na esfera da vida nacional, bem como nas relações internacionais. O que está errado com esses esquemas que foram elaborados de forma tão criteriosa e impiedosamente executados por nossos planejadores modernos? Eles são mestres da lógica e da argumentação e alcançaram sucessos espetaculares em diferentes campos da tecnologia científica como resultado dessa faculdade. Suas premissas são todas errôneas. Admitem que não há nenhuma lei operante no reino da Mente e da Consciência, enquanto na realidade, cada aspecto do mundo manifestado é regido por leis naturais, à semelhança do mundo físico. Um corolário da hipótese acima é que o homem é livre para fazer o que deseja, no que concerne à sua vida mental e social e tem que considerar somente as leis do mundo físico. Mas o fato é que o homem é estritamente responsável por tudo que faz, tanto como um indivíduo quanto comunidade, e tem que arcar, com exatidão matemática[16], com as consequências daquilo

16 Alguns estudantes da espiritualidade têm ideias vagas sobre os fenômenos que ocorrem nos Planos Superiores ao Plano Físico. Entretanto, de acordo com a Ciência Oculta, os Planos imediatamente superiores, seja o Emocional ou o Mental, também são planos formados por matéria, apenas que suas partículas constituintes têm tamanhos reduzidos à medida que o plano se eleva. Sendo assim, o com-

que faz, mais cedo ou mais tarde. Um outra hipótese básica na filosofia do materialismo científico é que não existem outros mundos, exceto o físico, e o ser humano total é meramente um produto das forças físicas operando em seu corpo e externamente. Mas o fato real é que o corpo físico humano é meramente a vestimenta mais externa existente nos planos mais sutis da existência, e as forças mais sutis desses planos estão constantemente influenciando e moldando sua vida todo o tempo. Ele não apenas existe nesses planos mais sutis, mas também compartilha uma vida comum e uma consciência comum com todos os outros seres humanos em todos os planos espirituais. A fraternidade da humanidade não é, portanto, um mero ideal criado artificialmente por idealistas ou políticos, mas um fato na Natureza que deve ser levado em consideração em nossa vida e em nossos relacionamentos mútuos.

Neste aspecto, são esses erros nas hipóteses básicas da filosofia do materialismo científico que são responsáveis pelos conflitos, violência, medo, caos e instabilidade, características normais da civilização moderna. Mesmo aqueles que professam estar contra essa filosofia seguem-na na prática[17] e, assim, compartilham da responsabilidade e

---

portamento dos fenômenos lá observados seguem leis tão rígidas quanto as do Plano Físico e podem ser demonstradas por equações matemáticas (mais complexas, pois tratam-se de planos com um número maior de dimensões). Isso deve ser de especial atenção do estudante, pois quando se trata da lei de ação e reação (assim manifestado nos planos inferiores o princípio da harmonia dos planos superiores), as forças envolvidas podem ser representadas como vetores (que se somam e se subtraem ou se anulam), nos Planos Mentais e Emocionais, assim como apresentadas pela Física ao estudar os fenômenos no Plano Físico. (N.E.)

17 A Contradição Humana, tema do primeiro capítulo do livro *A Tradição-Sabedoria: uma introdução ao estudo comparado da filosofia oriental e ocidental* (Lindemann, R. & Oliveira, P. Brasília: Ed. Teosófica, 2016) evidencia a natureza dual do ser humano. Embora a grande maioria das pessoas fale em fraternidade, amor e paz, no mundo o que se verifica são as guerras (de nações por territórios, das facções por poder, dos grupos religiosos fanáticos, etc.) a violência (dos atentados terroristas, do tráfico de drogas, dos assaltos e roubos, contra a mulher), a falta de cuidado (com os idosos e as crianças), os suicidas (inclusive nos países desenvolvidos), e outras tantas mazelas provocadas pelo ser humano. Nossas palavras altruístas e nossas ações egoístas diferem porque, por um lado, a nossa personalidade é basicamente autocentrada e guiada pelo desejo (atração e repulsão), por outro, a nossa mente superior é impessoal, vê mais claramente o que é justo, de um ponto de vista universal. As pessoas que não desenvolveram uma mente superior são capazes de praticar injustiças para satisfazer seus desejos, para atingir suas metas. (N.E.)

culpa por essas condições. Não é a declaração, mas a prática do que é correto e em conformidade com as leis naturais que ocasionam as condições corretas como sequência natural.

Qual é o papel desempenhado pela revelação na busca da Realidade através do Método Oculto? Já foi dito que a revelação é, essencialmente, a descida do conhecimento de uma fonte mais elevada para um receptáculo em um nível inferior. Há duas formas de captar o conhecimento concernente às realidades dos planos mais elevados e mais sutis que estão além dos nossos poderes de percepção. Uma é o método do *Yoga* em que o próprio iogue realiza as mudanças necessárias em sua mente e veículos, a fim de possibilitar-lhe a expansão da mente e o estabelecimento do contato com os planos superiores de existência em *Samādhi*. A outra é o método da revelação no qual o conhecimento é transmitido de um Instrutor espiritual altamente avançado a um discípulo, que não pode consegui-lo sem auxílio. Esse aspecto é possível porque há determinados centros e órgãos dentro dos veículos de um ser humano cuja estimulação possibilita a consciência expandir-se, temporariamente, consciente das realidades mais sutis ou a receber conhecimento e mensagens revestidas em linguagem através do processo comum de audição ou visão. A estimulação temporária dos órgãos ou centros depende da manipulação de determinadas forças nos veículos do receptor, e pode ser realizada somente por um Instrutor altamente avançado.

Revelações desta natureza são uma característica normal da Senda do discipulado que leva à Libertação. Pessoas ortodoxas geralmente associam a revelação exclusivamente a "profetas" ou instrutores religiosos que fundaram as religiões que surgiram no mundo de tempos em tempos. Mas isto é assumir uma visão muito estreita e restrita da revelação. Aliás, se considerarmos a "Iniciação" como uma forma de revelação, ela deve ser considerada como parte integrante do processo de desabrochar espiritual. A iniciação, como é bem conhecido, envolve a intervenção de um agente superior no processo de descida do conhecimento e poder espirituais para um propósito limitado.

Segundo a Ciência Oculta, as revelações de verdades espirituais desempenham uma função muito importante nos estágios iniciais de evolução de toda a humanidade, quando as pessoas são incapazes de encontrar essas verdades por seus próprios esforços, e delas necessitam para seu progresso futuro. É por esta razão que algumas das formas mais puras e mais elevadas dos ensinamentos referentes às verdades da vida interna são encontradas entre as escrituras das raças[18] mais antigas que não eram suficientemente evoluídas para fazerem descer ste conhecimento por seus próprios esforços. Esses ensinamentos eram ministrados ou através de um movimento religioso ou através de uma linha de instrutores e discípulos que passam adiante este conhecimento de uma geração a outra, e sistematicamente treinam discípulos para estabelecerem ideais, escolas de autodisciplina e centros religiosos na comunidade de forma estável. Muitas escolas de *Yoga* e seitas religiosas do Hinduísmo que perderam seu dinamismo e conhecimento espiritual originais traçam suas origens até essas escolas fundadas geralmente por um Instrutor histórico bem conhecido ou legendário.

O que foi dito acima mostrará que os três métodos exigidos na expansão do conhecimento – indução, dedução e revelação – não apenas podem ser aplicados em conjunto, mas que essa abordagem integrada ao problema é necessária para um crescimento harmonioso e completo do verdadeiro conhecimento. O uso exclusivo do método científico, sem a influência corretiva e equilibradora da religião e da filosofia leva a um crescimento cada vez mais anormal do conhecimento puramente empírico, que progressivamente limita a visão do indivíduo e o poder de pensar de modo independente, e faz a sociedade depender cada vez mais dos tecnocratas. Um tecnocrata moderno é verdadeiramente um indivíduo que colocou antolhos mentais e é incapaz de ver na perspectiva correta ou de julgar de modo apropriado as questões maiores e mais importantes da vida humana. Uma sociedade guiada e controlada por tecnocratas assemelha-se a uma multidão cujos membros estão colocando antolhos e que constantemente estão colidindo uns com

---

18 Diz respeito à "Raça-Raiz", que na literatura teosófica não tem a ver com a cor da pele, mas com o estágio de consciência civilizatória e as capacidades desenvolvidas. Na atual 5ª. Raça, o plano para a humanidade é o desenvolvimento da mente. O grande avanço da ciência e o desenvolvimento tecnológico são evidências disso. A 6ª. Raça desenvolverá a intuição. (N.E.)

os outros em seus movimentos. A sociedade moderna, com cada vez mais estresse e a necessidade de especialização, está seguindo rumo a uma ordem social dirigida por tecnocratas em cada campo, e pode chegar o momento em que esses controlarão todas as esferas de nossa vida e a democracia será substituída pela tecnocracia como imaginado por H. G. Wells[19].

Deixando de lado os desenvolvimentos que poderão ocorrer no futuro, mesmo a perspectiva atual não é muito agradável. Os tecnocratas militares decidem se viveremos ou morreremos. Os tecnocratas da política, chamados de políticos, decidem se seremos livres ou escravos, se lutaremos ou viveremos em paz. Os biólogos decidem se consideraremos a nós próprios como animais ou seres divinos. Os físicos e os astrônomos decidem se há ou não um Deus. Os fisiologistas e os psicólogos modernos decidem se realmente temos uma mente independente ou se vemos somente os resultados das reações biológicas em nosso corpo físico como fenômenos mentais. Se esta tendência continuar despercebida e descontrolada, e gradualmente o indivíduo deixar de pensar por si mesmo e entregar a orientação de sua vida aos tecnocratas, seremos reduzidos a uma escravidão da pior espécie, mais insidiosa ainda porque é autoimposta e tem o disfarce de alta civilização.

O que foi dito acima sobre o crescimento isolado do conhecimento científico é igualmente válido para o conhecimento nas esferas da Filosofia e da Religião. A Filosofia divorciada dos fatos da experiência humana e das verdadeiras questões da vida humana tende a se tornar cada vez mais especulativa, e degenera cada vez mais rumo a uma mente minuciosa e que lida com ideias como um passatempo ou uma profissão. A Religião divorciada da experimentação, da experiência e do conhecimento direto, bem como de uma ampla perspectiva filosófica tende a tornar-se uma repetição sem sentido dos mesmos dogmas

19 Herbert George Wells, conhecido como H. G. Wells, foi um escritor britânico, nascido em 1866. Wells tornou-se conhecido por seus "romances de ficção", carregados de suas visões políticas e que antecipavam inúmeras situações vividas pela sociedade posteriormente. Entre suas obras estão *A Máquina do Tempo* e *Guerra dos Mundos*, que foram convertidos em filmes depois. (Wikipédia) (N.E.)

antigos e sentimentos religiosos piedosos, e um desempenho mecânico de obrigações religiosas rotineiras.

É por esta razão que a Ciência Oculta defende uma abordagem integrada na qual Ciência, Filosofia e Religião desempenhem seus respectivos papéis e façam suas respectivas contribuições ao crescimento do conhecimento verdadeiro e ao desabrochar apropriado e harmonioso da mente e da consciência humanas, tanto no indivíduo quanto na sociedade. E é por esta razão que a Senda Oculta combina as técnicas especiais de Ciência, Filosofia e Religião na descoberta da Verdade. A Realidade Última é um Estado Integrado e só pode ser compreendido pela adoção de uma abordagem integrada e do emprego de uma técnica completa de descoberta da Verdade.

Este livro não tem a intenção de lidar exaustivamente ou mesmo em detalhes com a relação entre Ciência Moderna e Ciência Oculta. Nosso conhecimento da Ciência Oculta genuína é incompleto e fragmentário; primeiro, porque a maior parte do mesmo está além da compreensão do intelecto humano, e segundo, mesmo o que é compreensível não foi de todo tornado público nas condições que prevalecem no mundo atualmente. Tudo que foi revelado é de natureza geral e não pode, como se encontra, lançar muita luz sobre os problemas particulares e específicos da Ciência Moderna. Deve ser devidamente compreendido e assimilado antes que possa ser usado desta forma. Mas, mesmo um conhecimento geral da Doutrina Oculta, com a mente aberta e uma percepção intuitiva é suficiente para mostrar ao estudante que temos aqui um cabedal de conhecimento de profundezas insondáveis, que contém, dentro de seus recessos mais profundos, os segredos mais recônditos do Universo que podem lançar alguma luz sobre muitos problemas difíceis da Ciência Moderna.

Se estudarmos cuidadosamente e com discernimento essas doutrinas antigas da Ciência Oculta que se encontram espalhadas na genuína literatura oculta e adquirirmos também um conhecimento geral da Ciência Moderna, poderemos reunir ambos em algum tipo de relação significativa. Isto nos ajudará a compreender mais facilmente as doutrinas da Ciência Oculta à luz das modernas ideias científicas e também a lançar alguma luz sobre as teorias da Ciência Moderna, possibilitando-nos ver seu significado mais profundo. E é possível que algumas pessoas de Ciência, que não sejam muito ortodoxas e rígidas em suas perspectivas, possam inclinar-se a examinar essas ideias no tocante à solução de muitos problemas que estão enfrentando no momento. Mais do que isso não devemos esperar delas no momento.

É necessário muito trabalho de pesquisa pelos estudantes da Ciência Oculta para abrir linhas de comunicação entre Ciência Oculta e Ciência Moderna. Se aqueles que têm o conhecimento científico adequado empreenderem este trabalho com o verdadeiro espírito investigativo e promoverem a causa da filosofia oculta, descobrirão que este é, realmente, um campo de pesquisa muito fértil que nos ajudará não apenas a compreender muito melhor as doutrinas da Ciência Oculta, como também a criar no mundo a atmosfera necessária para sua aceitação.

A Teosofia[20] é geralmente considerada uma filosofia antiga que pode ser interessante do ponto de vista acadêmico, mas que não tem importância especial para os prementes problemas do mundo moderno. A única maneira pela qual esta impressão pode ser gradualmente eliminada é penetrando na corrente do pensamento moderno por meio de trabalho de pesquisa do tipo acima mencionado, e mostrando que estas verdades eternas têm não apenas relevância para os problemas do mundo moderno, como também podem geralmente prover soluções muito satisfatórias para estes problemas. Este livro tenta mostrar como se pode iniciar nesta direção. Se for possível incentivar outros a penetrar neste campo e dedicar-se a este tipo de trabalho com a devida seriedade, o propósito terá sido atingido.

O estudante que analisa este livro pode ver que existem repetições e sobreposições de ideias na abordagem de diferentes tópicos. Até certo ponto pode-se assinalar que isto é inevitável em um livro que tenta lançar alguma luz sobre diferentes aspectos de uma e da mesma Realidade de profundezas insondáveis e inúmeros aspectos sob diferentes pontos de vista. Este fato poderia ser evitado apenas por meio

20 Também referida como Sabedoria Antiga, Filosofia Perene, Tradição-Sabedoria. (N.E.)

de frequentes e elaboradas referências cruzadas, que causam desvios no fluxo de pensamento e tornam o estudo de um tema desnecessariamente enfadonho. O autor tentou tornar, tanto quanto possível, cada capítulo completo em si mesmo, para proporcionar uma ideia clara e coerente do tema abordado. A repetição de ideias necessárias para isto, talvez venha a ajudar na posterior elucidação e assimilação pela mente do estudante.

A relação entre Ciência Moderna e Ciência Oculta, sobre a qual este livro pretende lançar alguma luz, está indicada, até um determinado ponto, pela bem conhecida citação a seguir, que mostra claramente a necessidade de investigarmos na Sociedade Teosófica[21] o terreno comum entre estes dois importantes ramos do conhecimento e tentarmos aproximá-los num relacionamento mais íntimo e significativo:

> "A doutrina que promulgamos, por ser a única verdadeira, deve, apoiada em provas como as que estamos por oferecer, triunfar, afinal, como qualquer outra verdade. Contudo, é absolutamente necessário incuti-la gradualmente, colocando em prática suas teorias, fatos inquestionáveis para aqueles que sabem, com inferências diretas deduzidas das – e corroboradas pelas – evidências fornecidas pelas modernas Ciências Exatas".[22]

---

21 A Sociedade Teosófica (ST) foi fundada em Nova Iorque, Estados Unidos, em 1875, por um pequeno grupo de pessoas, entre as quais se destacavam uma russa e um norte-americano, a Sra. Helena Petrovna Blavatsky e o Cel. Henry Steel Olcott, seu primeiro presidente. Em 1878, ambos partiram para a Índia. Em 1905, foi estabelecida legalmente a Sede Internacional no bairro de Adyar, na cidade de Chennai (antiga Madras), no sul da Índia, onde permanece até hoje. A ST espalhou-se por mais de sessenta países em todos os continentes. Está organizada em Seções Nacionais, e estas, por sua vez, em Grupos de Estudos. (www.sociedadeteosofica.org.br). (N.E.)

22 JINARAJADASA, C., comp. *Cartas dos Mestres de Sabedoria,* Primeira Série, Brasília: Ed. Teosófica, 1973, p.17. (N.E.)

Capítulo 1

Relatividade – Total e Parcial – I
Teorias Científicas e Doutrinas Ocultas

A Teoria da Relatividade de Einstein é considerada a contribuição mais notável ao pensamento científico no transcurso deste século (XX). Embora tenha sido baseada nas pesquisas de inúmeros cientistas e matemáticos proeminentes, que de tempos em tempos fizeram grandes contribuições em seus campos respectivos de trabalho, a brilhante obra de Einstein consistiu em reunir todas essas ideias espalhadas e não relacionadas em uma teoria bem formulada, que deu um novo rumo ao pensamento científico e estimulou pesquisas de natureza muito fundamental. Embora a teoria tenha sido aclamada como sendo de uma contribuição magnífica ao pensamento científico desde o início, pouquíssimas pessoas a compreenderam nos estágios iniciais em virtude de sua natureza altamente abstrata e matemática. E assim permaneceu, por um longo tempo, como obra científica muito admirada, mas pouco compreendida. Foi somente com a descoberta espetacular da energia atômica, prevista pela teoria, que o interesse na mesma foi repentinamente estimulado, e suas várias conclusões começaram a ser testadas e amplamente aceitas. Como sempre acontece em tais casos, a súbita maré de aclamação popular rompe a descrença e a teoria começou a ser considerada como a bíblia do pensamento científico ortodoxo.

Talvez seja válido fazermos aqui uma curta digressão para ressaltar que embora o trabalho realizado no campo da Ciência Moderna, especialmente em seus avanços tecnológicos, seja verdadeiramente maravilhoso e não podemos deixar de prestar nossa profunda admiração pelo grande número de cientistas que contribuíram para estes desenvolvimentos fenomenais, não obstante, é necessário que tenhamos em mente a Doutrina Oculta, referente à evolução humana. Segundo essa doutrina, os mundos inferiores de ilusão são apenas mundos sombra, que simplesmente refletem o Plano Divino[1] em sua evolução. À medida que o Plano Divino desenvolve-se, o que existe Nele começa a encontrar expressão nos mundos inferiores de forma automática, por meio de instrumentos e condições mais apropriados que estejam disponíveis. As condições são preparadas de antemão tão completamente quanto possível, mas o processo não pode sofrer interferência devido a qualquer falha nessas condições, da mesma maneira que a projeção de uma película cinematográfica não pode ser interrompida por qualquer defeito na tela na qual é projetada.

Sob a pressão desta descida de forças, ideias e movimentos, frequentemente acontecem coisas que são inesperadas e às vezes verdadeiramente maravilhosas. Aqueles que foram transformados em instrumentos especiais, neste desenvolvimento do Plano Divino, conseguem realizar feitos que, sob outros aspectos, não seriam possíveis e, não estando conscientes deste fato, são propensos a se atribuir o mérito pelo que fizeram e sentem-se orgulhosos por isso. Mas permanece o fato de que a maior parte do que fizeram deve-se ao influxo de poder, habilidade e orientação do alto, e não à capacidade individual, salvo em menor grau.

Não se trata de negar crédito a essas pessoas que realizaram esta obra e tornaram possíveis essas expressões. Elas são escolhidas como instrumentos do plano, por serem os melhores disponíveis para essa finalidade, mas o amplo plano advém do alto, o conhecimento e o poder

---

1 Divino – Relativo a Deus; inspirado ou proveniente de Deus; próprio ou característico de deuses e divindades (Dicionário Online de Português). O termo é comumente usado nas culturas com profundo componente religioso, como a da Índia. Na cultura ocidental, e no meio acadêmico, talvez o termo "Aquilo" ou o "Incognoscível", como H. P. Blavatsky chama a atenção, em sua obra magna *A Doutrina Secreta,* fosse mais compreensível, no sentido de algo metafísico que está muito além da capacidade de observação e compreensão humanas. (N.E.)

vêm do alto, a inspiração e orientação advêm do alto, e se assim não fosse, sua contribuição ao trabalho no campo específico não poderia ser o que tem sido.

Aqueles que têm contato com os planos internos de existência, contato esse que pode ser consciente ou inconsciente, estão perceptivos destes fatos e, portanto, são extremamente humildes. Aqueles que não estão, frequentemente sofrem da ilusão de grandeza, e creditam a si aquilo que, na verdade, não lhes é realmente devido. Não relutemos em conceder-lhes esta pequena satisfação por haverem servido como instrumentos satisfatórios do plano, e tornado possível sua realização.

Nada exemplifica mais essa descida de um plano do alto e sua atuação nos mundos inferiores, em diferentes estágios por meio de uma sucessão de trabalhadores, do que o desenvolvimento da Teoria da Relatividade. Pode-se quase ver com admiração como o campo para o desenvolvimento e a formulação da teoria foi preparado da forma mais sistemática por diferentes trabalhadores, operando nos campos da Física, Química e Matemática, em todo o mundo, durante o curso de um século. E quando todo o material estava pronto e a preparação havia sido completada, surge Einstein para fundir todas as ideias e descobertas em uma concepção maravilhosa, que não apenas estimulou de forma notável o crescimento e a integração do conhecimento científico, como conduziu a descobertas que podem ter uma influência tremenda na vida e na evolução da humanidade e podem alterar a própria direção e natureza de nossa civilização pelos séculos vindouros.

Este não é o local para se discutir a Teoria de Einstein, mesmo sumariamente, a fim de transmitir ao estudante da Ciência Oculta uma ideia do que se trata. No mercado existem muitos livretos disponíveis que se propõem a transmitir ao leigo uma ideia geral da teoria em linguagem simples. Não é necessário que o estudante da Ciência Oculta adquira um conhecimento completo dessa teoria, o que ele não consegue fazer sem ter um conhecimento considerável de matemática superior e de Ciência Moderna. Mas será útil para ele possuir uma ampla ideia geral da teoria, para que consiga ver por si mesmo como os progressos na Ciência Moderna estão, gradualmente, corroendo a filosofia materialista e pavimentando o caminho para um exame sério e cuidadoso da Doutrina Oculta pelo cientista moderno. Ele pode não ser ainda capaz de persuadir os cientistas ortodoxos para que, de mente aberta, examinem a Filosofia Oculta, mas certamente poderá encontrar, nos desenvolvimentos científicos recentes, muita coisa para ilustrar a Doutrina Oculta. E, sobretudo, ele terá alguma ideia do tipo de mundo fantástico, no qual o cientista moderno convida-o a penetrar, em vez do mundo da Realidade, que, segundo a Ciência Oculta, está oculto no interior do Universo e, também, dentro do coração de cada ser humano.

Os cientistas, conforme foi frisado acima, são, em muitos casos, os instrumentos do Plano Divino e têm que trabalhar entusiasticamente nestes problemas científicos com a máxima concentração de propósito a fim de conseguir resolvê-los. Talvez isso não fosse possível se não tivessem essa espécie de fé fantástica nos limitados propósitos materialistas da Ciência Moderna, e se o mais amplo e mais razoável mundo realista da Filosofia Oculta não estivesse apagado de suas mentes neste momento. Acontece com frequência na evolução dos indivíduos e da humanidade como um todo, que aqueles que estão passando por uma fase particular em sua evolução, ou que estão servindo como instrumentos escolhidos do Plano Divino, têm seus corações tão imersos no trabalho que têm de realizar, que suas mentes se condicionam em grande extensão pelo trabalho momentâneo, e tornam-se incapazes de ver qualquer coisa além de seu campo circunscrito de trabalho. Esta é, naturalmente, apenas uma fase temporária na longa vida da alma, e dura tão somente o tempo que a extrema concentração sobre o trabalho particular naquela vida for necessária. Mas não há razão que force outros que não estejam empenhados nesse tipo de trabalho, ou mesmo aqueles que estão, devam permitir que suas mentes e discernimento anuviem-se dessa forma. É possível para um indivíduo maduro e inteligente ter uma perspectiva ampla e abrangente, mente aberta, e não obstante, poder trabalhar em um campo muito estreito e limitado, se o plano exigir. Mas o indivíduo comum não consegue fazê-lo.

Ao considerarmos o importante princípio da Relatividade do ponto de vista Oculto, é conveniente conhecer até certo ponto a natureza limitada da Teoria de Einstein, sua validade e o tipo de perspectiva mental que está reservado àqueles que adotam a filosofia materialista, patrocinada por esta teoria. Esta espécie de apreciação da Teoria possibilitará ao estudante da Ciência Oculta julgar por si próprio a validade comparativa das duas filosofias e seu valor relativo na promoção da verdadeira evolução e felicidade do homem tanto como indivíduo quanto *en masse.*

Para compreender a validade comparativa das teorias científicas e das doutrinas ocultas devemos ter clareza em nossas mentes sobre como se chega ao conhecimento nos dois casos. As teorias científicas, conforme foi assinalado no Prefácio, estão baseadas na observação de fatos, fazendo-se suposições de postulados e raciocínio para se chegar a conclusões definitivas. Essas conclusões são então testadas por experimentos, até onde for possível, para verificar até que ponto os resultados dos experimentos correspondem a essas conclusões. Se, de alguma forma, essas conclusões não forem confirmadas por experimentos subsequentes, a teoria é abandonada ou adequadamente modificada, de tal forma que suas conclusões sejam confirmadas pelo menos até um ponto razoável. Se e quando as conclusões da teoria forem confirmadas por experimentos, até um ponto razoável, a teoria é provisoriamente aceita para pesquisas adicionais e ampliação de conhecimento.

Pode-se ver, portanto, que os fatos observados nos quais a teoria está baseada são os únicos fatores confiáveis na formulação de uma teoria científica. O processo de dedução de conclusões a partir de dados disponíveis, mesmo na dedução matemática, depende dos postulados que são estabelecidos. Eles podem ou não ser válidos e, portanto, as conclusões extraídas com base nelas podem ser corretas ou incorretas. Pode-se fazer a matemática provar quase tudo, contanto que estabeleçamos postulados adequados, ou seja, façamos determinadas suposições não comprovadas. Ocorre, frequentemente, em investigações científicas de nos depararmos com certos fatos e fenômenos para os quais temos que formular uma teoria que explique satisfatoriamente estes fatos. Cada uma dessas teorias devem estar baseadas em certas suposições não provadas e pode-se em geral fazer uma seleção cuidadosa destes postulados para provar o que já, consciente ou inconscientemente, decidimos provar. O artifício consiste em trabalhar retrospectivamente a partir das conclusões até as suposições fundamentais que foram adotadas a fim de chegarmos às conclusões desejadas. Temos então uma teoria respeitável que não somente explica satisfatoriamente todos os fatos que são conhecidos, mas possui a marca de garantia da dedução matemática. Porém sua fraqueza encontra-se no fato de ter adotado postulados que satisfaziam sua validação, e ignorado fatos que se opunham.

Este não é o local apropriado para se discutir em detalhes os postulados da Teoria de Einstein. Mas pode-se ressaltar, a título de ilustração, que ela admitiu a não existência de mundos suprafísicos, ignorou a existência da Mente e da Consciência como princípios independentes do mundo físico, admitiu que existem somente três dimensões de espaço e uma de tempo, e ignorou muitos outros fatos da existência que são parte da Doutrina Oculta e que foram repetidamente verificados por videntes, ocultistas e místicos de todos os tempos. O erro fundamental reside, certamente, em supor que aquilo que não pode ser detectado e demonstrado por meio de instrumento físico não pode, absolutamente, existir.

Ora, em toda a teoria científica temos que basear nossas conclusões em um número muito limitado de fatos observados, e a vasta, ou melhor, a ilimitada reserva de outros fatos, ainda no reino do desconhecido, permanece em segundo plano, do qual o surgimento de apenas um fato é suficiente para destruir totalmente a teoria. O perigo dos novos fatos surgir do reino do desconhecido e destruir mesmo uma teoria bem estabelecida foi assinalado muito enfaticamente pelo próprio Einstein em sua bem conhecida declaração:

> "Nenhuma quantidade de experimentos jamais poderá provar que eu estou certo, um único experimento pode, a qualquer tempo, provar que estou errado."

Portanto, podemos constatar daquilo que foi dito acima tanto a fragilidade quanto a força do método científico na descoberta da verdade. Sua fragilidade está na insuficiência de fatos observados e na consequente incompletude dos dados sobre as quais as conclusões estão baseadas. Sua outra fonte de fragilidade está, como já foi salientado, na natureza incerta dos postulados que às vezes têm de ser estabelecidos desde o início, como base de raciocínio. Há muito pouca possibilidade de erro no raciocínio real dos trabalhos de alto nível. Sua força reside na crença de que seus fatos são fatos da observação e podemos confiar neles até onde se estendem. Além disso, os eventos, embora sejam limitados em número, podem ser verificados objetivamente por meio de aparelhos físicos ou por cálculos matemáticos. Assim, enquanto a Ciência Moderna está avançando em ritmo fenomenal, no que diz respeito ao seu conhecimento empírico e suas aplicações, o pano de fundo de sua filosofia teórica está repleto de destroços de teorias sempre cambiantes e sempre inconstantes. E não há nenhuma esperança ou possibilidade de sair de tal situação e conhecer a verdade com exatidão, enquanto se mantiver aferrada aos seus métodos atuais. Os fatos podem sempre emergir da obscuridade do desconhecido e destruir suas acalentadas teorias.

Consideremos para efeito de comparação o Método Oculto para atingir as verdades fundamentais da existência referentes ao ser Humano, Deus e o Universo. Este método baseia-se na inclusão da totalidade dos fatos ao se chegar à Verdade, para que nenhum fato possa emergir do obscuro pano de fundo do desconhecido para invalidar todo o conhecimento que coletamos laboriosamente. Esta pode parecer uma alegação exagerada para a Ciência Oculta, mas que o estudante considere cuidadosamente este método antes de rejeitá-lo pelo seu aparente absurdo. Esta questão foi discutida amplamente em livros tais como A *Ciência do Yoga* e *O Homem, Deus e o Universo* e não precisamos abordá-la aqui. Pode-se mencionar apenas que é possível conhecer a totalidade dos fatos, porque todas as verdades que fundamentam cada aspecto da existência, gradualmente e passo a passo, integram-se em uma única Verdade Suprema, à medida que penetramos os recessos mais internos de nossa mente e consciência, e assim é possível não apenas conhecer tudo que deve ser conhecido a respeito de uma verdade particular, mas também conhecê-la em sua essência e na perspectiva correta, percebendo-a contra o pano de fundo do Todo, a Verdade Última da existência. É por isso que todos os videntes que viram a Verdade das Verdades exortam o aspirante a não vaguear infinitamente nos desvios do conhecimento parcial, mas que se esforce "para conhecer AQUILO que ao ser conhecido tudo é conhecido".

Ao se considerar a validade das doutrinas Ocultas, deve-se entender claramente que elas não se baseiam, como comumente supõem os céticos, em pensamentos especulativos nascidos da ilusão. Baseiam-se em fatos da experiência obtidos pela percepção direta, não ofuscada e não obstruída, da Verdade em nossa consciência, o único método confiável e infalível de conhecer tudo no verdadeiro sentido. Não há suposições incertas que se possa provar estarem erradas, nem fatos desconhecidos que possam surgir da esfera do desconhecido, nenhum raciocínio que possa estar contaminado pela falácia. A Verdade é vista em sua plenitude e natureza essencial pela percepção direta na consciência da própria pessoa no estado de *Samādhi.*

Uma vez que as verdades concernentes aos problemas fundamentais da vida, nas quais todo ser humano deveria estar essencialmente interessado, são espirituais e não materiais, e podem ser conhecidas apenas pela percepção direta na consciência do buscador, a parafernália do instrumento físico ou da dedução matemática não apenas é desnecessária, como não pode ser exigida para prova ou demonstração. Mesmo o cético deve ser capaz de perceber que seria absurdo exigir que fatos referentes à nossa natureza mental e espiritual devam ser demonstrados por meio de um experimento físico. Os fatos de natureza mental podem ser vistos e demonstrados apenas por métodos mentais e pelos que dizem respeito à nossa natureza espiritual, por transcendermos a mente e nos tornarmos perceptivos de nossa natureza espiritual. O semelhante percebe o semelhante.

Todo indivíduo que queira conhecer diretamente as verdades da vida interna, e não de segunda mão, deve pagar o preço para isto e desenvolver suas próprias faculdades perceptivas para poder percebê-las dentro de sua própria consciência. Se ele não conseguir fazer isto e se não estiver preparado para submeter-se a um longo curso de rigorosa autodisciplina necessária para isto, então deve permanecer satisfeito com as provas dos Adeptos da Ciência Oculta, que trilharam esta senda do desabrochar interior e encontraram aquela Verdade Última em que todas as outras verdades estão contidas em sua natureza essencial. Esta não é uma exigência irrazoável. Mesmo no campo da Ciência Moderna deve-se primeiramente desenvolver a capacidade de verificar por si próprio as leis e os fatos mais profundos da Natureza ou aceitá-los conforme enunciados por aqueles que são peritos em seus respectivos campos de investigação.

Não se deve supor, no entanto, que temos que depender de um único místico, ocultista ou instrutor religioso da antiguidade para evidenciar as verdades da Doutrina Oculta, a exemplo de muitas religiões reveladas. Existem sempre presentes no mundo, embora desconhecidos do público em geral, videntes, ocultistas e místicos, que investigaram e verificaram essas verdades por suas próprias experiências em maior ou menor grau. E embora as linhas de investigação e áreas de experiência de todo investigador sejam individualmente únicas até certo ponto, as realizações de todas elas são basicamente as mesmas. Pois percebem as mesmas verdades eternas diretamente por meio de uma faculdade espiritual que, diferentemente da mente e dos sentidos, não distorce a visão. Assim, o verdadeiro conhecimento oculto tanto é baseado na experiência e na evidência confiável oferecida por peritos, quanto o é o conhecimento científico. Por que deveríamos aceitar como certo que as observações feitas somente por meio de aparelho físico sejam confiáveis, e que somente a evidência de cientistas modernos sejam admissíveis na descoberta da Verdade?

Não se deve permitir que o que foi dito acima crie uma impressão errônea na mente do estudante no que se refere à Teoria da Relatividade de Einstein. Embora essa Teoria baseie-se em uma concepção muito limitada do Universo como fenômeno puramente físico e suas conclusões possam, portanto, na melhor das hipóteses, ser válidas somente na esfera restrita dos fenômenos físicos, ainda assim contribuiu enormemente não somente para o pensamento científico, mas também no âmbito da religião e da filosofia. Nenhum desenvolvimento no campo da Ciência tenha, talvez, proporcionado uma colheita tão rica de ideias frutíferas e corroborações da Doutrina Oculta, e assim, pavimentado o caminho para a aceitação verdadeira desta doutrina pelo mundo científico.

A importância mais significativa da Teoria de Einstein para o estudante da Ciência Oculta, todavia, não reside naquelas conclusões e descobertas que, como a descoberta da energia atômica, revolucionaram nossa vida material. Para ele sua verdadeira importância encontra-se no fato de que ela deu início ao processo de integração mental dos vários princípios e forças que subjazem ao Universo físico e que a Ciência Moderna só agora reconhece. A tentativa feita nesta Teoria para mostrar que a gravitação, o eletromagnetismo, etc. são todos diferentes aspectos de uma única força ou princípio é um passo altamente relevante rumo à sintetização dos muitos *tattvas* ou princípios que fundamentam o Universo em um único princípio. Se for possível provar que todas essas forças derivam de uma única força ou princípio em existência, então o caminho estará desobstruído para estender a ideia à Mente e à Consciência, quando lhes for proporcionado um *status* reconhecido e independente pela Ciência Moderna, em vez de serem consideradas meramente um subproduto de mudanças físicas, químicas e biológicas. Será então muito mais fácil avançar um passo e mostrar que Consciência, Mente e Matéria são derivadas de uma Única Realidade – a mais elevada doutrina da Ciência Oculta e a Verdade Última da existência.

Tendo discutido o valor comparativo dos métodos pelos quais se chega à verdade em Ciência Moderna e Ciência Oculta e sua validade relativa, consideremos agora, sumariamente, as perspectivas mentais que essas duas Ciências colocam perante o buscador da Verdade, ou da humanidade como um todo. Não teria sido necessário questionar a filosofia da Ciência Moderna se ela tivesse se restringido à descoberta de leis naturais e fatos do mundo físico, com a finalidade de obter controle sobre as forças da Natureza e explorá-las para a promoção do bem-estar humano. Mas a Ciência Moderna não se restringiu a esta limitada e legítima esfera de trabalho. Reivindicou o direito de pronunciar suas opiniões referentes aos mais elevados problemas da Religião e da Filosofia com base nos poucos fatos superficiais que descobriu por meio do aparelho físico. Ela tem a presunção de nos falar sobre a natureza e origem deste vasto e insondável Universo, baseada nos dados sensoriais obtidos com o auxílio de microscópios, telescópios e aparelhos fotográficos. Trata o ser humano como um fenômeno puramente físico, e sua mente e consciência como partes deste fenômeno físico. Não acredita que haja qualquer realidade espiritual subjacente ao Universo, ou que haja algum plano ou desígnio por trás de seu funcionamento. Em suma, sua filosofia é um desafio à visão espiritual do Universo, que ocultistas, místicos e instrutores das grandes religiões do mundo proclamaram da forma mais enfática e inequívoca através das idades. Esse desafio não é direto e nem expresso em muitas palavras, mas obviamente está implícito ao ignorarem completamente as doutrinas ocultas em sua filosofia e trabalho.

Em virtude desta arrogante atitude dos cientistas ortodoxos para com as doutrinas ocultas, acredito que é permissível àqueles que consideram essas doutrinas de importância vital para a evolução e felicidade humana, proporcionar ao estudante um vislumbre da perspectiva que a filosofia científica oferece ao indivíduo comum e à humanidade como um todo. Acredito que seria muito apropriado deixarmos o próprio cientista descrever em suas próprias palavras esta sombria perspectiva, que o desenvolvimento espetacular da Ciência teórica oferece à humanidade. Permitam-me citar uns poucos trechos do excelente livro do Sr. Lincoln Barnett – *O Universo e o Dr. Einstein*[2] – para ilustrar o tipo de esclarecimento que a Ciência nos proporcionou, para que em nossos esforços entendamos a natureza do Universo e a perspectiva mental que deve nos atrair e nos inspirar na era altamente tecnológica do futuro. É em direção a este *El Dorado* de incompreensibilidade intelectual e vacuidade espiritual que estamos destinados em nossa busca da Verdade pelos métodos da Ciência Moderna e da qual devemos tentar extrair todo o conforto e inspiração que pudermos para nossa vida interna. Não poderia haver perspectiva mais aterradora e repulsiva do que esta, e não conseguimos encontrar uma maneira melhor de manter o indivíduo comum imerso em prazeres e buscas superficiais e inexpressivos do mundo físico. Pois, quem gostaria de pensar no que jaz por debaixo e além da superfície da vida com esta perspectiva neste pano de fundo? Às vezes nos perguntamos se os próprios cientistas acreditam em todas essas ideias ou se são meros joguetes do intelecto.

2 Vide Nota 1 do Prefácio do Autor, p. 14. (N.E.)

A natureza do Universo físico, que é a única realidade que existe, segundo as suposições arbitrárias feitas pelos cientistas, é descrita muito nítida e sucintamente na página 104 do livro acima mencionado:

> "Uma bolha de sabão com ondulações em sua superfície talvez seja a melhor representação, em termos de materiais simples e conhecidos, do novo Universo que nos foi revelado pela Teoria da Relatividade. O Universo não é o interior da bolha, mas sua superfície, e devemos nos lembrar sempre de que, embora a superfície da bolha de sabão tenha apenas duas dimensões, a bolha do Universo tem quatro – três dimensões de espaço e uma de tempo. E a substância a partir da qual esta bolha é soprada, a película de sabão, é espaço vazio unido ao tempo vazio."

Se esta é a conclusão referente à natureza do Universo[3] à qual somos conduzidos como resultado das suposições que fizemos ao formularmos nossas teorias científicas, não será aconselhável reexaminarmos com uma mente aberta as premissas sobre as quais nosso raciocínio se baseia?

É bom sinal que os cientistas menos ortodoxos estejam, gradualmente, percebendo que as soluções que encontraram para seus problemas filosóficos não são apenas incompreensíveis, mas beiram as raias do absurdo, e consequentemente estão sentindo-se frustrados. Tomemos outro trecho da página 126 do mesmo livro, a fim de ilustrar esse estado de confusão e frustração mental:

> "Na evolução do pensamento científico, um fato tornou-se, impressionantemente, claro: não há mistério do mundo físico que não aponte para um mistério além dele próprio. Todos as estradas do intelecto, todos os atalhos da teoria e da conjectura conduzem, em últi-

3 Neste início do Século XXI, cientistas da astrofísica começam a trabalhar com a hipótese de algum tipo de inteligência presente no Universo (observável), sem a qual seria improvável, ou mesmo impossível, pelo atual conhecimento das leis que governam a organização da matéria na formação das galáxias, estrelas e planetas. (N.E.)

> ma análise, a um abismo que a ingenuidade humana jamais consegue transpor. Pois o ser humano está acorrentado pela própria condição de sua existência, sua finitude e envolvimento na Natureza. Quanto mais longe ele estende seus horizontes, mais vividamente reconhece o fato de que, como coloca o físico Niels Bohr, "somos espectadores e atores no majestoso drama da existência". O ser humano é, assim, seu maior mistério. Ele não entende o vasto e velado Universo em que foi lançado, e nem as razões disso. Compreende apenas um pouco de seus processos orgânicos, e menos ainda de sua singular capacidade de perceber o mundo ao seu redor, de raciocinar e sonhar. Menor ainda é sua compreensão de sua mais nobre e mais misteriosa faculdade: a habilidade de transcender a si próprio e se perceber no ato da percepção."

Pode ser pertinente fazer umas poucas perguntas que surgem naturalmente após a leitura desta citação. "Se todas as estradas do intelecto, todos os atalhos da teoria e da conjectura conduzem, em última instância, a um abismo que a ingenuidade humana jamais consegue transpor", por que não desistir desta trajetória suicida e tentar aquela estrada real que todos os videntes, ocultistas e instrutores espirituais do mundo trilharam para solucionar com êxito o enigma do Universo? "Se o indivíduo é o seu maior mistério e não entende o vasto e velado Universo em que foi lançado por razões que ele próprio não entende", por que não tentar, primeiramente, entender a si próprio antes de tentar entender tudo o mais? É exatamente este o método da Ciência Oculta, que foi seguido por todo buscador da Verdade ao longo de idades. E não será, por sua própria demonstração, "a habilidade para transcender a si próprio e se perceber por meio do ato ou da percepção", simplesmente uma outra maneira de dizer que o homem tem que penetrar em sua própria mente e consciência para solucionar o enigma do Universo e da alma humana? Em suma, ele tem que seguir os métodos bem conhecidos e testados do *Yoga*.

É interessante notar como as soluções dos problemas referidos na citação acima estão contidas na própria citação e, não obstante, não podem ser vistos. É isto que acontece quando a mente fica condicionada por preconceito ou ideias preconcebidas.

Capítulo 2

Relatividade – Total e Parcial – II
O Absoluto e a Relatividade

Foi assinalado no primeiro capítulo sobre este tema que a Teoria da Relatividade de Einstein trata da relatividade somente em seu aspecto físico – com a superfície do Universo total em existência – e, portanto, deve ser muito limitada em seu escopo da natureza mesma das coisas. Se existem mundos e aspectos mais sutis do Universo, ocultos no interior do Universo físico, se Mente e Consciência são realidades independentes da existência e a base do Universo, então deve haver aspectos mais amplos e mais abrangentes da Relatividade, que dizem respeito e abrangem todos esses mundos mais sutis e seus fenômenos complexos.

Foi mostrado em *O Homem, Deus e o Universo* que um círculo com um número infinito de raios e círculos concêntricos é um símbolo muito apropriado da Manifestação, os raios representando as Mônadas e os círculos concêntricos os planos de existência, conforme mostra a figura a seguir.

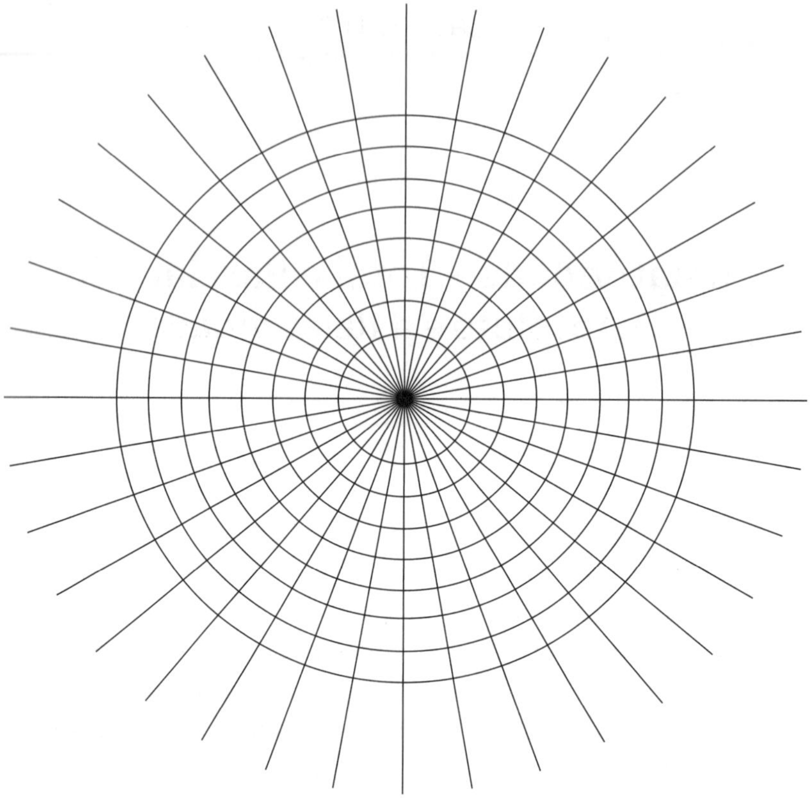

Símbolo da Manifestação

Veremos, a partir do diagrama acima, como as Mônadas tornam-se cada vez mais separadas no mundo da manifestação à medida que suas consciências afastam-se do centro e envolvem-se em formas mais grosseiras de matéria e estados menos sutis de mente. Por outro lado, quanto mais a consciência de uma Mônada particular se arrasta ao longo de seu raio em direção ao centro comum, tanto mais se aproxima da consciência das outras Mônadas e da Realidade da qual elas se originaram.

Esta relação é verdadeira não somente entre os aspectos diferenciados do Princípio Divino que uma Mônada representa e corporifica, mas também entre os aspectos diferenciados de qualquer princípio, que tenha sua fonte no Absoluto, e desça passo a passo e encontre expressão nos estados de matéria cada vez mais densos. Quanto mais ele se afasta de sua fonte central, mais suas expressões diferem entre si e tornam-se mais difíceis de identificar.

Estas ideias não estão baseadas em especulação, mas em fatos da experiência. À medida que a consciência recua em direção ao seu centro comum na prática do *Yoga* superior, todas as expressões de um princípio específico são vistas unindo-se progressivamente e fundindo-se umas nas outras, até que no último estágio são vistas como derivadas de um único princípio. Por outro lado, todos os princípios, por sua vez, são vistos reunindo-se e fundindo-se uns nos outros até que sejam vistos como aspectos diferenciados de um Princípio Último. É esta experiência de progressiva fusão e integração de tudo o que existe em um princípio último que faz o Adepto Vidente gritar de regozijo e admiração e declarar enfática e inequivocamente: "Em verdade, tudo isto é *Brahman*."

É esta experiência direta na Autorrealização que mostra a Relatividade em sua forma verdadeira e fundamental, como um princípio que a tudo permeia, porém, variável, que tende ao limite zero na medida em que a Consciência e o Poder ou o Espírito e a Matéria passam dos reinos exteriores para os interiores da manifestação, da periferia da manifestação para seu centro.

Qual será a natureza deste estado de Realidade no qual a relatividade desaparece completamente ou se torna zero? Podemos consultar um bom dicionário e encontrar a resposta. Este estado de completa ausência de relatividade é, obviamente, incondicionalidade, e a palavra "absoluto" é definida pelo *Dicionário Oxford* como "completo, perfeito, puro, real, inqualificável, autoexistente, irrestrito, independente, não relativo". Portanto, é apenas no Absoluto que não existe Relatividade. Tudo mais abaixo do Absoluto é governado pela Relatividade, embora relatividade de variados graus.

Veremos, portanto, que o conceito do Absoluto terá um papel muito importante e fundamental na concepção total da Relatividade. Pode não haver lugar para a incondicionalidade na concepção muito limitada e empírica da Relatividade proposta por Einstein, mas há a possibilidade de haver incondicionalidade na concepção oculta que inclui tudo que pode existir tanto no Manifestado quanto no Imanifestado. Do mesmo modo como não podemos desenhar ou mesmo conceber um círculo sem um centro, semelhantemente não podemos ter um verdadeiro conceito de Relatividade em seu aspecto total, sem o Absoluto. Este conceito deve incluir o conceito do Absoluto, não apenas porque os dois conceitos do Absoluto e do Relativo são complementares e inseparavelmente unidos entre si, mas também porque tal conceito deve incluir, em sua consideração, a totalidade de todos os fatos da existência. E nem é preciso dizer que o Absoluto é o mais importante e fato final da existência, além e ao lado, do qual nenhum fato da existência pode possivelmente existir.

Este conceito de Relatividade deve incluir não apenas a totalidade dos fatos da existência, mas esses fatos da existência devem estar baseados em experiência confiável, e não meramente em especulação ou inferência intelectual. Há finalidade e certeza somente no conhecimento direto obtido no reino da Consciência, após a Mente ter sido eliminada e transcendida[1]. Somente essa experiência perceptiva na consciência é que pode englobar a totalidade dos fatos da existência, porque somente a consciência pode expandir-se ao infinito e abarcar todas as coisas, e não a mente. A Mente, sendo um produto diferenciado da Consciência, brilha não somente pela luz da Consciência, mas sendo ela mesma finita, limita a visão.

A certeza e a finalidade de que nada mais existe para ser conhecido a respeito sobre uma realidade particular só pode existir na esfera da consciência, a partir da natureza mesma da consciência pura e do modo como a consciência pode conhecer um fato da existência, tornando-se una com ele. Somente por meio dessa experiência direta, não dual, é que se pode conhecer aquela Verdade Última da existência "aquilo que ao ser conhecido tudo é conhecido e nada resta para ser conhecido". Esta experiência só é possível aos mais elevados Adeptos da Ciência Oculta, e assim o conceito referente ao aspecto total da Relatividade só pode

1 Na sua obra magna, *A Doutrina Secreta*, Blavatsky descreve o ser humano como uma Consciência que se utiliza de veículos para sua expressão em cada um dos Planos da Manifestação: o corpo físico, o corpo astral (das emoções), o corpo mental, o veículo *búddhico* (intuitivo) e outros veículos superiores. (N.E.)

ser obtido com base no conhecimento transmitido por esses Adeptos nas doutrinas da Ciência Oculta. É verdade que este conhecimento, na forma como é transmitido ao mundo externo, é vago, fragmentado e incompleto, mas é certo e final. Isto significa que é baseado nos fatos totais da existência e suas conclusões, embora vagamente esboçadas, são substancialmente corretas e totalmente confiáveis.

Já foi mencionado que a relatividade decresce à medida que a consciência recua da periferia para o centro. Isto significa que a relatividade é variável, e iniciando-se com um valor zero no Absoluto, aumenta progressivamente à medida que desce aos níveis inferiores de manifestação, alcançando seu máximo no mundo físico até onde podemos perceber com nossas limitações. O que explica esse aumento progressivo na relatividade? Em outras palavras, quais são os fatores que produzem essa variação? Esta é uma pergunta difícil de responder já que nosso conhecimento das condições nos reinos mais sutis da Mente e da Consciência é muito vago e incompleto; mas ainda assim, podemos considerar umas poucas ideias que esclarecerão a questão do porquê e como este aumento progressivo na relatividade é produzido.

O primeiro ponto a se notar com relação a isto é que a Manifestação é um processo de repetida projeção, expressão e reflexo da Única e mesma Realidade em estados cada vez mais inferiores de si própria. Como existe e não pode haver mais nada, exceto a Realidade Una, esta projeção, expressão e reflexo pode significar apenas que a cada passo a Realidade projeta-se em um nível inferior, e então se expressa através desse nível, e neste processo de expressão reflete, até um determinado ponto, sua natureza original. Este processo pode ser repetido inúmeras vezes, e assim são formados os diferentes planos de existência e estados de Mente e Consciência. Esta é a razão por que, a despeito de existir somente uma Realidade, há uma infinita variedade de expressões em diferentes níveis. É também este fato que permite ao Iogue elevar-se de um nível de consciência a outro, até que alcance sua fonte, a Realidade Suprema.

Não apenas há esta repetida projeção e reflexo da Realidade Última, mas a cada passo temos também uma diferenciação adicional dos *tattvas* ou princípios fundamentais subjacentes à Manifestação.

Assim, temos uma expansão progressiva do processo de manifestação, tanto em profundidade quanto em extensão, por assim dizer. Este fato não é diferente da difusão do espectro e da separação de seus constituintes à medida que a luz dispersa afasta-se cada vez mais de sua fonte no prisma.

Ora, o que é importante notar nesta progressiva exteriorização e expansão dos estados de existência é que a cada passo dado, seja em profundidade ou em extensão, a relatividade é aumentada e novos aspectos seus vêm à existência. Pois há um tipo de relatividade entre dois estados em níveis diferentes, e outro tipo de relatividade entre dois estados no mesmo nível. Não vamos nos aprofundar mais nesta questão bastante difícil aqui, mas o estudante deve poder ver como o princípio da relatividade torna-se muito mais complexo e abrangente quando tentamos captar uma visão global do problema, em vez da visão limitada apresentada na Teoria de Einstein.

Uma vantagem importante desta concepção mais ampla da Relatividade é que ela nos proporciona um padrão de referência e de julgamento com relação a tudo em que temos de determinar os valores relativos de duas coisas em relação a qualquer qualidade particular ou característica de vida. Um dos aspectos mais desconcertantes e desmoralizantes do pensamento moderno, baseado essencialmente na filosofia materialista, é que praticamente não há padrões naturais de referência e de julgamento com relação ao que quer que seja. Há padrões de referência e julgamento em abundância, mas são arbitrários, produtos ao acaso de circunstâncias e caprichos de modas prevalecentes, e não baseados em fatos, leis da Natureza ou princípios eternos reconhecidos. Embora, até um certo ponto, isto tenha sempre sido assim, atualmente é particularmente verdadeiro e perigoso, quando a liberdade surgiu abruptamente e as pessoas, tendo perdido seus insatisfatórios ancoradouros tradicionais, estão livres para adotar praticamente qualquer coisa em suas vidas particulares, de um vestido ou estilo de penteado a um modo de pensar, ou padrão em arte.

A ideia de que não há, e de que pode não haver nenhum padrão de referência e julgamento com relação a esses assuntos, talvez tenha sido estimulada pela Teoria da Relatividade. É verdade que Einstein, a fim de desenvolver sua teoria, achou necessário considerar apenas a relatividade do movimento e a impossibilidade de encontrar algum padrão de referência pelo qual pudesse determinar o movimento absoluto. Segundo ele, todo movimento era relativo porque nada existe de fixo no Universo contra o qual o movimento de um corpo pudesse ser medido em termos absolutos. Mas embora Einstein considerasse apenas um aspecto muito limitado da Relatividade, a ideia que formulou produziu repercussões em quase toda esfera do pensamento e ação, e cada vez mais as pessoas estão começando a admitir que não existe nenhum padrão de julgamento disponível para coisa alguma e, assim, todos são livres para fazer o que gostam, contanto que consigam evitar as desagradáveis consequências naturais e sociais. Não há verdadeiros valores morais porque não há forma de julgar a excelência moral, ou mesmo o certo e o errado. Todos podem escolher seu próprio código de conduta ou não ter nenhum, e a única coisa a fazer é cuidar para que o longo braço da lei não os alcance. Não há verdadeira grandeza porque não há meio de julgar a qualidade da vida humana. Qualquer especialista ou líder que consiga prender a imaginação do público inconstante, pode tornar-se "grande" por algum tempo, e ser lançado na pilha de restos de personalidades esquecidas quando um novo indivíduo prender a imaginação das pessoas. Não há padrão de excelência na arte porque as pessoas estão perdendo seu inato senso de valores e a percepção de beleza e de harmonia. A falta de beleza ou de harmonia é exaltada como se fora arte da classe mais elevada sob o disfarce de nomes altissonantes, e as pessoas tendem a acreditar em qualquer coisa nessas questões, se os críticos as recomendam e passam a tornar-se a moda prevalecente.

Mostrei estas coisas de uma maneira um tanto exagerada, a fim de expor a natureza indesejável dessas tendências, mas qualquer um que observe cuidadosamente as condições caóticas em direção às quais estamos nos desviando verá o perigo que é inerente em tais condições. Mas não é preciso estendermos mais esse assunto. É fácil ver que espécie de efeito esta falta de quaisquer padrões em uma sociedade "livre" está tendo em nossa vida e que tendências está pondo em movimento. Espera-se que novos padrões sejam gradualmente desenvolvidos após a experimentação com essa espécie de vida "livre", mas a questão é se tais padrões se basearão em quaisquer princípios ou leis da Natureza, ou serão os produtos em constante mudança de caprichos e modas passageiros, ou do desejo por cada vez mais prazeres e confortos.

A pergunta importante que temos de considerar é: existe ou pode existir algum padrão natural de referência, digno de confiança, e permanente, com relação ao qual tudo na vida possa ser julgado verdadeiramente e na perspectiva correta? Haverá algo neste vasto oceano de relatividade contra o qual possamos julgar os verdadeiros valores das coisas em todas as esferas da vida e sabermos com segurança em que direção devemos prosseguir, a fim de alcançá-los? A resposta para esta pergunta é óbvia. Em um mundo de relatividade somente o Absoluto e as realidades centradas em torno desta Realidade Suprema podem ser esse padrão de referência contra o qual qualquer coisa na Manifestação pode ser vista na perspectiva correta e julgada de modo confiável com relação a seu valor ou essencialidade.

Este padrão de referência pode não estar disponível ao ser humano comum, mas o importante a se observar é que esse padrão existe e está disponível pelo menos àqueles que penetraram as realidades mais recônditas da existência e viram a Verdade Última que jaz na base do Universo manifestado. Esses Videntes e Adeptos, que são os verdadeiros guias da humanidade através dos tempos, tentaram comunicar-nos da melhor maneira que lhes foi possível essas verdades fundamentais da existência derivadas da Verdade Última, e nos mostraram como essas verdades eternas da vida e da existência podem fornecer padrões de referência absolutos e fidedignos em tudo. Fizeram-no ou através de religiões reveladas fundadas pelos grandes Instrutores religiosos do mundo, ou através das doutrinas ocultas que se tornaram públicas, de tempos em tempos. Um estudo cuidadoso dessas doutrinas, com a mente aberta, proporcionará ao estudante sério pelo menos uma ideia geral da natureza dessas verdades espirituais e como elas podem fornecer padrões de referência confiáveis, permanentes e julgamento não apenas com relação aos nossos problemas humanos, mas também aos problemas maiores da Filosofia e da Ciência.

Sendo assim, que o cético não venha a desprezar a ideia como puramente acadêmica ou visionária, porque o indivíduo comum não consegue ter acesso direto a essas verdades recônditas da existência que se centram em torno do Absoluto. A percepção direta dessas verdades espirituais pode não estar disponível ao indivíduo comum, mas o amplo esboço da Doutrina Oculta baseado em tal percepção está disponível, e ele pode usá-lo como padrão de referência em sua vida. Se ele o adota como uma base ampla de vida como indivíduo ou comunidade, ele não pode errar muito, mesmo que às vezes fique confuso e tropece, devido à insuficiência de conhecimento ou de força de vontade. Se ele o ignora e prefere viver uma vida "livre" sem quaisquer restrições ou direção, ele o faz em detrimento próprio, e terá que retornar a ele, mais cedo ou mais tarde, ao custo de muito sofrimento e perda de tempo. Em um mundo governado por leis espirituais e naturais em cada esfera e guiado por um plano e propósito geral, não podemos viver ilegalmente e sem objetivo.

O conceito vago e aproximado das verdades espirituais da existência fornecido pelas religiões reveladas do mundo e o código de conduta nelas baseado são adequados ao indivíduo nos estágios inicias da evolução espiritual, mas não para o buscador da Verdade que quer se livrar das ilusões e limitações da vida nos planos inferiores da existência. Para tal buscador, o padrão de referência e julgamento deve estar dentro dele próprio, de modo que, com sua ajuda, ele consiga atravessar com segurança e eficazmente os reinos interiores da mente e da consciência, e então alcançar a meta. Quando tiver alcançado a meta da Autorrealização esse padrão não mais será necessário, pois ele se terá tornado a Verdade e, assim, conhece-A diretamente.

Quanto ao fato de ser muito importante ter o Absoluto como padrão último de referência e julgamento em um mundo de Relatividade, estendamo-nos um pouco mais e consideremos sucintamente seus aspectos cosmológicos mais amplos. Retornando às muitas concepções científicas do Universo, que se baseiam nas conclusões emanadas de dados puramente científicos e limitados, podemos ver que essas conclusões são inevitáveis, quando se considera o Universo como uma vasta massa caótica de galáxias e estrelas espalhadas no espaço infinito e no tempo ilimitados, sem centro, sem origem, sem meta, sem base, sem padrão de referência para determinar a posição de algo com relação a tempo e espaço. Mas o verdadeiro fato, descoberto pelos métodos confiáveis da Ciência Oculta, é que o Universo não é absolutamente o que a Ciência Moderna, com seu conhecimento limitado, considera ser. Ele é um fenômeno mental enraizado na Consciência, baseado e derivado da Realidade Última. Pelo fato de ser um fenômeno mental é que pode ter um centro a partir do qual são projetadas as imagens mentais na Mente Divina que constituem a ideação Cósmica. E a Realidade Última funcionando a partir deste centro que é o centro de referência e o padrão de julgamento para o Universo Dela projetado.

Enquanto a Ciência Moderna ignorar este aspecto do Universo ou ignorá-lo e insistir em considerá-lo como uma confluência fortuita de galáxias ou sistemas solares físicos, jamais conseguirá vê-lo em sua natureza real como um Cosmos, e terá que suportar o caos mental no qual se envolveu, como resultado de suas ideias preconcebidas e visão materialista. E nossa vida como seres humanos, sendo guiados e inspirados por essa visão materialista, continuará a ser caótica. É desnecessário ressaltar que quando se está vivendo um caos qualquer coisa pode acontecer, desde ser aniquilado em uma guerra atômica, a ser reduzido à qualidade de animais civilizados, por não termos outro propósito na vida exceto o prazer e o conforto físico.

Não estou dizendo que alguma dessas coisas irá acontecer, pois há um Plano Divino e uma orientação Divina por detrás do Universo, e seus assuntos não são deixados à ignorância e imaturidade daqueles que são enviados para nele evoluir. Estou salientando esses fatos apenas para enfatizar a natureza indesejável da situação na qual nos enveredamos como resultado das ideias malconcebidas com relação à natureza do Universo e da vida humana, e da vida confusa e sem propósito que, naturalmente, delas flui. Pode-se ver facilmente que, a menos que comecemos a repensar e a usar nossa faculdade de discernimento, as condições no mundo continuarão como estão ou provavelmente irão piorar antes que possam melhorar.

Pois bem, a questão que estávamos considerando foi que, de fato, existe um padrão central de referência e julgamento oculto no interior do Universo e, também, dentro do coração de cada ser humano. E esta não é meramente uma remota possibilidade teórica, mas um fator da maior importância prática na vida humana. A arte pode ser julgada pela beleza e harmonia ocultas no coração de cada ser humano, na Natureza e mesmo na fealdade aparente e externa da vida humana. A magnitude humana pode ser julgada pela perfeição daquelas almas altamente evoluídas, que atingiram a Autorrealização e ainda estão vivendo no mundo e guiando a humanidade dos bastidores. Os valores morais podem ser julgados pelas leis da vida espiritual e pela lei do desabrochar Divino expressos em verdadeira retidão. A moralidade e o comportamento internacionais podem ser julgados pela fraternidade espiritual do ser humano, que significa que todos compartilham uma vida comum e têm raízes na Consciência Divina. As leis da Vida Espiritual, que são derivadas da relação do Absoluto com o ser humano, podem prover padrões de referência e julgamento em tudo, desde que aceitemos a verdade fundamental de que na base do Universo está uma Realidade Divina, e não um sistema abstrato das fórmulas matemáticas pendentes no vazio.

Quanto tempo levará para nos cansarmos deste estado de existência caótico, sem propósito e inexpressivo, e buscarmos significado, propósito e harmonia em nossa vida é difícil dizer, mas o Espírito no indivíduo deve afirmar-se mais cedo ou mais tarde, e deve chegar o tempo quando o ser humano comum se rebelará contra esta filosofia de vida sem sentido que tem sido artificialmente imposta à nossa mente, e que temos aceitado irrefletidamente para nosso próprio detrimento e confusão. Umas poucas pessoas no mundo já começaram a duvidar e a refletir com relação aos conceitos básicos do materialismo científico. Mas estas tendências e pensamentos individuais devem transformar-se em um despertar espiritual, antes que o materialismo científico possa sair de moda.

Uma vez que o Absoluto é o eterno e comum padrão de referência e julgamento com relação a tudo no mundo da manifestação, tentemos compreender esta questão com um pouco mais de clareza por meio de um diagrama. Foi ressaltado acima que, se considerarmos o Universo como uma vasta confluência de incontáveis galáxias e sistemas solares espalhados no espaço ilimitado e infinito, sem início, sem fim, sem origem, sem fonte, então, inevitavelmente não haverá qualquer padrão de referência com relação ao que quer que seja no Universo. Mas se considerarmos o fenômeno da Manifestação como a projeção mental visível de uma Realidade a partir de um Centro de Consciência, então este Centro provê um padrão de referência natural com relação a tudo que existe no mundo mental assim projetado.

É impossível representar espaço infinito, ilimitado, sem um centro por meio de um diagrama, e o estudante pode ver facilmente que não pode haver um *locus standi* para coisa alguma em tal vazio. O aspecto Vazio do Absoluto é também ilimitado, sem forma e infinito e não pode ser representado por nenhum diagrama mas, então, há um outro aspecto que é chamado o Grande Ponto ou *Mahābindu,* em sânscrito, e esse aspecto pode ser representado por um ponto ideal que é o centro de um círculo ilimitado e infinito, conforme mostrado no diagrama a seguir:

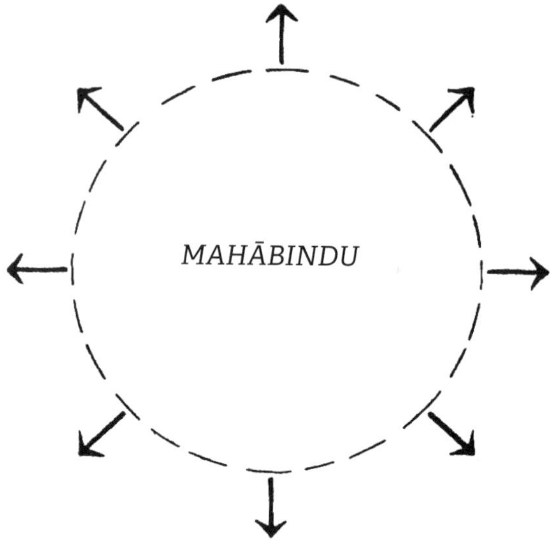

Símbolo do Imanifestado

Este é o Grande Ponto ou *Mahābindu* no qual está centrada toda realidade que existe, e a partir do qual é projetado tudo que está presente na Manifestação. E é esse Ponto contendo tudo em si próprio em sua essência, que pode servir como um eterno padrão de referência e de julgamento com relação a tudo que existe ou acontece na Manifestação, não somente neste Universo atual, mas em todos os Universos que se sucedem na eterna alternância de *Srishti* e *Pralaya*.

Veremos, consequentemente, que o clamor de indeterminação e incerteza no Universo, que foi suscitado pelo mundo científico moderno, deve-se à limitadíssima perspectiva e esfera de atividade que ele se impôs, ao rejeitar a imemorial filosofia espiritual da vida, consagrada pelo tempo, proposta pelas grandes religiões do mundo e pela Ciência Oculta. Somente esta filosofia e seus métodos podem fornecer soluções para seus problemas insolúveis e remover a confusão na qual se envolveu.

Capítulo 3

Relatividade – Total e Parcial – III

Relatividade e Matemática

Para que possamos obter da maneira mais abrangente, mesmo que um fraco vislumbre da natureza da Relatividade, é preciso primeiramente considerarmos a relação da Relatividade com a Matemática. Foi assinalado no capítulo sobre "Matemática como a base da Manifestação" em *O Homem, Deus e o Universo*, que a relação de todas as realidades básicas da existência é de natureza matemática, e foi mostrado que essas realidades no Imanifestado e no Manifestado podem ser dispostas na ordem dos numerais básicos de 0 a 10. Mas esse tratamento preliminar do tema não conseguiu mais do que mostrar toscamente que há algum tipo de relação entre essas realidades e a Matemática. Um quadro mais claro e fascinante da relação entre essas realidades da existência e a Matemática é obtido quando consideramos a Relatividade em seu aspecto total, por mais imperfeito e parcial que possa ser nosso entendimento deste aspecto mais profundo do tema.

Anteriormente, a Matemática era um ramo do conhecimento cultivado para seu próprio fim e não encontrava muita aplicação nas ciências físicas que eram muito pouco desenvolvidas. Mas, à medida que essas ciências se desenvolveram, e considerou-se necessário formular suas leis de uma maneira mais exata, a Matemática começou a encontrar nelas aplicação crescente. A Ciência está conscientizando-se cada vez mais da importância de formular as leis do mundo físico em termos matemáticos, e atualmente nenhuma formulação é considerada respeitável até que tenha recebido uma base matemática. Não apenas se busca formular essas leis em termos matemáticos, como a matemática está tornando-se de modo crescente um instrumento para coordenar e integrar os fenômenos em diferentes ramos da Ciência, para descobrir a unidade subjacente aos fenômenos da Natureza. A Teoria da Relatividade formulada por Einstein, conforme ressaltado no capítulo anterior, é uma tentativa notável neste sentido.

Muito embora esta e outras teorias tenham mostrado a importância e o papel da Matemática na investigação e formulação dos processos e das leis da Natureza, não conseguiram apresentar clara e integralmente a maravilhosa relação que existe entre elas e a Matemática. Aliás, a tentativa de investigar e coordenar os fenômenos em campos diferentes por meio da Matemática fez surgir muitos problemas novos e aparentemente insolúveis para os cientistas, e solaparam, até um certo ponto, a confiança que depositavam em seus métodos e teorias. Agora eles não têm tanta certeza quanto tinham no primeiro entusiasmo de suas vitórias sobre as forças da Natureza, e alguns deles começaram a se sentir mentalmente desconfortáveis, embora esse fato não tenha sido explicitamente declarado.

A verdadeira razão para esta confusão que está sendo criada no campo da filosofia científica reside no fato de que sua concepção, tanto da Manifestação quanto da Matemática, baseia-se unicamente em uma proporção muito pequena dos amplos fatos subjacentes ao Universo, fatos que são conhecidos da Ciência Oculta e asseverados da maneira mais inequívoca por todos os videntes e ocultistas, no passado e no presente. O cientista moderno assemelha-se a um investigador que estuda a casca de um fruto e, a partir das observações que realiza, extrai suas conclusões com relação ao conteúdo e à natureza de todo o fruto.

Somente quando considerarmos a totalidade da Manifestação, pelo menos em suas linhas gerais, é que conseguiremos obter uma ideia clara e abrangente, embora necessariamente vaga, da Relatividade em seu aspecto total e, somente quando um fraco vislumbre deste aspecto total for obtido, é que a verdadeira e maravilhosa importância da Matemática e sua íntima relação com a Manifestação alvorece em nossa mente. Pois Relatividade e Matemática estão muito intimamente relacionadas, e a Matemática pode ser considerada meramente como um outro aspecto da Relatividade. São como os dois lados da mesma moeda, um considerando a Manifestação em seu aspecto fenomenal e o outro em seu aspecto relacional.

Foi assinalado no capítulo intitulado: "Matemática como a base da Manifestação", em *O Homem, Deus e o Universo,* que a Matemática é a ciência das relações puras entre as coisas desprovidas de qualquer conteúdo fenomenal. Quando estamos lidando com as realidades da existência com seus conteúdos presentes, temos fenômenos da Natureza. Quando retiramos o conteúdo ou a substância das coisas que estão relacionadas, somente a estrutura "de aço" das relações que aglutina diferentes aspectos e conteúdos dos fenômenos é deixada para trás, e esta é a Matemática. Veremos a partir disto quão íntima é a relação entre Manifestação e Matemática, e como nossa compreensão de ambas está propensa a mudar *pari passu.* Quanto mais nosso conhecimento da Manifestação cresce e se torna definido, cada vez mais definida e mais plena se torna nossa compreensão da natureza da Matemática e sua importância na Manifestação. Portanto, uma visão total da Manifestação é necessária para se obter uma visão abrangente e verdadeira tanto da Relatividade quanto de seu correlato, a Matemática. Somente então é que vemos a verdadeira natureza e função da Matemática, sem ficarmos confusos e desnorteados pelas conclusões incompreensíveis a que ela às vezes conduz.

Consideremos, por exemplo, a natureza da assim chamada "realidade" sem Deus, à qual chegou a Ciência Moderna ao investigar a base deste Universo físico. Muitos cientistas modernos adotaram a filosofia do materialismo e repudiaram não apenas Deus, mas também a Mente e a Consciência como princípios independentes em existência. Baseados nessas suposições partiram para encontrar a realidade subjacente ao Universo, e descobriram que essa realidade nada mais é do que um vasto e incompreensível sistema de fórmulas e símbolos matemáticos. "E o que o cientista e o filósofo chamam de mundo da realidade – o Cosmos sem cor, sem som, impalpável que se encontra tal qual um *iceberg* abaixo do plano das percepções humanas – é uma nua estrutura de símbolos." (*O Universo e o Dr. Einstein*, de Lincoln Barnett[1]).

Isto é bastante natural porque se você tentar penetrar nos recessos mais profundos da matéria e recusar-se a ir além, está propenso a encontrar nada mais que um mundo de fórmulas e expressões matemáticas que definem os inúmeros processos e leis da Natureza, segundo os quais o mecanismo do Universo funciona. O fato de que o Universo quíntuplo manifestado, em sua forma mais sutil, é meramente um vasto sistema de funções naturais, é bem conhecido dos ocultistas e foi ressaltado no aforismo III-45 dos *Yoga-Sūtras* e explanado no comentário seguinte. Mas enquanto o cientista, devido à sua fundamental incompreensão com relação à natureza do Universo, considera este mundo como a Realidade Última subjacente ao Universo, o ocultista "sabe" que este mundo de fórmulas e símbolos matemáticos é meramente um aspecto da Mente Divina, e seu propósito, obviamente, é definir exatamente as funções Divinas e os processos naturais no Universo manifestado, de modo que as leis da Natureza possam operar com exatidão matemática. Assim, ao tentar encontrar a "Realidade" Última, que está oculta sob o Universo externo, enquanto o cientista pensa que está encarando uma parede maciça que não consegue atravessar, para o ocultista essa parede maciça é nada mais que um véu atrás do qual estão ocultos inimagináveis mundos mentais, de pura Consciência e Realidade. É nestes mundos que emerge a consciência do Iogue, quando é capaz de transcender os planos da matéria e da mente inferior na prática do *Yoga* superior.

Veremos ao se considerar a relação da Manifestação e da Matemática que não é apenas uma questão de algumas correspondências entre verdades matemáticas e realidades da manifestação. Ambas se relacionam à semelhança de um edifício e sua planta, em que tudo em um corresponde a algo na outra. Em outras palavras, toda verdade matemática está acompanhada de alguma realidade da existência em manifestação, e toda realidade na manifestação está acompanhada de alguma verdade matemática. Assim, o Universo manifestado pode ser

---

1 Vide Nota 1 do Prefácio do Autor, p. 14. (N.E.)

considerado um arranha-céu que está apoiado sobre uma estrutura de aço da Matemática em toda parte. Ao se erigir um arranha-céu, o edifício segue o esboço da estrutura de aço, e o que não constar na estrutura de aço sob a forma de esboço não pode fazer parte do edifício.

Este fato é de grande importância no desenvolvimento da Ciência e determina o que é e o que não é possível alcançar em seus diferentes campos. É fato bem conhecido que em matemática somente algumas coisas podem ser conhecidas, enquanto outras são impossíveis. Consequentemente, não podemos decompor números primos. Não podemos tornar o círculo quadrado. Obviamente, o que não é possível matematicamente não pode encontrar qualquer correspondência no reino da manifestação, e o que é possível, pode. Por outro lado, deve ser possível expressar toda realidade da Manifestação por uma expressão matemática.

Este é, no entanto, somente um princípio geral ao qual chegamos ao considerar a relação entre Manifestação e Matemática. Não nos é possível dizer o que é ou o que não é possível com nossas limitações atuais. Somente aqueles que conseguem elevar sua consciência para o nível da Mente Universal e conseguem ver clara e plenamente esta relação entre Manifestação e Matemática podem rastrear estas correspondências em detalhe e determinar estes limites da possibilidade.

Mas, embora o ser humano comum não consiga fazê-lo, a ideia deve descortinar um campo novo e interessante para o pensamento filosófico e a pesquisa cientifica. Os cientistas estão tentando expressar os fenômenos naturais em termos matemáticos. Assim, por exemplo, cada cor é agora representada por um comprimento de onda que é um mero número. O processo reverso de encontrar correspondências com as expressões matemáticas no campo da manifestação é, às vezes, também utilizado com êxito. A descoberta da energia atômica, após Einstein haver deduzido a famosa fórmula $E=mc^2$, ilustra, matematicamente, e até certo ponto, esse processo reverso. O ocultista encontra-se numa posição mais favorável para realizar este tipo de trabalho, pois seu entendimento do processo da manifestação é mais verdadeiro e mais pleno, embora não tão detalhado quanto o do cientista. É mais fácil para ele encontrar, no campo da manifestação, fenômenos e leis naturais que expressem ou correspondam às verdades matemáticas.

Uma notável analogia e correspondência entre Manifestação e Matemática são vistas quando examinamos suas origens.

Pode-se ver facilmente que as quatro operações básicas da aritmética – adição, subtração, multiplicação e divisão – são as bases de toda a Matemática, e a adição é a operação primária a partir da qual as outras três são derivadas. Vejamos como é isto.

A subtração é o resultado da adição. Pois, quando estamos lidando com um sistema autossuficiente, a aparente soma de algo sempre envolve subtração em alguma parte. Nada pode surgir do nada, e se tiver que surgir de alguma outra coisa, deve produzir deficiência nessa coisa. Do mesmo modo, se subtrairmos algo de um sistema autossuficiente, devemos adicionar uma quantidade igual em alguma outra parte. Se cavarmos um buraco na superfície da terra devemos simultaneamente produzir um amontoado em uma outra parte. Assim, subtração e adição serão vistas como elementos complementares e dois aspectos de uma operação que pode ser chamada de "transposição".

A multiplicação é, meramente, adição em massa e pode ser considerada como um artifício para reunir quantidades similares *en masse*, como se vê abaixo:

$$6 + 6 + 6 + 6 + 6 = 30; 5 \times 6 = 30$$

Semelhantemente, a divisão é meramente subtração em massa e é um artifício para subtrair quantidades semelhantes *en masse*, conforme ilustrado abaixo. Assim, dividir 12 por 4 significa simplesmente que subtraímos 4 de 12, 3 vezes, como segue $12 - 4 - 4 - 4 = 0$; ou seja $12/4 = 3$. Assim, divisão é simplesmente o oposto de multiplicação.

Das considerações acima, vemos não apenas que multiplicação e divisão são dois aspectos do mesmo processo, mas também que a multiplicação é um aspecto da adição e a divisão é um aspecto da subtração. A relação mútua das quatro operações básicas da Matemática pode ser representada diagramaticamente, como segue:

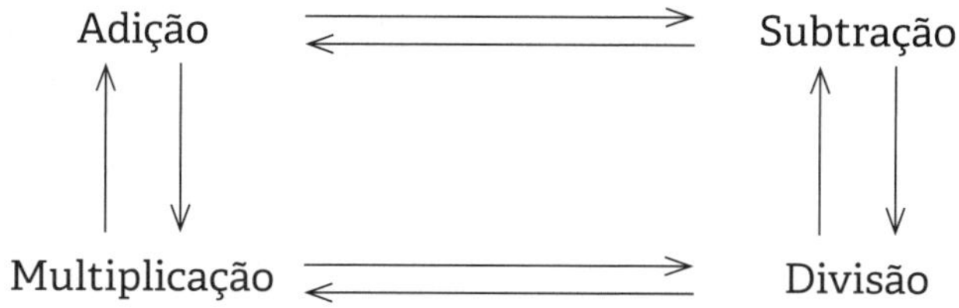

O que mostra o diagrama acima? Mostra que todas as quatro operações são diferentes aspectos e instrumentos de um único processo que pode ser melhor chamado de "transformação".

Uma vez que a Matemática é subjacente à Manifestação, e que todo o processo de manifestação, desde os níveis mais elevados até aos mais inferiores, está de certa maneira construído sobre seus fundamentos e é uma imagem de verdades matemáticas, resulta que deve haver somente quatro processos básicos envolvidos na manifestação nos estágios iniciais, e esses processos devem corresponder às quatro operações básicas da matemática. Uma análise cuidadosa da Doutrina Oculta no tocante à natureza essencial da Manifestação, particularmente em seus estágios iniciais, mostra o quanto isso é verdadeiro. Aliás, todo o processo da manifestação pode ser considerado como expressão das quatro operações básicas da matemática, nos termos e através da instrumentalidade dos vários princípios ou *tattvas* envolvidos na descida da Realidade Última para estados de matéria progressivamente mais densos e níveis menos sutis da mente. Vejamos como esta relação pode ser rastreada.

Tomemos primeiramente o princípio da multiplicação. Uma consideração apurada sobre a natureza da multiplicação mostrará que ela é o princípio subjacente à proliferação. O que é proliferação? De acordo com o *Oxford Dictionary* "proliferar" significa "reproduzir-se, crescer por multiplicação de partes elementares, produzir desta forma". Na multiplicação simples um número particular é multiplicado por um outro e, assim, cresce em múltiplos. Em essência, portanto, multiplicação nada mais é do que o princípio de reprodução ou proliferação no abstrato.

Se examinarmos a Doutrina Oculta referente à Manifestação, veremos que a Manifestação, em um dos seus aspectos básicos, nada mais é do que o processo de reprodução *ad infinitum* dos níveis superiores aos inferiores. A Eterna Realidade Imanifestada multiplica-se *ad infinitum* através do *Mahābindu* ou o Grande Ponto, e produz incontáveis centros de Realidade denominados Mônadas, que iniciam como átomos, e evoluindo através de vários estágios, que se perdem no tempo, tornam-se incontáveis *Logoi* Solares, que estão presentes nos Cosmos. Segundo a Doutrina Oculta, esses incontáveis Centros de Consciência funcionando na Manifestação são, em sua natureza essencial, reproduções da Realidade Suprema através do Grande Ponto que existe eternamente no Absoluto. Este é o estágio de manifestação mais elevado e primário do Imanifestado, e facilmente podemos ver que corresponde, e é uma expressão do princípio abstrato de multiplicação em matemática. Haverá outras expressões deste princípio na Natureza atuando nos níveis inferiores de manifestação? Em toda parte, todo arquétipo está expressando-se constantemente em formas incontáveis. Todo fenômeno natural é geralmente uma reprodução de algum protótipo. Se examinarmos o corpo humano, veremos cada órgão em conformidade com um padrão estabelecido, cada célula reproduzindo-se e em conformidade com um padrão estabelecido. Toda a atuação da Natureza é um processo de reprodução de formas de maneiras incontáveis e mostra o princípio da multiplicação em ação.

E o que dizer da divisão? A divisão, sob cuidadosa consideração, é um processo de diferenciação. Quando um todo se separa naturalmente em suas partes, as partes relacionam-se entre si de forma definida matematicamente. Tomemos o caso da divisão da luz branca em suas luzes coloridas constituintes. Obtemos um espectro regular no qual as cores se relacionam numa série, e os comprimentos de ondas das luzes de diferentes cores estão matematicamente relacionados. Vê-se assim que a diferenciação de um estado integrado é a expressão mais natural do princípio matemático da divisão, embora a divisão nem sempre precise ser regular.

Se examinamos o processo da manifestação em sua infinita variedade, descobrimos que é um processo de divisão progressiva em partes cada vez menores. A *Ashwattha*, ou a Árvore da Vida, é uma representação simbólica deste princípio de divisão progressiva que permeia toda a manifestação em toda a esfera dos fenômenos naturais. Em toda parte na Manifestação encontramos um princípio ou *tattva* dividindo-se em ramos cada vez menores, à medida que desce aos níveis inferiores de manifestação. Todos os princípios ou *tattvas* são derivados da diferenciação da Realidade Una, e os diferentes aspectos de cada princípio entram em ação por divisão progressiva.

Não deve ser difícil ver o princípio matemático da adição com seu correlato, a subtração, encontrando expressão em toda parte na Manifestação. A Manifestação é um fluxo de fenômenos que envolve mudança em toda parte, o tempo todo. Quando alguma mudança ocorre, adição e subtração estão nela envolvidas ao mesmo tempo. A formação de algo novo significa o desaparecimento de algo existente. O desaparecimento de algo significa a soma de algo equivalente em alguma outra parte. O ganho de uma pessoa significa a perda de alguma outra. Não conseguimos notar este fato óbvio por causa de nossa visão limitada que está confinada em uma área particular de observação. Mas devemos poder ver, pelo menos intelectualmente, que o princípio acima é de aplicação universal.

Até agora consideramos o reino da Manifestação em sua relação com a Matemática. Mas se lembrarmos do que foi dito em *O Homem, Deus e o Universo* a respeito das diferenciações Primária e Secundária da Realidade Última, que resulta no surgimento do *Tattva Shiva-Shakti*, de um lado e do *Tattva Maheshvara-Mahashvarī* de outro, veremos nestes dois Princípios eternos do Eterno Imanifestado a mais elevada expressão, ou mais exatamente, a fonte dos quatros princípios básicos matemáticos de adição, subtração, multiplicação e divisão. Pois, como foi mostrado no livro acima mencionado, a diferenciação Primária da Realidade Última em dois opostos polares de Consciência e Poder pode ser considerada meramente como uma transposição do mesmo Estado Integrado para mais e menos da Realidade, produzindo o contraste de Consciência e Poder. E a ulterior diferenciação de Consciência e Poder na Mente e na Natureza, respectivamente, que é a base do Princípio *Logoico*, corporifica em si a potencialidade infinita para multiplicação e divisão no reino do Manifestado. É a partir deste Princípio no Eterno Imanifestado que um número infinito de Universos, Mônadas e *Logoi*

Solares continuam a aparecer eternamente. Não é necessário nos estendermos nesta questão aqui, mas o estudante deve poder captar do que foi dito acima, alguma ideia do modo maravilhoso em que as realidades da existência se inter-relacionam no reino do Manifestado e do Imanifestado.

A verdade acima a respeito da relação íntima entre Manifestação e Matemática, na qual toda realidade da manifestação possui uma contraparte matemática, e toda verdade da matemática tem a potencialidade de servir como base de alguma forma de manifestação, é de extrema importância e significado para cientistas, bem como para os estudantes da Ciência Oculta. Não causa surpresa que os cientistas, cujo conhecimento da Natureza e do processo de manifestação é muito parcial e superficial, tenham deixado escapar o significado desta verdade que está relacionada ao Todo. Todavia, não há razão por que os estudantes da Ciência Oculta que possuam pelo menos uma ideia vaga e incompleta da totalidade da Manifestação não tenham visto esta verdade óbvia.

Um ponto de grande importância surge da consideração desta relação entre a Manifestação e a Matemática, e tem um significado importante na validade da filosofia materialista, atualmente em moda[2]. O próprio fato de a Matemática ser a fundação do vasto e complexo Universo físico que se estende no tempo e no espaço, sugere naturalmente à mente humana a natureza mental do Universo. Pois de que outra forma poderia o conhecimento matemático, que é uma realidade puramente mental, ser coextensivo com tais realidades não materiais e intangíveis, como tempo e espaço, e regular os incontáveis e complexos processos envolvidos no funcionamento do Universo? Apenas se o Universo manifestado for puramente mental é que é possível concebê-lo com sendo sustentado por uma estrutura de um sistema de realidades puramente mental, como a Matemática. É difícil conceber um Universo manifestado que seja "uma afluência fortuita de átomos" e, por conseguinte, funcionando de uma maneira caótica,

2 Alguns cientistas de vanguarda, neste início do Século XXI, já adotaram uma abordagem holística na sua visão do Universo. (N.E.)

construído sobre uma base puramente material que é invisível; mas considerando um Cosmos que esteja funcionando com exatidão e perfeição e mostrando mais inteligência, desígnio e planejamento, tanto em seus aspectos micro quanto macrocósmico, do que o ser humano mais inteligente, certamente é impossível conceber esse Cosmos sem uma base mental de inteligência e poderes inacreditáveis. Mas nossos cientistas encontraram realidades incompreensíveis como espaço-tempo *continuum*, vibrações sem nenhum meio em que possam ocorrer, e aprenderam a tomá-las como certo, sem a mínima compreensão delas. Obviamente, entendimento e compreensão não são necessários e não podem ser exigidos em um sistema de pensamento ou filosofia que não reconhece a existência independente de Mente e Consciência, e insiste em considerá-las como subprodutos de mudanças puramente materiais. Conclusões absurdas podem ser prontamente aceitas em uma filosofia assim, e as verdades mais esclarecedoras, fascinantes e de grande esplendor filosófico, verificadas e atestadas por inúmeros ocultistas, videntes e grandes Instrutores das religiões do mundo, devem ser rejeitadas.

Mesmo admitindo que uma estrutura mental de leis e relações matemáticas possam estar na base e perpassar um Universo puramente físico, a pergunta que surge é de quem é a mente na qual se encontra presente este vasto e complicado sistema de pensamento? Pois, como pode haver um vasto e completo sistema mental sem um pensador? Mas talvez seja permissível no mundo racional da Ciência Moderna existir pensamento sem um pensador, assim como é admitido existir vibrações (da luz), sem um meio básico como o éter[3]. Este é outro daqueles postulados que devem ser somados às teorias da Ciência Moderna para que Deus possa ser eficazmente mantido fora dos pensamentos filosóficos desses cientistas. Verdadeiramente, até que ponto o indivíduo pode ir e em que coisas incríveis ele tem de acreditar, quando se recusa a acreditar em Deus e O nega em seu orgulho e egoísmo!

3 Em vários livros teosóficos, o Plano Físico é constituído dos seguintes subplanos: sólido, líquido, gasoso e mais 4 etéricos, em ordem de sutileza. (N.E.)

Como se trata de uma questão que é muito fundamental e relevante para a pesquisa e o pensamento científico modernos, vamos nos alongar um pouco mais sobre ela. Supomos em nossa vida diária que quando um suntuoso edifício está sendo construído deve haver um engenheiro que o desenhou e que está supervisionando sua construção. A construção do edifício deve estar sob sua supervisão em cada estágio; o projeto do edifício deve estar presente em sua mente. Ele deve tê-lo projetado de antemão. O conhecimento que lhe permite preparar o projeto deve estar presente em sua mente. Se víssemos um magnífico edifício sendo erguido, sendo construído sistematicamente com grande precisão e perfeição, e insistíssemos que não tivesse planta, projetista, arquiteto, pensador, supervisor por detrás, seríamos considerados loucos.

Pois bem, não pode haver dúvida de que o Universo está também baseado em atividade e pensamento organizados, com um escopo tão formidável que é difícil para o intelecto humano concebê-lo em sua totalidade. A presença de forças evolutivas e a perfeitamente exata e harmoniosa coordenação de todas as suas atividades mostra não apenas que há um plano que foi preparado por um Mestre Arquiteto e um projetista. A coordenação e o funcionamento perfeitos de um organismo tão estupendo, de tão inconcebível complexidade, mostra que esse Supremo Arquiteto deve ter o mais abrangente e detalhado conhecimento, não somente de todas as leis da Natureza, mas também de Matemática sobre a qual essas leis se baseiam. Em que mente está contido todo este conhecimento, e quem aplica este conhecimento na concepção e funcionamento do Universo? Na mente de átomos e moléculas inanimados que constituem a matéria-prima do Universo e seguem cegamente as leis mecânicas da Física e da Química? Na mente das células que constituem um corpo vivo, que realizam cegamente as tarefas que lhe são atribuídas com tão maravilhosa fidelidade e perfeição?

A Ciência Moderna não apenas não tem resposta para essas perguntas e as ignora como se não existissem ou como se não tivessem qualquer importância para os seres humanos. O mundo inteiro da Ciência ortodoxa acredita implicitamente que há um requintado e estupendo projeto no funcionamento do Universo, mas não existe projetista[4].

Há um completo conhecimento das leis da Natureza e sua aplicação variada e matemática, mas nenhuma mente na qual este conhecimento esteja contido e por meio da qual seja aplicado no funcionamento do Universo. Existem forças evolutivas atuando em cada esfera da vida e tendendo para uma perfeição cada vez maior, mas sem objetivo e sem meta. O Universo está movendo-se inexoravelmente em direção a uma morte certa, causada pelo esgotamento da energia disponível à sua disposição. Mas quem criou o Universo e lhe transmitiu uma extraordinária quantidade de energia, quando o Universo iniciou seu percurso? Ninguém! Se o Universo pôde ser criado uma vez e posto a funcionar como no presente caso, por que isto não pode acontecer novamente? E novamente? Porque a Ciência Moderna não consegue encontrar esse tal Criador quando perscruta seus telescópios, microscópios e as fotografias obtidas por intermédio desses instrumentos mecânicos. Este é o tipo de lógica sobre a qual o moderno pensamento científico está baseado, e este é o tipo de atitude "racional" do qual a maioria dos cientistas ortodoxos estão muito orgulhosos.

Seja o que for que a Ciência Moderna e os cientistas possam ou não dizer a respeito dessas questões pertinentes e fundamentais, a resposta da Ciência Oculta e dos ocultistas para essas questões é muito clara, inequívoca e enfática. Há um Arquiteto do Cosmos e Ele é não apenas um Projetista, mas é em Sua Consciência que o plano do Cosmo é projetado, executado e o Universo existe. Ele é o arquiteto e o plano, o matemático e a matemática, o morador e a moradia, o vidente e o visto, tudo em Um. Pois, segundo a Ciência Oculta, há somente Uma Realidade da qual tudo na Manifestação é derivado, e aparte e fora da qual nada pode existir. Esta doutrina mais elevada da Ciência Oculta não é um mero conceito filosófico nascido de pensamento especulativo, mas a Verdade das verdades definitivamente descoberta por todo buscador da Verdade através do único método que existe de se descobrir a verdade no genuíno sentido.

---

4 Vide Nota 1 do Prefácio do Autor, p. 14. (N.E.)

Capítulo 4

Relatividade – Total e Parcial – IV
Relatividade e pares de opostos

Uma das diferenças mais fundamentais entre a concepção oculta do Universo e a concepção da Ciência Moderna está no grau de complexidade atribuído ao aspecto objetivo do Universo. Pesquisas recentes no campo da Física e da Química mostraram que mesmo o mundo físico, o único no qual a Ciência Moderna acredita, é muito mais complexo e sutil do que se supunha anteriormente. A descoberta de partículas subatômicas e a tremenda quantidade de energia oculta no interior dos átomos de matéria expuseram um aspecto invisível da matéria física do qual não se suspeitava antes. Isso mostrou que o alcance da percepção das realidades existentes na totalidade do Universo depende dos instrumentos que estão disponíveis ou que somos capazes de projetar, e se não conseguimos perceber certas realidades com um conjunto particular de instrumentos não significa que elas não existam e não possam ser percebidas, se instrumentos mais sensíveis e mais apropriados estiverem disponíveis. Mas a Ciência Moderna nada aprendeu destes fatos e insiste em que mundos mais sutis do que o físico não existem porque não podem ser detectados e percebidos por meio de instrumentos físicos. E está não apenas investigando os fenômenos do mundo físico baseada nesta suposição injustificada, como está tentando elaborar e colocar perante nós teorias grandiosas, referentes à natureza do vasto e misterioso Universo, não excluindo sequer sua origem e destino final. Jamais o homem tentou conjecturar tanto baseado em tão pouco.

A concepção oculta do Universo, como é bem conhecida dos estudantes da Ciência Oculta, é muito mais complexa e profunda, e baseia-se na investigação completa dos reinos invisíveis e mais sutis da Natureza através dos únicos métodos aplicáveis a esses reinos, ou seja, pelo desenvolvimento dos poderes e das faculdades interiores da mente e da consciência que estão adormecidos e ocultos em cada ser humano, mas podem ser ativados pelos apropriados métodos científicos do *Yoga*. Este não é o local para se discutir a natureza do Universo real e total revelada pela adoção desses métodos. Essas questões foram discutidas amplamente em outra parte, em seus contextos apropriados. Mas há um aspecto deste Universo interior, do qual este Universo físico é mera casca, que podemos discutir aqui por causa de sua relevância para o problema da relatividade. Este aspecto diz respeito à questão da maneira em que um número e uma variedade infinita de mundos pode existir, um dentro do outro, sem que os habitantes de um mundo estejam perceptivos da presença de outros mundos, ou de seus habitantes.

A existência desses mundos introduz novas dimensões no conceito de relatividade, e mostra o quanto limitado e parcial é o conceito científico da relatividade. Pois esses mundos funcionam em mais de três dimensões de espaço e são governados por medidas variáveis de tempo. Na junção dos diferentes planos em que esses mundos funcionam, um novo tipo de relatividade entra em jogo, e deve ser levado em consideração se quisermos ter um conceito de relatividade em seu aspecto total. E na base de todos esses mundos de diferentes planos encontra-se a Realidade Última que está acima da esfera da relatividade.

Foi ressaltado, em um capítulo anterior, que a Matemática provê a estrutura de aço da Manifestação e ambas estão relacionadas entre si à semelhança de um objeto e sua sombra. Uma vez que a Matemática é a ciência das relações puras, suas verdades devem ser aplicáveis a todo o campo da manifestação que fique sob o domínio da relatividade. Portanto, é impossível compreender o significado de suas verdades em sua totalidade, sem ter um conhecimento correto e detalhado de todos os campos de manifestação existentes em todos os níveis. É possível que tenhamos descoberto uma verdade matemática que seja aplicável somente a campos da manifestação que nos são desconhecidos, e que não tenha relevância para os fatos que conhecemos. Uma aplicação forçada desta verdade aos fatos que estão na nossa área de conhecimento será injustificada, e naturalmente levará à interpretação errônea e a conclusões incorretas. Muitas verdades e relações matemáticas que foram descobertas por cientistas modernos parecem ser enigmáticas e incompreensíveis. Não seria possível que elas representem algumas verdades pertencentes aos planos mais sutis da existência com os quais não estamos ainda familiarizados ou não podemos compreender plenamente, devido às limitações do intelecto? Somente aqueles que têm o conhecimento de todas as verdades da existência em sua totalidade, corporificado na Verdade Una subjacente à existência, podem, portanto, elaborar com certeza e confiança essas correspondências entre as verdades da Matemática e as da Manifestação.

Os conceitos de infinito e infinitesimal são duas dessas verdades que se constituem nos problemas mais enigmáticos da Filosofia e as mais misteriosas entidades no campo da Matemática. Antes de lidarmos com esses conceitos, em relação a algumas realidades particulares da manifestação, consideremos primeiramente o aspecto puramente matemático, conforme personificado nos números que representam quantidades crescentes e decrescentes. Comecemos com o 1 e representemos seu progressivo aumento em magnitude ao colocar ao seu lado direito um número ilimitado de zeros após ele, e o decréscimo progressivo em magnitude, colocando um número ilimitado de zeros do lado esquerdo, com uma vírgula decimal, conforme mostrado abaixo:

$$100000000 \longrightarrow \alpha$$

$$0, \longleftarrow 0000001$$

Temos acima, na representação simbólica de magnitudes por números, todos os graus de magnitudes plenamente representados. Esses números, que se estendem ao infinito de ambos os lados, são ladeados pelo zero ideal, de um lado, representando o limite ideal dos infinitesimais, e a infinidade ideal do outro lado, representando o limite ideal dos infinitos.

Se considerarmos cuidadosamente a importância da relação acima existente entre o zero (0), o infinito e todos os números intermediários possíveis, veremos facilmente que todos os três representam um único processo contínuo, e tanto o infinito quanto o infinitesimal são dois aspectos do mesmo processo, que em um sentido, é denominado "decréscimo" e, no outro, "aumento". Também, em um sentido o infinito ideal é o limite e, no outro sentido, o zero ideal é o limite.

Ora, é bem sabido daqueles que estão familiarizados com a Matemática superior, que tanto o infinito, representado simbolicamente por α, quanto o infinitesimal, representado por zero (0) são indeterminados. Pois se fossem determinados significaria que têm um limite, e o que tem um limite não pode absolutamente ser considerado infinito, ou infinitesimal. Não apenas são ilimitados e indeterminados, como são também relativos. Aliás, sua indeterminação deve-se ao fato de que são relativos. A natureza relativa de infinidade e de zero pode ser mais bem representada pela seguinte série composta, na qual à direita temos uma série de infinitos seguindo um ao outro e desaparecendo no infinito ideal, e à esquerda temos uma série de infinitesimais, representados por uma série de zeros, que desaparecem no zero ideal.

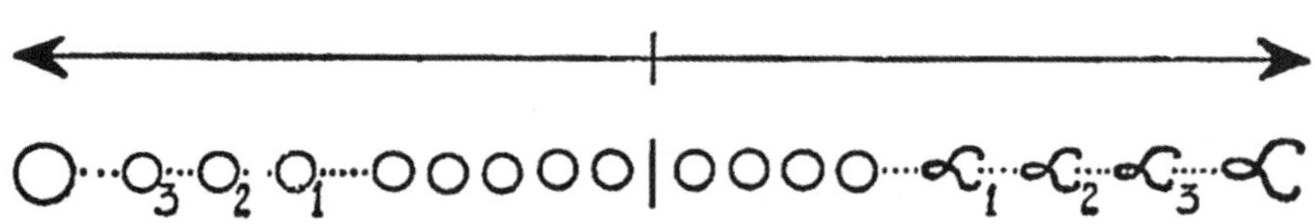

Surge agora a questão: se de um lado temos uma série ilimitada de infinitos, e do outro uma série ilimitada de infinitesimais, onde elas desaparecem e se encontram em algum lugar, como e onde? É aqui que a nova geometria nos ajuda e nos possibilita obter alguma débil indicação do mistério de seu desaparecimento em um vazio. Segundo a antiga geometria euclidiana, quando uma linha reta é estendida em ambos os sentidos, suas duas extremidades seguem em frente indefinidamente, desaparecem em um vazio, e não se encontram em parte alguma. Mas, de acordo com a nova geometria, as duas extremidades descrevem um círculo cósmico de raio infinito, embora indeterminado, e se encontram no infinito, conforme ilustrado abaixo:

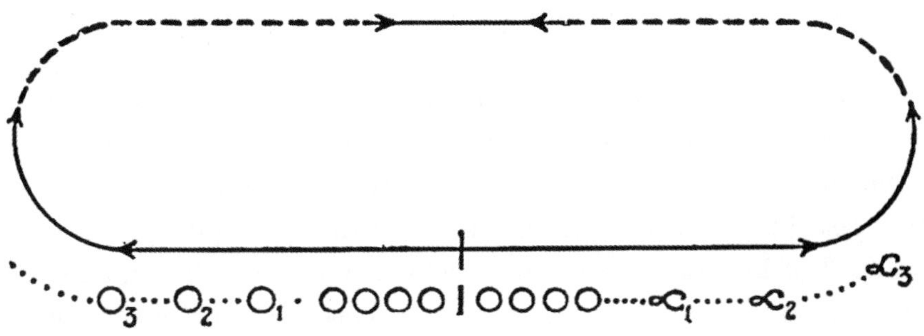

Como existem muitos estágios nos infinitos crescentes de um lado, e infinitesimais decrescentes de outro, o uso da palavra infinito, em relação ao ponto de encontro dos dois, não é nada apropriado, mas não há outra maneira de expressar esta fusão dos dois extremos um no outro. Talvez a dificuldade possa ser evitada dizendo-se que as duas linhas se encontram no infinito ideal.

O cientista materialista verá nesta representação simbólica um mero princípio abstrato sem significado particular, e sem nenhuma importância prática na vida humana. Mas para o ocultista, a importância filosófica desta representação simbólica é bastante clara e fácil de entender. É a bem conhecida doutrina da Ciência Oculta de que, no coração do Universo, encontra-se a Realidade Última que permanece Sempre Imanifestada, mas é o receptáculo e solvente potencial de todos os princípios opostos, e a origem de tudo na Manifestação. Consequentemente, o infinito e o infinitesimal, que são opostos e subjazem ao princípio abstrato de magnitude devem, necessariamente, fundir-se no Absoluto, como faz todo par de opostos. Portanto, o grande círculo cósmico representando simbolicamente o infinito e o infinitesimal, na figura acima, desaparece e encontra-se no Sempre Imanifestado de forma misteriosa, e somente aqueles que conseguem obter um vislumbre daquela Realidade podem compreender este mistério no verdadeiro sentido.

O método acima de representar essas realidades também nos possibilitará entender, até um certo ponto, a natureza relativa do infinito e do infinitesimal. Se inúmeras coisas são arrumadas em círculo, a posição de cada coisa é relativa. É impossível definir a posição de qualquer coisa em termos absolutos. Só conseguimos definir sua posição em relação a outras coisas no círculo. Veremos, a partir do diagrama acima, que aquilo que consideramos como infinito pode ser infinitesimal com relação a uma outra coisa mais além no círculo cósmico, e o que consideramos como infinitesimal pode ser infinito com relação a outra coisa muito na retaguarda. Ilustraremos este ponto em detalhe quando abordarmos os tamanhos relativos dos objetos, mas o estudante deve poder ver facilmente que, no caso de inúmeros objetos da mesma categoria relacionados entre si, conforme representado no diagrama acima, tudo tende a ser relativo, dependendo do que está na frente ou atrás dele.

Em nossas experiências comuns obtidas através dos órgãos dos sentidos, ou das percepções adquiridas através do intelecto limitado, vemos apenas um diminuto arco deste círculo cósmico representando o princípio que está sendo considerado, e dentro deste limitado raio podemos fixar padrões de julgamento e avaliar esses conceitos por meios desses padrões. Mas se nossa percepção se amplia e se torna mais inclusiva, nossa perspectiva mudará e nossos valores relativos se alterarão completamente. Algumas das moléculas que não podem ser vistas mesmo pelos mais poderosos microscópios são chamadas "moléculas gigantes", quando comparadas com moléculas de tamanho comum. Por causa da natureza ilimitada das magnitudes em ambos os lados, o que no momento parece infinito, pode não apenas parecer finito, mas infinitesimal, e vice-versa.

Para que possamos compreender como o infinito nos apresenta em ambos os lados – do infinitamente grande e do infinitamente pequeno – consideremos brevemente, e em termos concretos, a questão dos tamanhos das partículas e dos comprimentos de onda das vibrações subjacentes aos diferentes planos de existência. A relação entre ambos, que permite certos comprimentos de ondas interagirem com partículas de tamanhos dentro de certa extensão de magnitudes, pode ser representada diagramaticamente como a seguir:

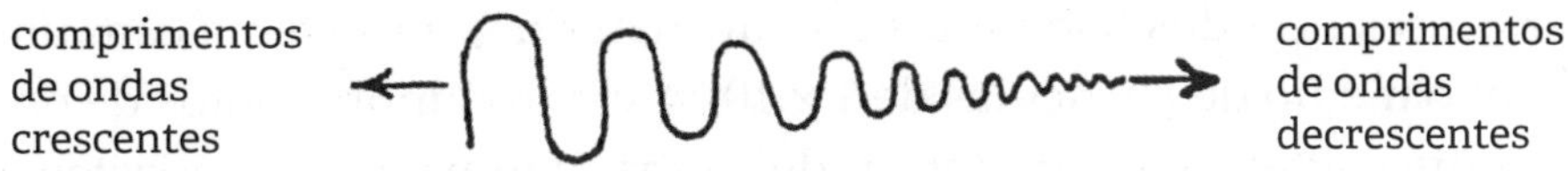

O diagrama acima tem como propósito mostrar que a média de tamanhos das partículas e a média dos comprimentos de ondas das vibrações mudam *pari passu*. Em cada plano de existência a faixa de comprimentos de ondas de vibrações operantes no plano corresponde à ordem de tamanhos das partículas, de tal forma que as duas possam interagir efetivamente e produzir fenômenos mentais como o fazem no Plano Físico. Toda a gama dessas realidades duais, que determina o lado forma subjacente à Manifestação, teoricamente se estende para ambos os lados até o infinito, e cada Sistema manifestado ocupa um plano particular nesta escala infinita de tamanhos de partículas e comprimentos de ondas, como mostrado abaixo:

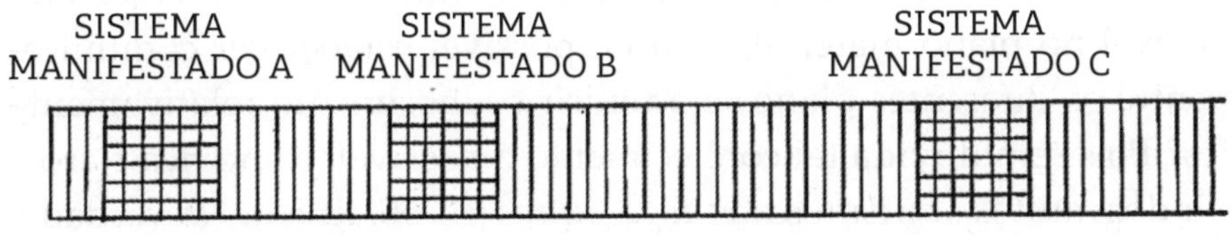

Em virtude da extensão ilimitada em ambos os lados, não há limite quanto ao tamanho em qualquer direção, e assim, teoricamente, um número infinito de sistemas com enormes variações no tamanho de partículas e de comprimentos de ondas pode ser acomodado no Cosmos. As diferenças entre os tamanhos das partículas e dos comprimentos de ondas podem ser enormes, e assim um sistema pode permanecer dentro de outro sem qualquer território comum entre os dois, e, portanto, sem que os habitantes de um sistema tenham qualquer consciência dos habitantes do outro. Assim, um sistema com um tamanho médio de partículas de 1×10^{-1000} cm (e comprimentos de ondas equivalentes) não interferirá, de forma alguma, com um sistema que tenha o tamanho médio de partículas de 1×10^{-200} cm, já que esse último não interferirá com o outro sistema. Não apenas não interferirá, como também não poderá entrar em contato com o outro no plano material e seus habitantes, com seus órgãos dos sentidos organizados para sua faixa particular de vibrações, não poderão perceber os fenômenos ou os habitantes dos outros sistemas. Os experimentos realizados com raios-X ilustram, até certo ponto, esta não interferência de um sistema com outro, mas como neste caso as vibrações e as partículas pertencem ao mesmo sistema na manifestação, essas diferenças não podem ser muito grandes e, assim, a não interferência não é completa. As diferenças entre os diferentes sistemas manifestados podem ser comparativamente enormes com relação ao tamanho das partículas, comprimentos de ondas de vibrações etc. e, assim, um sistema não consegue interferir com outro no mínimo grau. É a extensão ilimitada do princípio da magnitude, tanto na direção do infinito quanto na do infinitesimal, que torna possível essas enormes diferenças com relação a essas coisas.

Surge uma questão: se diferentes sistemas em manifestação estão separados por tão enormes diferenças, e nenhum contato entre eles é possível no plano material, como é possível estabelecer comunicação entre os diferentes planos e adquirir conhecimento relativamente a eles? Pois sem dúvida tal conhecimento é possível, como fica claro a partir dos muitos aforismos nos *Yoga-Sūtras* (III-50, III-55). Na verdade, o conhecimento total, referente ao Universo no qual a Ciência Oculta está baseada, é obtido por esses métodos do *Yoga*.

A resposta para a pergunta acima está no fato de que a percepção ocorre na consciência, e é uma função do vidente (II-20). O veículo, por um lado, é parte do mecanismo objetivo do que é "visto" (II-18). Os tamanhos das partículas e dos comprimentos de ondas, etc. afetam somente os mecanismos objetivos, que pertencem aos estados diferenciados da mente. A consciência, por outro lado, sendo um estado integrado, contém dentro de si em potencial, todos os graus possíveis de percepção e pode, portanto, responder a todos os estados de existência, nos quais funcionem mundos de diferentes faixas de vibrações e de tamanhos de partículas. Tudo que é necessário é que o indivíduo tenha desenvolvido a percepção não instrumental, a que se fez referência no aforismo III-34 dos *Yoga-Sūtras*. Um estudo cuidadoso do terceiro capítulo dos *Yoga-Sūtras* esclarecerá bastante este ponto.

Portanto, um indivíduo que pode elevar-se em *Samādhi* até o nível requerido, pode tornar-se consciente e funcionar em todos estes sistemas manifestados. É difícil dizer o quanto o indivíduo deve elevar-se em consciência para ser capaz de abranger outros sistemas solares e planos de existência, mas alguma indicação sobre isto é dada nos *Yoga-Sūtras* nos aforismos acima referidos.

O estudante deve, no entanto, ter o cuidado de não confundir sistemas manifestados existentes em *diferentes planos de existência,* um dentro do outro (na escala comprimento de onda – tamanho de partícula, referida acima) com os sistemas solares e as galáxias longínquas do Plano Físico com os quais tratam os astrônomos. Estes sistemas e galáxias estão todos no Plano Físico, no mesmo plano no qual nossa Terra física existe, e no qual funcionamos como indivíduos conscientes. Eles pertencem à mesma faixa de vibrações e de tamanho de partículas e, portanto, é possível estabelecer comunicação com eles por intermédio de nossos órgãos dos sentidos e instrumentos como o telescópio ou o microscópio. Os primeiros, por outro lado, estão em faixas de vibrações e de tamanho de partículas totalmente diferentes, e por isso, muito além da abrangência de nossos instrumentos físicos. Podem ser alcançados somente a partir do interior, através dos níveis mais sutis da mente e da consciência.

Vimos acima que as magnitudes sempre crescentes no reino dos infinitos e as sempre decrescentes magnitudes no reino dos infinitesimais fundem-se por fim na Realidade Última em seu Estado Superintegrado. A fim de poder compreender como o Absoluto é assim o solvente dos dois estados opostos, é necessário ter alguma ideia do Estado Integrado e como esse estado se relaciona e encontra expressão no estado diferenciado na Manifestação. Esta questão já foi abordada até certo ponto em *O Homem, Deus e o Universo* e vamos considerá-la de novo mais meticulosamente em um capítulo subsequente. Consideremos aqui somente o primeiro passo na diferenciação progressiva de um estado integrado sob a forma de opostos polares.

Cada tipo de estado integrado, quando é visto em seu aspecto geral, *aparece* como um par de opostos no reino da manifestação. Esses pares de opostos que são vistos pelo intelecto, quando um princípio ou *tattva* é polarizado por ele, denominam-se *dvandvas,* em sânscrito, a palavra *dvandva* significando aqui um par de condições ou qualidades opostas. Existem inúmeros pares de opostos na Natureza que pertencem a esta categoria, e as magnitudes crescentes e decrescentes, incluindo os infinitos e os infinitesimais, respectivamente, constituem tal par. Vamos tratar deste *dvandva* em detalhe, para que possamos obter uma ideia geral dos fatores subjacentes à polarização dos princípios e seu aparecimento sob a forma de tais pares de opostos.

A fim de compreender a natureza desses *dvandvas* é necessário considerarmos, em primeiro lugar, como um princípio é visto em sua projeção de seu Estado Integrado no Imanifestado para seu estado diferenciado na Manifestação. Todos os princípios estão presentes em Estado Integrado no *Mahābindu* ou o Grande Ponto. Quando são projetados de um plano mais elevado para um plano inferior através de um centro, podem ser considerados como surgindo sob a forma de círculos, tal como as ondas surgem do centro de agitação quando uma pedra é atirada na água serena de um lago. Enquanto nossa consciência estiver centrada no mundo da Realidade e estivermos cientes de seu estado integrado, poderemos ver todo o círculo, por assim dizer, e portanto não há *dvandva* produzido em nossa mente. Mas quando não estamos no centro da consciência integrada, mas no reino da mente, e vemos o princípio específico não a partir do centro **0**, como um todo, mas de um ponto A fora do círculo, através da instrumentalidade do intelecto limitado, podemos ver, por assim dizer, apenas um pequeno arco desse círculo de cada vez, conforme ilustrado no diagrama a seguir.

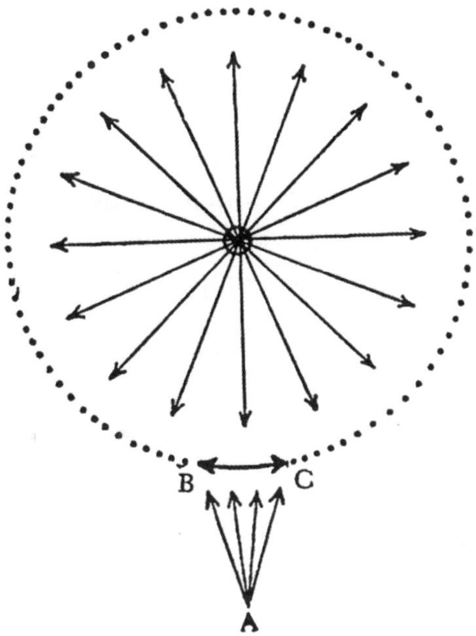

Este arco BC de um círculo cósmico, que aparece como uma linha reta dentro do alcance limitado da nossa visão, parece estender-se para ambos os lados indefinidamente e desaparecer no reino invisível da Consciência. As extremidades não chegam a um fim definido e, não obstante, parecem desaparecer imperceptivelmente no vazio intangível da Consciência, na qual nossa mente está inserida. Nestas condições vemos naturalmente o princípio abstrato como um *dvandva* ou realidade polar estendendo-se em ambos os lados indefinidamente.

Mas a realidade é que isto é meramente uma ilusão criada pela mente ao ver a realidade da coisa de forma parcial e imperfeita no reino da manifestação através da instrumentalidade do intelecto. A coisa existe realmente como um todo em uma forma eterna, não polar no mundo da Realidade, mas *aparece* somente como um par de opostos polares, desaparecendo em um vazio mental, porque o Absoluto só pode ser concebido no mundo do Relativo sob esta forma.

Sob esta luz será visto que os dois opostos polares do Infinito e do Infinitesimal são uma ilusão produzida pelo intelecto, quando este considera o princípio de magnitude a partir de seu ponto de vista limitado. O princípio em si pode ser percebido em sua forma real a partir do centro, quando é visto como um todo indivisível no mundo da Realidade. O diagrama da página anterior é uma tentativa de representar este fato sutil simbolicamente por meio de uma figura geométrica. O que foi dito sobre a magnitude permanece verdadeiro a respeito de qualquer princípio que seja visto pelo intelecto no mundo do Relativo. O princípio do Tempo ou Duração Eterna, como é às vezes chamado, é visto pelo intelecto como passado e futuro, que se estendem indefinidamente em duas direções e desaparecem em um vazio mental. O princípio de Espaço é visto como espaço sem limites, que se estende para fora de forma a incluir as incontáveis galáxias e sistemas solares no Plano Físico, e para dentro de forma a incluir os mundos de moléculas, átomos e partículas subatômicas. Até mesmo o *Tattva Shiva-Shakti,* a mais sutil polaridade em existência, e a fonte oculta de todas as polaridades na Manifestação, será vista, em cuidadosa consideração, como uma ilusão criada pelo intelecto. *Shiva* e *Shakti,* ou Consciência e Poder são um e indivisíveis, e os vemos como diferentes e como opostos polares, porque tentamos ver esta Realidade por meio do intelecto.

Veremos, portanto, como toda questão de perceber as realidades da existência como os *dvandvas* ou os opostos polares pela mente, e os paradoxos a eles associados, é matéria de *percepção* e depende das diferenças produzidas em nossa consciência quando olhamos para a mesma realidade a partir do interior, do plano da consciência pura, ou a partir do exterior, do plano da mente. Em outras palavras, é uma questão de relatividade e nada mais. Há somente uma Realidade em existência, eterna, imutável, plena, mas nos mundos que estão presentes naquela Realidade, estamos aprisionados em nossas respectivas mentes e confinados a diferentes esferas de espaço e tempo e de níveis de manifestação. Quando olhamos para as realidades da existência através de nossas mentes distintas, naturalmente as vemos não apenas diferentemente (IV-5 *Yoga-Sūtras*), mas como opostos polares pelas razões dadas acima. Eis como o intelecto está sempre nos pregando peças e criando problemas mentais, que parecem não ter solução. Não têm, enquanto estivermos confinados na prisão de nossas mentes. Eles não podem ser solucionados, mas apenas dissolvidos ou decompostos, quando nos erguemos além dos planos da mente e o mundo da realidade desponta em nossa consciência. Esta é a única "solução" real não apenas de qualquer particular, mas de todos os problemas e paradoxos. Não existem problemas e paradoxos no mundo da Realidade.

Capítulo 5

As Dualidades na Natureza

Ao estudar a relação da matéria e da radiação, descobrimos que a luz ou a radiação é um fenômeno dual. De um lado, os fenômenos da difração e da interferência mostram que a luz deve consistir de ondas. Por outro lado, a Lei Fotoelétrica de Einstein mostra que a luz deve consistir de fótons ou partículas individuais de energia. Além disso, descobrimos que os elétrons, os constituintes essenciais de todos os átomos e que determinam suas propriedades, mostram um caráter dual. De um lado, comportam-se como partículas que possuem massa, e de outro, como ondas mostrando padrões de difração. A luz, mesmo quando considerada meramente como uma radiação ou fenômeno ondulatório, também mostra outro tipo de caráter dual. Este consiste de ondas eletromagnéticas, que combinam em si as propriedades tanto elétricas quanto magnéticas.

Uma dualidade misteriosa e notável permeia toda a Natureza, e os exemplos dessa dualidade acima referida são particularmente significativos, porque foram descobertos experimentalmente pela Ciência de modo inesperado e não podem ser explicados ou entendidos com base meramente no conhecimento disponível aos cientistas. Antes de considerarmos esta dualidade encontrada em toda parte na Manifestação e mostrarmos sua origem segundo a Doutrina Oculta, assinalemos primeiramente uns poucos exemplos para mostrar o quanto é notável e oniabarcante. Na verdade todo o campo da manifestação é meramente o ponto de encontro e o produto de dois princípios opostos íntima e inerentemente relacionados operando na Natureza, mas somente onde o contraste torna-se pronunciado é que a dualidade torna-se aparente.

No campo dos fenômenos físicos, a eletricidade desempenha papel muito notável e fundamental, porque ela existe em duas formas opostas. Tomemos os átomos que podem ser considerados as pedras angulares da estrutura do Universo. Cada átomo, de acordo com a Ciência, assemelha-se a um Sistema Solar em miniatura com um núcleo central e inúmeros elétrons girando em torno do núcleo, a grandes velocidades, em órbitas circulares ou elípticas[1]. O núcleo contém uma carga elétrica positiva, e cada elétron transporta uma carga negativa, sendo a carga negativa total de todos os elétrons que giram no átomo exatamente igual à carga positiva no núcleo. Assim, a neutralidade total de um átomo comum é apenas aparente, e deve-se à perfeita neutralização ou ao equilíbrio de forças elétricas negativas e positivas que existem no interior dos átomos. Uma vez que as propriedades químicas e físicas de diferentes átomos dependem do número e da disposição dos elétrons, e do número de prótons e nêutrons no núcleo, o número infinito de propriedades dos objetos que são percebidos pelos nossos órgãos dos sentidos são todos baseados e derivados de forças elétricas em sua forma dual.

Neste equilíbrio perfeito de forças elétricas negativas e positivas no átomo está também envolvida uma outra espécie de dualidade – a dualidade de forças centrífugas e centrípetas. Pois os elétrons que giram em suas órbitas com tremendas velocidades são sustentados em suas respectivas órbitas pelo equilíbrio dessas forças centrífugas e centrípetas iguais e opostas. A dualidade de forças centrífugas e centrípetas desempenha papel muito importante, não apenas no mundo

---

1 Embora o significado original do termo átomo correspondesse a uma partícula que não pode ser dividida em partículas menores, no contexto científico contemporâneo, o átomo é constituído por várias partículas subatômicas. De forma simplificada, é uma unidade básica de matéria que consiste num núcleo central de carga elétrica positiva envolto por uma "nuvem" de elétrons de carga negativa. (Wikipédia) (N.E.)

microscópico dos átomos, mas também no mundo macrocósmico dos corpos celestes. Os planetas que giram em torno do sol são mantidos em suas órbitas permanentemente pelo equilíbrio perfeito das forças centrífugas e centrípetas de gravitação e inércia. Ao projetar os satélites artificiais que giram em torno da Terra, a Ciência meramente imitou o grande Arquiteto do Universo que está oculto por trás de todos os processos da Natureza.

Um outro tipo de dualidade no campo das forças físicas é o da energia cinética e potencial. A energia, como é bem conhecido, é de dois tipos. Quando a energia não está sendo despendida e nenhum trabalho está sendo executado, diz-se que a energia é potencial. Quando algum trabalho está sendo executado, e a energia está sendo consumida, diz-se que é cinética. Deve-se notar que nos exemplos de dualidades acima referidos, um dos elementos de cada dualidade está relacionado ou encontra expressão em um estado estático, enquanto o outro está relacionado ou se expressa em um estado dinâmico. Este fato é de grande importância como veremos posteriormente.

Passando do campo dos fenômenos puramente físicos e químicos para os de natureza biológica no qual estão envolvidas as forças da vida, novamente encontramos esta dualidade manifestando-se em toda parte. Esta dualidade envolve também a reunião de forças que são opostas entre si, e que por seu constante arranjo torna possível que forças vivas sejam produzidas, mantidas ou removidas em seu ambiente. Vemos corpos masculinos e femininos unindo-se para criar corpos vivos e ajudar na perpetuação das espécies. Vemos forças de decadência e de crescimento atuando conjuntamente para criar, manter e destruir esses corpos vivos. Basta apenas estudar o funcionamento do corpo humano em detalhe para ver não somente a presença dessas forças opostas lado a lado, como seu constante e maravilhoso ajuste na manutenção do corpo em condições saudáveis e de eficiência.

Elevando-se do campo dos fenômenos biológicos para os da Mente e da Consciência, encontramos novamente esta dualidade manifestando-se em toda parte, embora, por causa da natureza mais sutil e complicada dos fenômenos, seja mais difícil detectar e definir. A dualidade primária que caracteriza a mente em seu funcionamento é a dos estados subjetivo e objetivo. A mente pode ser voltada para fora e entrar em contato com o mundo externo de forma objetiva, ou pode ser voltada para dentro e ficar ocupada com suas imagens mentais de forma subjetiva. Quando está operando objetivamente, opera através de seus instrumentos no mundo exterior, os órgãos dos sentidos. Quando está funcionando subjetivamente, ela tem de depender em grande parte das faculdades de memória e imaginação. Mas embora a mente funcione dessas duas maneiras, que são diametralmente opostas, é muito difícil separar e distinguir claramente entre as duas funções. Elas estão tão estreitamente entrelaçadas e parecem estar ligadas por um laço indissolúvel.

Uma coisa que obviamente une as funções subjetiva e objetiva, tanto quando a mente está atuando subjetiva ou objetivamente, é a percepção – a relação entre o percebedor com o que é percebido. Se a mente estiver ocupada com objetos externos ou com suas próprias imagens internas, a percepção deve estar lá ou o funcionamento da mente para. Trata-se de um ponto importante que exige atenção cuidadosa. A dualidade primária é sempre essencialmente uma triplicidade na Manifestação, a natureza do elo conector dependendo do mecanismo através do qual a dualidade opera. A dualidade manifesta-se no campo da Mente e da Consciência de inúmeras formas, que o próprio estudante pode identificar por meio de um exame cuidadoso dos fenômenos mentais.

Os exemplos acima mencionados da existência de dualidade nos fenômenos biológicos, físicos e mentais deveriam ser suficientes para mostrar a natureza oniabarcante do dualismo subjacente a todos os aspectos da Manifestação. A observação de um tal fenômeno universal na Natureza aponta, indubitavelmente, para a existência de um Princípio dual no próprio âmago do Universo. A Ciência Moderna não considera que este Universo externo seja a manifestação de uma Realidade Interior, e que as várias espécies de fenômenos que encontramos na Manifestação são as expressões temporárias de Princípios eternos, que são partes integrantes dessa Realidade. Assim, o dualismo que a Ciência Moderna encontrou manifestando-se nos fenômenos físicos é meramente um fato da Natureza que dispensa explanação e que não tem relação com uma causa subjacente. Na verdade, a própria ideia de existir alguma sequência de causa e efeito nos processos da Natureza está desacreditada. Desde a introdução da Física Quântica, a Ciência começou a lidar com seus problemas em termos de estatística e probabilidades, e não em termos de causalidade e determinação, os dois princípios básicos da existência sobre os quais se baseava a antiga Ciência.

Mas a Ciência Oculta não precisa estar, volta e meia, mudando seus conceitos referentes aos princípios fundamentais da existência, pois seu conhecimento não está alicerçado sobre as areias movediças de dados limitados, coletados da reserva infinita de fatos desconhecidos e inferidos a partir da base de suposições não comprovadas. O conhecimento oculto baseia-se na percepção direta dos princípios fundamentais e das realidades eternas da existência no reino da própria consciência da pessoa. Este método não está sujeito a erro e incerteza, embora o conhecimento direto assim obtido não esteja disponível a todos e tenha que ser adquirido por um longo e severo curso de autodisciplina.

Portanto, vejamos o que a Ciência Oculta tem a dizer sobre a causa ou a origem deste dualismo, que a tudo permeia, encontrado na Natureza. A origem deste misterioso dualismo encontra-se no seguinte aforismo:

Shiva-Shaktyātmakam Vishvam
"*Shiva* e *Shakti* são a alma mais recôndita do Universo."

A natureza de *Shiva* e *Shakti* e sua relação mútua é um dos conceitos mais fascinantes da Filosofia Oculta, e é nesta relação misteriosa que devemos procurar a origem e solução do mistério do dualismo subjacente ao Universo manifestado. Esse tema foi discutido com algum detalhe em *O Homem, Deus e o Universo* e, portanto, não é necessário abordá-lo aqui novamente. Todavia, umas poucas ideias básicas, referentes aos princípios cósmicos polares da Consciência e do Poder, acima referidos como *Shiva* e *Shakti* no pensamento filosófico hindu, podem ser lembradas a fim de lançar um pouco de luz sobre o mistério do dualismo que estamos considerando.

Segundo a Doutrina Oculta, a Realidade Última ou o Absoluto, do qual este Universo é derivado e no qual está baseado, é um Estado Superintegrado que contém todos os princípios e realidades fundamentais que formam a estrutura do Universo manifestado em uma condição perfeitamente harmonizada e neutra. Por sua própria natureza, tal estado, em seu aspecto último, deve ser um Vazio e um Pleno ao mesmo tempo. Não apenas isto, mas, em seu próximo aspecto inferior, deve ser um par de dois estados integrados, que são opostos polares e podem, assim, fundir-se perfeitamente para produzir o estado Vazio do Absoluto. São esses dois Princípios ou Estados Polares que podem ser considerados como derivados da diferenciação primária do Estado Superintegrado, que são chamados *Shiva* e *Shakti*.

Com relação à natureza desses estados polares e sua relação mútua, pode-se ver facilmente que tal Realidade transcendental deve, por sua própria natureza, estar além da compreensão do intelecto humano, limitado e preso à ilusão. Mas o propósito da Filosofia é possibilitar ao ser humano compreender, até onde for possível, estas Realidades transcendentais dentro do âmbito do intelecto e com o auxílio do intelecto e da intuição. Essas Realidades, embora sejam transcendentais, não são consideradas "incognoscíveis", mas este conhecimento através da percepção direta só é possível em nossa própria consciência após empreendermos um longo e árduo curso de autodisciplina. A fim de possibilitar ao aspirante trilhar esta Senda de Autodesenvolvimento, aqueles que obtiveram o conhecimento direto dessas Realidades tentaram comunicar, da melhor forma possível, alguma ideia dessas realidades interiores através do meio inadequado do intelecto e do meio ainda mais inadequado da linguagem. É este conhecimento essencial, mas verdadeiro e confiável, parcialmente disponível a nós no mundo exterior, que é geralmente chamado de Ciência Oculta.

O que a Ciência Oculta tem a dizer sobre este Princípio dual que jaz no verdadeiro cerne do Universo, e que é a origem de todas as dualidades que encontramos em toda parte no reino da manifestação? Muito, mas aqui vamos referir-nos brevemente a umas poucas concepções que são relevantes para nosso propósito atual.

O primeiro ponto importante que temos de observar cuidadosamente é que esta dualidade é polar em sua natureza, e essa polaridade é inerente à própria natureza de um Princípio dual, derivado de um único Princípio que parece perfeitamente neutro e vazio ao intelecto. Vemos isto em toda parte, mesmo no campo dos fenômenos naturais com os quais estamos familiarizados.

O segundo ponto a ser observado é que os dois elementos de uma polaridade são opostos em natureza. Geralmente são chamados de positivo e negativo, mas esses termos são relativos, e podemos chamar qualquer um deles de positivo e o outro de negativo. Qualquer um dos dois polos de um ímã pode ser chamado de positivo e o outro de negativo, embora tenhamos arbitrariamente escolhido chamar um deles de polo positivo. Esta natureza oposta e complementar dos dois Princípios de Consciência e Poder deu origem a alguma ambiguidade com relação à natureza desta Realidade, mas a dificuldade filosófica desaparece se mantivermos em mente sua natureza oposta e complementar.

O terceiro ponto a ser observado é que os dois elementos de uma polaridade são inseparáveis, indissoluvelmente ligados e portanto sempre encontrados juntos, embora um ou outro possa ser predominante em algum grau entre os dois limites extremos do infinito e zero. Toda a Manifestação é, assim, um produto e interação de Consciência e Poder, e ambos estão presentes em toda parte no mais íntimo relacionamento. A natureza indissolúvel do relacionamento polar implica a presença inerente de um terceiro elemento que serve como um elo entre os dois opostos polares. Mas como estamos considerando aqui somente a questão das dualidades, não precisamos abordar esta questão no presente contexto.

A Manifestação é uma repetida projeção, reflexo e expressão da Realidade Una em estados progressivamente inferiores. É por isso que cada aspecto da Realidade, que tem origem na Realidade Última, encontra-se presente em toda parte e em todos os níveis, embora não consigamos rastrear essas correspondências por causa da natureza complicada dos fenômenos, e de nossos conhecimentos e visões limitadas. Mas se a Doutrina Oculta fundamental, acima mencionada, for verdadeira, segue-se inevitavelmente que cada fato da existência deve ser não apenas uma expressão da Realidade Una, como deve conter todos os aspectos fundamentais daquela Realidade dentro de si, quer consigamos percebê-los ou não. Pois essa Realidade, em um de seus aspectos, é indivisível e Total, e sua totalidade deve estar presente em toda parte. Não se trata de uma interessante especulação filosófica, mas de um fato da experiência nos níveis mais profundos da consciência.

Se a Manifestação é uma projeção, reflexo e expressão repetidos da Realidade Una em estados progressivamente inferiores, e se um Princípio dual encontra-se na base mesma do Universo manifestado, então é óbvio que devemos procurar a origem de todas as dualidades, que encontramos nos fenômenos naturais, neste Princípio primário e dual, e devemos esperar que essas dualidades sejam a expressão e o reflexo deste Princípio. É neste sentido que tem de ser entendido o axioma oculto *Shiva-Shaktyātmakam Vishvam* anteriormente referido.

Vejamos, portanto, se podemos estabelecer algum tipo de relacionamento e similaridade entre o Princípio dual subjacente referido como o *Tattva Shiva-Shakty* e as dualidades físicas que têm sido observadas pela Ciência Moderna no campo dos fenômenos físicos e algumas outras dualidades que são conhecidas de nós. Mas antes de tentarmos fazer isto, recordemos, mui sumariamente, os respectivos atributos dos dois elementos desta Dualidade primária. Como esses dois elementos são opostos e polares em natureza, esses atributos possibilitam-nos distingui-los facilmente.

Segundo a Ciência Oculta, o *Tattva Shiva* é o princípio que pode ser melhor chamado de Consciência Cósmica, e *Tattva Shakti* de Poder Cósmico. Todas as expressões da Consciência na Manifestação são baseadas e derivadas do primeiro e todas as manifestações de Poder, deste último. Alguns de seus respectivos atributos que servem para contrastar sua natureza polar podem ser dispostos da seguinte maneira:

Tattva Shiva	*Tattva Shakti*
Consciência	Poder
Potencial	Ativo
Espírito	Matéria
Imutável	Constantemente mutável
Raiz dos fenômenos subjetivos	Raiz dos fenômenos objetivos
Princípio da estabilidade	Princípio do movimento
Fonte da Vontade	Fonte da Ação
Positivo	Negativo
Estático	Dinâmico

A tabela acima serve para mostrar não apenas a natureza polar de ambos por contraste, mas também sua natureza complementar, pois não pode haver poder sem consciência, atividade sem energia potencial, mudança sem um substrato imutável, ação sem vontade, fenômenos objetivos sem um vidente para os testemunhar. Os dois elementos de cada atributo individual são meramente duas formas ou aspectos do mesmo atributo, um relacionado à Consciência e o outro ao Poder.

Examinemos agora muito resumidamente, à luz do que foi dito acima, algumas das dualidades fundamentais encontradas na Natureza pela Ciência Moderna ou pela Ciência Oculta. Descobriremos, mediante exame cuidadoso de cada fenômeno, que ele consiste de dois elementos e é o produto da união desses elementos. Um desses elementos está relacionado e é derivado do *Tattva Shiva,* o elemento positivo e potencial da Dualidade Primária, e o outro do *Tattva Shakti,* o elemento negativo e cinético da mesma Dualidade; estando os dois elementos indissoluvelmente ligados em uma combinação misteriosa.

O tempo, o espaço, a matéria e a energia são as realidades básicas dos mundos manifestados. Ao descrever o Universo físico a Ciência Moderna usa três quantidades: tempo, distância e massa. A energia é medida em termos de massa, tempo e distância. Os progressos espetaculares que ocorreram em diferentes campos da Ciência e que levaram à formulação da Teoria da Relatividade mostraram que tempo e espaço estão intimamente relacionados e indissoluvelmente ligados. Este fato levou Einstein a juntá-los em um conceito único em sua teoria. Ele chamou esta realidade, composta dessas duas realidades aparentemente dissimilares de tempo e espaço, de "contínuo tempo-espaço". Este é um dos conceitos incompreensíveis da Ciência Moderna, mas que desempenhou um papel muito definido no desenvolvimento da Teoria da Relatividade, e, embora incompreensível, foi aceito pelo mundo científico como um misterioso fato da existência.

Isto é interessante para o estudante da Ciência Oculta, porque a lógica do desenvolvimento científico forçou o mundo científico a reconhecer a relação íntima de tempo e espaço e reuniu-os em um conceito. A Ciência Oculta sempre reconheceu e conheceu a íntima relação de tempo e espaço, e considerava-os como dois aspectos de uma realidade, embora por uma razão diferente. Esta razão tem a virtude, no mínimo, de ser compreensível, embora não possa ser apresentada como uma "prova" da real natureza de tempo e espaço, e a relação íntima que existe entre eles. Este conhecimento só é possível, como assinalado em outra parte, quando a natureza do *Krama* ou o mecanismo da Manifestação, é percebido à luz da Realidade.

Com relação à terceira unidade básica de mensuração usada pela Ciência em suas mensurações e cálculos, aos quais se refere como "massa", desenvolvimentos científicos recentes conduziram a resultados muito imprevistos e espetaculares, os quais revolucionaram completamente nossas ideias referentes à matéria, e levaram a avanços extraordinários no campo da tecnologia científica. Aqui, mais uma vez, a Ciência encontrou uma dualidade na natureza de matéria e energia. A matéria foi mensurada apenas por sua propriedade de massa, e considerou-se que a energia está associada à massa como uma realidade independente da existência. Mas os desenvolvimentos recentes nos diferentes campos da Ciência mostraram conclusivamente que massa e energia são intercambiáveis, e que essas duas realidades, aparentemente diferentes, são apenas dois aspectos de uma realidade que pode ser chamada "substância massa-energia". A natureza desta base subjacente de realidade física é, além disso, um mistério para os cientistas, e lançou todos os seus conceitos referentes ao mundo físico em uma confusão completa, da qual não parece haver saída[2].

Para o estudante da Ciência Oculta, este é um desenvolvimento que se deveria esperar, e é muito bem-vindo por duas razões. Em primeiro lugar, privou a Ciência ortodoxa de sua base material, mostrando que matéria é nada mais que energia condensada[3], invalidando assim o materialismo científico. Em segundo lugar, é um grande passo na direção da unificação de conceitos – a redução de toda a matéria a elementos, e depois a uns poucos tipos de partículas; a redução de "forças" a um único conceito de "energia", e então a redução de matéria e energia a um único princípio, ao qual se pode ser referir como "substância massa-energia". A Ciência Oculta sempre *soube* que todo o Universo, visível e invisível, é derivado da energia, e que a energia é derivada da Mente e da Consciência. Assim, é preciso apenas mais um passo rumo à unificação de conceitos para conduzir a Ciência Moderna à porta da Ciência Oculta.

Já que essas duas dualidades, Tempo-Espaço e Matéria-Energia, são muito importantes tanto dos pontos de vista oculto quanto científico e podem prover "pontes" para o estabelecimento de comunicação e intercâmbio de ideias entre suas respectivas filosofias, consideraremos primeiramente as duas dualidades, com algum detalhe, nos capítulos subsequentes.

---

2 Tentativas de solucionar esse impasse foram feitas por alguns cientistas com a proposição da Teoria das Cordas. Trata-se de um modelo físico-matemático onde os blocos fundamentais são objetos extensos unidimensionais, semelhantes a uma corda, e não pontos sem dimensão (partículas), que são a base da Física tradicional. Essa teoria propõe unificar toda a Física e unir a Teoria da Relatividade e a Teoria Quântica numa única estrutura, embora ainda não esteja consolidada. (N.E)

3 No original em em inglês, *bottle up*, pode ser traduzido como engarrafada, contida, encapsulada. Preferiu-se usar "condensada" para a energia e "encapsulada" para a radiação e a luz. (N.E.)

Capítulo 6

A Dualidade do Tempo e do Espaço – I
Dimensões de Espaço

Diferentemente da Ciência Moderna, que reconhece somente o mundo físico de três dimensões de espaço, a Ciência Oculta assegura que há também mundos de maior número de dimensões ocultas no mundo físico. Esses mundos existem um dentro do outro e podem ser percebidos quando o homem for capaz de desenvolver as faculdades mentais e espirituais que são necessárias para este propósito. Essas faculdades existem em todo ser humano em um estado não desenvolvido, e podem ser ativadas por aqueles que estão suficientemente maduros para funcionar nesses planos mais sutis e que estejam preparados para serem submetidos à rigorosa e prolongada disciplina do *Yoga*.

Uma ideia geral das dimensões de espaço já foi dada em um capítulo no livro *O Homem, Deus e o Universo* e é aconselhável que o estudante repasse todo aquele capítulo antes de penetrar nos aspectos mais profundos neste capítulo. As ideias ocultas referentes às dimensões superiores do espaço não devem ser consideradas de natureza especulativa. Estão baseadas nas experiências e investigações de Adeptos da Ciência Oculta, e mesmo aqueles que são capazes de desenvolver faculdades psíquicas podem ter alguma experiência direta delas.

As dimensões superiores do espaço têm lugar reconhecido na Matemática. A análise matemática pode proporcionar-nos não somente alguma ideia geral das dimensões superiores do espaço, mas também possibilitar-nos calcular certas propriedades de objetos pertencentes a mundos com maior número de dimensões. Pelo fato de objetos existindo em um mundo de maior número de dimensões não poderem ser visualizados por aqueles que estão confinados a um mundo com menor número de dimensões, as conclusões extraídas com base na análise matemática são puramente abstratas, e portanto, têm de ser consideradas como especulativas. Mas elas de fato mostram que os mundos de maior número de dimensões de espaço são possíveis, e se lembrarmos o que foi dito sobre a relação da Matemática e da Manifestação, eles são não apenas possíveis, mas existem em algum lugar na Manifestação. Trataremos do aspecto matemático do problema posteriormente, e consideraremos, *a priori,* alguns outros aspectos para clarear o terreno.

A partir do que foi dito no capítulo sobre dimensões do espaço, em *O Homem, Deus e o Universo,* deveria ficar claro que penetrar mundos com maior número de dimensões significa essencialmente penetrar em maiores profundidades de consciência. Este é um ponto que devemos tentar entender com clareza, se quisermos obter alguma ideia no que tange à natureza da consciência, e também com relação à natureza das dimensões superiores do espaço.

A fim de podermos apreender a ideia de diferentes profundidades na consciência, consideremos primeiramente a natureza da profundidade em relação a algumas outras coisas com as quais estamos mais familiarizados. Comecemos, primeiramente, com uma substância material como a água. Podemos facilmente entender o que significa descer a níveis cada vez mais profundos na água. Quando mergulhamos e penetramos progressivamente em maiores profundidades na água do mar, por exemplo, não é meramente uma questão de se penetrar em um ambiente novo e em constante mudança, que contém coisas novas com as quais não estamos familiarizados, embora isto de fato aconteça. Os níveis mais profundos diferem não somente com relação ao conteúdo, mas em muitas outras coisas. Por exemplo, na medida em que penetramos mais profundamente, a pressão da água continua aumentando, a luz se torna mais turva e, assim, ocorrem muitos outros tipos de modificações que podem ser medidas pelos métodos físicos.

Todas essas mudanças afetam e determinam a natureza da flora e da fauna encontradas em níveis diferentes.

Consideremos agora um outro exemplo como a luz que não é material. Será possível mergulharmos mais profundamente na luz? Sim. Todos sabemos que, quando a luz branca se dispersa por um prisma de vidro, ela se decompõe sob a forma de um espectro no qual luzes de diferentes cores e comprimentos de ondas são organizadas sucessivamente de forma contínua. Sabemos também que os comprimentos de ondas diminuem à medida que nos deslocamos da extremidade vermelha do espectro para a extremidade violeta. Naturalmente, há também partes invisíveis do espectro denominadas ultravioleta e infravermelha, que continuam de ambos os lados, sem qualquer limite. São invisíveis, mas podem ser detectadas por seus efeitos físicos e químicos.

Se passarmos um feixe de luz branca através de um prisma de vidro de tamanho grande, a luz emergente será um espectro de luzes coloridas, organizadas na forma ilustrada no gráfico abaixo.

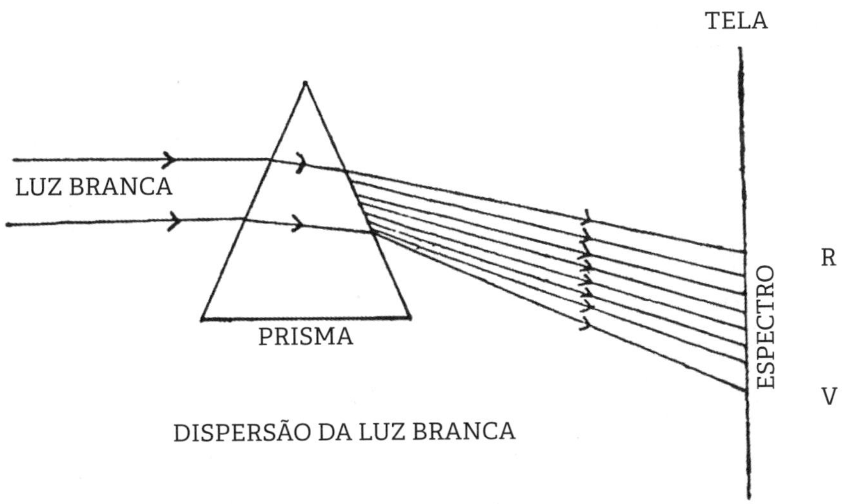

DISPERSÃO DA LUZ BRANCA

Se alguém olhar na direção do prisma no feixe emergente do ponto R[1], o verá vermelho, porque seu olho está na região vermelha do espec-

1 No original em inglês: *Red*: vermelho. (N.E.)

tro. À medida que ele move o olho para baixo, verá as diferentes cores do espectro, sucessivamente, até que alcance o ponto **V**, correspondente à região violeta do espectro. Se deslocar os olhos mais para baixo não verá cor alguma, já que a região ultravioleta do espectro é invisível.

Este movimento dos olhos para baixo, a partir do vermelho até a extremidade violeta do espectro, pode ser considerado como um movimento para maiores profundidades de luz, porque o olho está vendo uma luz com comprimentos de onda cada vez menores, ou em outras palavras, luz de natureza cada vez mais sutil. Assim, a luz branca pode ser considerada como existente em diferentes profundidades, e ver a luz de diferentes cores, como mostrado acima, é realmente um movimento para profundezas maiores. Um outro ponto importante a ser ressaltado no experimento acima é que, embora as radiações de comprimentos de onda menores e maiores estejam presentes nos dois lados do espectro visível, elas são invisíveis porque o olho não está adaptado para vê-las.

Os dois exemplos discutidos acima darão ao estudante alguma ideia da importância da profundidade em relação a coisas de diferentes categorias, e podemos agora prosseguir para considerar a questão de diferentes profundidades em relação à mente ou consciência. Visto que, segundo a psicologia do *Yoga*, "elevar" a consciência pessoal em *Samādhi* significa realmente penetrar em maiores profundidades da consciência, talvez fosse mais apropriado dizer que é aprofundar-se mais na mente. Pois conseguimos adentrar maiores ou menores profundezas somente de algo diferenciado como o espectro de luzes coloridas. Verdadeiramente, não podemos penetrar em maiores ou menores profundezas da luz branca que é um estado integrado e contém toda luz colorida em um estado perfeitamente harmonizado. Mas como os estados diferenciados e os integrados existem lado a lado em uma condição mesclada, penetrar diferentes profundidades da mente pode, em certo sentido, ser considerado como penetrar em diferentes profundezas de consciência também.

A fim de considerarmos a questão de profundidade com relação à mente ou à consciência, temos de nos voltar para a psicologia e a técnica do *Yoga*, porque é somente na prática do *Yoga* que diferentes níveis de mente são encontrados, e é possível transcender todos esses níveis, um a um, e emergir no reino da pura consciência integrada. Não precisamos discutir esta questão aqui, pois ela foi minuciosamente tratada em outro contexto. Mas há um ponto sobre o qual podemos fazer uma rápida consideração, em virtude de sua relevância para a questão que estamos considerando.

Este ponto que devemos considerar com atenção, porque se quisermos penetrar no estado integrado de consciência, temos que transcender o reino da mente *como um todo,* embora isto tenha de ser precedido pelo avanço dos estados mentais menos sutis para os mais sutis. O processo de irmos do reino da mente para o reino da consciência é fundamentalmente diferente do processo de irmos de um nível menos sutil da mente para outro mais sutil. É por esta razão que a técnica de *Nirbīja Samādhi* difere da técnica de *Sabīja Samādhi.* Podemos mais uma vez obter alguma ajuda na compreensão desta diferença, considerando o experimento acima mencionado de dispersão da luz branca por meio de um prisma. Se nos reportarmos a esse experimento, veremos de imediato que o processo de adentrar diferentes profundezas da luz colorida é muito diferente do processo exigido para se ir do reino de luzes coloridas diferenciadas para o reino da luz branca integrada. Neste último caso temos de nos voltar para o prisma que dispersa a luz branca, atravessá-lo e emergir do outro lado na região da luz branca incidente.

Da mesma forma, em *Nirbīja Samādhi,* o centro de consciência deve atravessar o mecanismo da manifestação que separa o estado integrado de consciência do mundo de manifestação criado pela mente, e emergir neste mundo de Realidade. É esse processo em sua totalidade que é sugerido no aforismo IV-22 dos *Yoga-Sūtras,* mas não precisamos discutir esta questão aqui. O tema principal em discussão é a natureza essencial das dimensões do espaço.

Após considerarmos a natureza essencial de dimensões do espaço e sua relação com as profundezas da consciência, tratemos por um momento dos aspectos matemáticos do problema.

Embora as dimensões superiores tenham sido o tema de estudo e investigação de matemáticos por um longo tempo, foi somente no início do século XX, quando a Teoria da Relatividade foi apresentada por Einstein, que o tema começou a ser considerado com seriedade. Para efeito desta Teoria foi preciso especificar um "evento", e isto só poderia ser feito especificando-se as três coordenadas usuais do espaço X, Y, Z e uma coordenada de tempo, t. O espaço desta teoria é, portanto, um espaço quadridimensional, composto de três dimensões verdadeiras de espaço e uma de tempo. Esta teoria, portanto, não lida com a quarta dimensão do espaço, conforme concebida e conhecida da Ciência Oculta. Tomando isso em seu sentido geral e vago, são necessárias dimensões de espaço até mesmo superiores a quatro no tratamento de problemas em outros campos. Assim, para especificarmos um ponto em movimento, precisamos de um espaço hexadimensional, três coordenadas de espaço X, Y, Z e três coordenadas u, v e w, dando seus componentes de velocidade. Em estatística, precisamos de um espaço n-dimensional, e em mecânica quântica, um espaço com um número infinito de dimensões.

É interessante notar que o estudo matemático de dimensões superiores foi empreendido, originalmente, não por suas aplicações práticas no campo da relatividade, da mecânica estatística, da mecânica quântica ou de outros campos de estudo científico. O motivo inicial foi pura curiosidade intelectual e sede de generalização no matemático. Ele queria ver o que aconteceria se os fatos e conceitos, relacionados a 1, 2 e 3 dimensões, com as quais estamos familiarizados, fossem generalizados. Que espécie de mundos seriam os mundos de quatro e de ainda mais dimensões, se esses conceitos e fatos relacionados em 1, 2 e 3 dimensões fossem estendidos ao reino dos mundos desconhecidos? Como todos esses mundos diferem do nosso mundo? Foi somente mais tarde que se descobriu que essas questões, estudadas originalmente por seu interesse puramente teórico, eram de uso prático, e as ideias assim descobertas foram aplicadas a muitos campos do estudo científico.

Para o matemático, objetos de dimensões mais elevadas parecem tão reais quanto objetos de 1, 2 e 3 dimensões, embora ele não consiga visualizá-los. Ele pode discutir suas propriedades e também provar algumas delas. Pode até mesmo usar a imaginação para desenhar figuras de quatro ou mais dimensões e objetos em papel plano bidimensional, da mesma forma que um escultor, arquiteto ou estudante de matemática conseguem desenhar imagens de objetos sólidos em um papel plano.

A fim de determinar as propriedades dos objetos de mais de três dimensões e as leis a partir das quais esses objetos possam ser deduzidos para diferentes valores de n, o método usual é ir para dimensões inferiores (1, 2, 3...) e ver como essas propriedades mudam com o aumento no número de dimensões. Em muitos casos, as mudanças que ocorrem nas propriedades quando vamos de 1 para 2 dimensões e, em seguida de 2 para 3 dimensões podem ser generalizadas, e a partir das leis assim obtidas são determinadas ou calculadas as propriedades para qualquer valor de n. Como o leigo encontrará o tratamento matemático dessas propriedades e leis dos objetos de mais de três dimensões muito abstrato e difícil, não precisamos abordar esta questão aqui. Mas se alguém, com algum conhecimento de matemática, aprofundar-se na questão em detalhe ficará convencido de que objetos em espaços dimensionais superiores devem existir em algum lugar.

A questão da existência de dimensões superiores de espaço não é meramente acadêmica. Sua importância principal reside no fato de que somente ela pode fornecer uma solução razoável e confiável de muitos problemas filosóficos e científicos. Consideremos, por exemplo, a dificuldade de comunicar experiências que pertençam a mundos mais sutis, e principalmente experiências espirituais, àqueles que ainda estão confinados ao mundo físico de três dimensões. Muitos aspirantes queixam-se de que aqueles que têm experiências e conhecimento desses planos superiores de existência não comunicam esse conhecimento àqueles que ainda estão nas trevas, exceto de uma forma muito incompleta e geral. O cético suspeita de que nada definido é comunicado porque nada existe para comunicar, e os ocultistas vivem em um mundo de faz-de-conta ou imaginário, nascido da fantasia. Nenhuma dessas suposições é correta. Não se comunica muita coisa, nem nada definido, por causa da dificuldade inerente à própria natureza dessas experiências e conhecimentos. E esta dificuldade deve-se principalmente ao fato de que estes mundos superiores funcionam em número mais elevado de dimensões de espaço que não conseguimos visualizar ou compreender[2].

Os órgãos da cognição e do conhecimento de cada plano são projetados para lidar com as experiências e o conhecimento desse plano particular, e aqueles que estão funcionando ativamente em um plano particular não conseguem entender ou compreender as experiências e o conhecimento dos planos superiores, exceto de forma muito superficial. A fim de obter essas experiências e compreender esse conhecimento, o indivíduo deve desenvolver as faculdades pertinentes a esses mundos mais sutis, por meio de rigorosa autodisciplina e treinamento ióguico. Essas faculdades estão presentes em forma potencial em todo ser humano e podem ser desenvolvidas por ele se for moral e espiritualmente maduro e se estiver preparado para submeter-se ao prolongado treinamento e fizer os sacrifícios necessários para este propósito.

Ademais, há muitos fenômenos nos campos da Filosofia e da Ciência Moderna que não podem ser explanados de nenhuma outra forma, senão com base na existência de mundos de dimensões superiores. A infinidade de expressões, que seguem o mesmo padrão, o surgimento de forças e objetos do nada, e sem qualquer causa ou previsão aparente, e um grande número de outros fenômenos não podem ser esclarecidos ou compreendidos exceto em termos de maiores dimensões de espaço. Cientistas céticos e ortodoxos podem rejeitar essas coisas como se fossem devidas a coincidência ou acidentes, mas qualquer um que tenha estudado os problemas cuidadosamente e com mente aberta pode ver que essas coisas são meramente desculpas para manter a tese científica de que não há outros mundos em existência, exceto o físico.

O infinito, o desconhecido e o imprevisível encaram-nos em toda parte, e a maior parte destas coisas não podem ser entendidas ou esclarecidas, exceto pela suposição de que mundos mais sutis de dimensões

2 Para auxiliar o entendimento dos leigos em geometria espacial, a animação de um cubo de quatro dimensões está disponível na internet. E talvez a tentativa de explicar, para outros que nunca viram, a animação que busca reproduzir um simples cubo em quatro dimensões possa ajudar a compreender a dificuldade que os místicos encontram ao tentar descrever, quando retornam de suas experiências nos planos superiores, que possuem mais dimensões que o físico, aquilo que vivenciaram. (N.E.)

mais elevadas existem ocultos no interior do mundo físico visível, e é a partir desses mundos que essas questões que não podem ser esclarecidas surgem, seja periódica ou esporadicamente. Pode-se compreender parcialmente como isto é possível em virtude da existência de mundos de maior número de dimensões, considerando-se a relação de mundos de 1, 2, e 3 dimensões que conseguimos compreender. Este método pode ser usado não somente para se deduzir a natureza de objetos nos mundos de maior número de dimensões por meio de análise matemática, conforme assinalado acima, mas também para esclarecer o surgimento do infinitivo, do desconhecido e do imprevisível no nosso mundo físico tridimensional. Consideremos as relações de mundos de 1, 2, e 3 dimensões muito sumariamente para obtermos pelo menos uma ideia geral de como isto pode ser feito.

O fato de que a infinidade está intimamente relacionada a diferentes dimensões de espaço e de que é uma questão de percepção, pode ser visto, em parte, considerando-se a relação de pontos, linhas e superfícies nos mundos de 1, 2 e 3 dimensões. Uma linha contém um número infinito de pontos, mas enquanto a consciência estiver confinada a uma dimensão não será possível vê-los simultaneamente e compreender que são infinitos em número. Conseguimos ver somente um ponto de cada vez em ambos os lados. Como podemos ver que o número de pontos em uma linha é infinito? Transferindo nossa consciência para um mundo bidimensional, elevando-nos acima da linha unidimensional, conforme ilustrado abaixo:

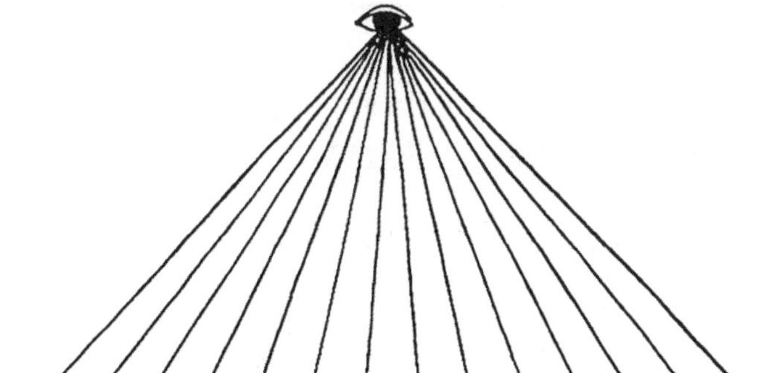

Quando nossa consciência é livre para mover-se em um plano que contenha a linha podemos ver simultaneamente todos os pontos na linha e a infinidade de pontos se revela na linha. Mas enquanto nossa consciência estiver confinada a um plano superficial de duas dimensões, conseguimos ver apenas uma linha de cada vez, embora se veja que essa linha contém um número infinito de pontos[3].

Como podemos sair dessa limitação de estarmos confinados à visão de apenas uma linha? Transferindo nossa consciência a um mundo de três dimensões, e estando livres para nos movimentar em três dimensões. Então, poderemos ver simultaneamente um número infinito de linhas na superfície exposta à nossa visão, conforme ilustrado abaixo:

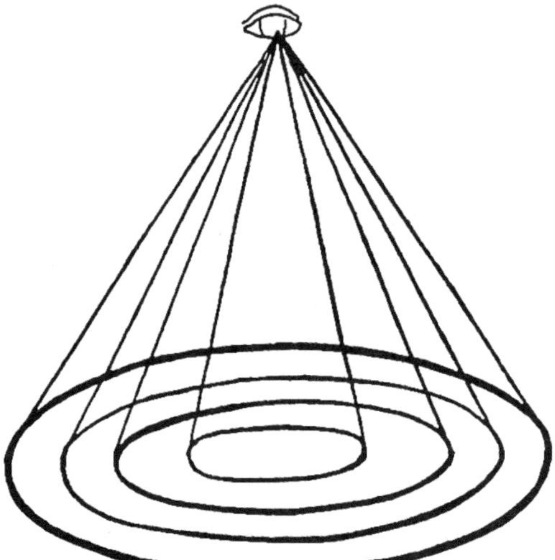

O olho posicionado acima da superfície que contém os círculos consegue ver simultaneamente um número infinito de círculos ou

3 Isso explica porque os astrônomos não podem afirmar "com certeza" que a nossa galáxia, a Via Láctea, é em formato de espiral (as imagens, que são conhecidas de todos, são desenhos técnicos e não fotografias), mas apenas supor, baseados na observação de outras galáxias. Pois o Sol, e a Terra por consequência, estão no mesmo plano da nossa galáxia (como na borda de uma *pizza*). Para ter certeza, pela observação visual, seria necessário elevar-se acima da galáxia (como alguém que olha a *pizza* de cima). (N.E.)

linhas na superfície, pois cada superfície pode conter um número infinito de linhas. Portanto, transferindo a consciência para três dimensões, a infinidade de linhas na superfície e a infinidade de pontos em cada linha se revelam automaticamente.

É preciso notar cuidadosamente que quando nossa consciência está funcionando em três dimensões podemos, desta maneira, ver somente *uma superfície de cada vez*. Parece que vemos muitas superfícies ao mesmo tempo, mas na verdade essas diferentes superfícies de diferentes objetos constituem uma superfície em nossa consciência e são vistas como uma superfície, como o estudante poderá compreender se considerar o problema cuidadosamente. É por isso que a visão comum carece da qualidade tridimensional. Essa limitação é superada em parte por um estereoscópio cinematográfico tridimensional introduzindo-se a visão dupla. É apenas quando nossa consciência transfere-se a um mundo quadridimensional é que conseguimos ver um sólido tridimensional como ele é, e não superficialmente, como mostra a investigação clarividente do Plano Astral. No Plano Astral, conseguimos ver um objeto sólido como um sólido de três dimensões no verdadeiro sentido, embora nossa consciência esteja funcionando em um mundo quadridimensional[4]. Pode-se constatar, portanto, que geralmente vemos objetos em um mundo de qualquer número de dimensões em uma dimensão a menos que o número de dimensões do plano em si, se os fenômenos dos mundos de 1, 2 e 3 dimensões, de algum modo, servirem como guia.

No entanto, não estamos aqui, no contexto atual, considerando esses aspectos matemáticos de dimensões de espaço. O ponto importante em que estamos interessados, e que devemos observar cuidadosamente, é que a cada passo em que a consciência é elevada a um mundo de dimensões superiores, um novo mundo se revela e este novo mundo revela novos e infinitos aspectos dos objetos, que só conseguiríamos ver de modo muito limitado no mundo de dimensão inferior. Vemos também que esses aspectos novos e infinitos já existiam, e elevar a consciência a uma dimensão superior de espaço, meramente revela esses aspectos

4 Pode-se ter uma ideia, por analogia, ao se observar pequenos objetos de animais e figuras feitos de cristal transparente, em que se consegue enxergar a parte de trás do objeto de cristal. (N.E.)

novos e comparativamente infinitos. Ver os diferentes mundos em número crescente de dimensões de espaço é, assim, meramente uma questão de perceber cada vez mais e aspectos mais novos em uma Realidade, que é eternamente total, infinita e oniabarcante, mas é percebida parcial e incompletamente devido às limitações dos planos inferiores e à nossa falta de desenvolvimento. A totalidade da Realidade, chamada *Pūrna* em sânscrito, e que existe eternamente em sua forma infinita e completa, está presente por trás e no interior de cada centro da consciência o tempo todo, e são apenas nossas limitações que esclarecem o fato de a vermos de modo incompleto, e em aspectos e formas muito limitados em nossas limitadas experiências. Elevar a consciência a mundos e dimensões superiores apenas remove essas limitações progressivamente.

O estudante deve, contudo, estar alerta para não confundir mundos que funcionam em um número maior de dimensões com mundos operando em diferentes planos, devido às diferenças no tamanho das partículas. Em ambos os casos há falta de percepção do outro mundo, mas a causa é diferente. Ao elevar a consciência a um mundo de maiores dimensões conseguimos ver aspectos novos e mais profundos das mesmas coisas. No outro caso, o mundo objetivo é diferente.

O aparecimento de fenômenos estranhos e inexplicáveis, em um mundo de dimensões inferiores, por causa de acontecimentos que parecem muito naturais nos mundos correspondentes de dimensões superiores, pode também ser ilustrado e compreendido, até certo ponto, realizando experimentos em mundos de 1, 2, e 3 dimensões. Um ímã movendo-se abaixo da superfície de um papel sobre o qual algumas limalhas de ferro foram espalhadas fará essas limalhas de ferro movimentarem-se sem qualquer causa aparente àqueles cuja consciência esteja confinada à superfície bidimensional do papel. Um projétil atirado através do papel fará uma parte de seu mundo desaparecer repentinamente e sem qualquer causa. Um tinteiro[5] derramado sobre o papel tornará seu mundo físico todo preto e úmido, subitamente, e sem nenhuma causa. Centenas desses experimentos podem ser imaginados para ilustrar como

5 Pote de vidro, que era usado como recipiente de tinta, para o escritor mergulhar sua caneta de "bico de pena", quando a tinta na caneta se esgotasse, para poder continuar a escrever. (N.E.)

as dimensões de espaço preparam armadilhas para a nossa mente e nos fazem viver nas condições extremamente limitadas, ilusórias e estranhas nos planos inferiores. Seria bom os cientistas ponderarem sobre esses fatos e verem se conseguem lançar alguma luz em seus enigmáticos problemas e afastá-los de sua filosofia de materialismo puramente físico.

Há mais um aspecto desta questão de dimensões superiores de espaço que deve ser lembrado, antes de encerrarmos o tema, e esse é a natureza singular da dimensão zero associada a um ponto. Como foi explicado em *O Homem, Deus e o Universo,* ao discutirmos a natureza do ponto ideal, uma entidade cuja consciência esteja centrada em um ponto com dimensão zero está acima das limitações da dimensão de espaço, e pode estar consciente de tudo que existe e acontece nos mundos de diferentes dimensões. Assim, o ponto é uma porta comum a mundos de todas as dimensões. Isto é, no entanto, apenas uma possibilidade porque em *Samādhi,* embora a consciência passe momentaneamente através do Centro Comum de todos os veículos, e, dessa maneira, através do *Mahābindu,* o iogue não se torna onisciente neste instante. Por quê? Porque o verdadeiro Ponto não é tão simples quanto parece ao intelecto preso à ilusão. Possui aspectos misteriosos dos quais nada podemos saber, e há muitas espécies de influências, que também estão atuando na consciência e tendendo a obscurecer sua visão. O estudo dessas forças e sua influência obscurecedora sobre a consciência é parte da psicologia do *Yoga* e não precisamos abordar esta questão aqui. Basta notar que a Realidade Imanifestada está acima das limitações de dimensão que caracterizam "espaços mentais" ou *Chidākāsha.* Nessa Realidade esses espaços mentais existem em sua forma integrada chamada *Mahākāsha.*

A existência de dimensões mais elevadas de espaço e medidas de tempo conferem uma nova dimensão ao conceito de relatividade e mostra o quão limitada e incompleta é a moderna Teoria da Relatividade, que considera somente três dimensões de espaço e uma de tempo. Uma visão total da relatividade incluirá uma consideração não apenas de mundos de maior número de dimensões, mas também aquele estado que está acima do reino do tempo e do espaço. Uma visão assim, certamente, só é possível àqueles cuja consciência pode transcender o mundo da manifestação e funcionar no mundo da Realidade.

Capítulo 7

A Dualidade de Tempo e Espaço – II
O Ponto e o Instante como Base de Espaço e Tempo

Conforme foi mostrado ao discutir o Estado Integrado da Realidade, esse é um estado singular, designado pela palavra sânscrita *Pūrna*, que indica um estado que é total, contínuo, completo, e o mesmo em toda parte. Obviamente, não há lugar e possibilidade para o aparecimento de fenômenos em tal estado, assim como é. Mesmo quando um estado integrado é diferenciado *como um todo*, ainda retém parcialmente seu caráter integrado e geralmente permanece um estado contínuo sem intervalos entre os diferentes constituintes do estado diferenciado ou dentro de um estado diferenciado que surja. Deste modo, quando a luz branca é refratada por um prisma, obtemos um espectro *contínuo*, e não há lacunas entre as diferentes cores que formam parte do espectro. Em outras palavras, o espectro de luzes coloridas é um fenômeno contínuo. Assim, a mera diferenciação não é suficiente para produzir fenômenos de todas as variedades no Estado Integrado de Consciência ou Realidade. O que se requer para produzir a infinita variedade de fenômenos que encontramos na Manifestação? Descontinuidade, de tal forma que as coisas possam ser separadas umas das outras por meio de lacunas e a condição *nirvishesha* possa então se tornar *vishesha.*

Uma vez que Tempo e Espaço formam a trama e a urdidura do tecido a que geralmente nos referimos como Manifestação, devemos esperar encontrar descontinuidade de um caráter fundamental na base destes dois princípios que servem como instrumentos básicos da Manifestação. Consideremos, portanto, cuidadosamente a questão da descontinuidade que jaz na base de Tempo e Espaço, tanto do ponto de vista oculto quanto do científico.

Segundo a Doutrina Oculta, a descontinuidade é introduzida na esfera do Espaço ao trazer à existência um número infinito de pontos, cada um dos quais servindo como centro de separação e distinção do Todo. Já que a Manifestação só pode ocorrer através do Grande Ponto, a precipitação de um número infinito de tais pontos só é possível pela reprodução ou proliferação do Grande Ponto. Do ponto de vista da Realidade, este surgimento de um número infinito de pontos pela proliferação do Grande Ponto é ilusória, mas no mundo inferior da Manifestação estes pontos fornecem instrumentos eficazes para a criação de imagens mentais descontínuas que constituem a realidade básica do mundo manifestado, como veremos adiante.

Um ponto tem apenas posição e não ajuda muito na formação de imagens mentais. Mas pontos podem ser combinados em um linha, colocando-se inúmeros deles tão próximos que dão a impressão ilusória de uma linha contínua. Uma impressão ilusória de uma linha também pode ser produzida pelo movimento rápido de um ponto. Similarmente, inúmeras linhas podem ser colocadas tão próximas que dão a impressão ilusória de uma superfície contínua. Portanto, um número infinito de pontos ou o movimento rápido de um ponto pode produzir, por diferentes combinações, a impressão ilusória de objetos em um diferente número de dimensões. O conhecimento científico corrobora plenamente esta Doutrina Oculta. Pois os objetos aparentemente sólidos com superfícies contínuas são nada mais que agregados de átomos e outras partículas subatômicas separados uns dos outros por enormes distâncias. Quando comparado com objetos com os quais lidamos em nossa experiência comum, estas partículas atômicas são, comparativamente, exatamente como pontos, contudo elas nos dão a impressão ilusória de objetos sólidos com superfícies contínuas sem interstícios entre as partículas constituintes.

Deve-se notar que a ilusão de continuidade é produzida quando os interstícios entre as partículas são pequenos demais para serem percebidos pelos órgãos dos sentidos. Cada órgão do sentido é projetado e é capaz de perceber impressões dentro de uma extensão limitada, e falha em registrar aquelas além desta faixa em ambos os lados. É realmente uma questão de relatividade – da relação entre a capacidade do órgão sensorial e o tamanho da partícula ou o comprimento de onda da vibração.

O que foi dito a respeito do espaço serve também no caso do tempo. Tal como o espaço, o tempo é também contínuo no estado integrado de Consciência e, portanto, incapaz de produzir os fenômenos do tempo. Deve ser fracionado em "instantes" ou períodos ou partículas de tempos as menores possíveis, chamadas *kshanas,* em sânscrito. São estas "partículas" distintas ou "pontos" ideais de tempo que subjazem em todos os tipos de modificações nas impressões espaciais, e que produzem a impressão ilusória do fluxo de tempo na consciência. Estes instantes ou "*kshanas*", tal como os pontos do espaço, devem ser os menores períodos possíveis, ou antes, "pontos" de tempo em seu estágio inicial, correspondendo e sendo análogos aos pontos ideais no espaço. De fato, o *Dicionário Oxford* define um "instante" como um "momento" ou "ponto de tempo". A importância de fragmentar a continuidade do tempo ao produzir fenômenos contínuos e coerentes pode ser melhor percebida projetando-se um filme cinematográfico em uma tela sem o mecanismo que produz períodos de escuridão intermitentemente[1], e que assim, de certo modo, fragmenta a continuidade do tempo. Sem este intervalo que divide o tempo em períodos separados será produzido um borrão ao invés de um filme coerente. É difícil colocar estas coisas em palavras, mas o estudante deve ser capaz de apreender a ideia subjacente.

---

1 Nos tipos de projetor de cinema analógico (ainda o mais comum), a película do filme, que sai da bobina, é puxada, trazendo o fotograma do filme, que para diante da luz. O processo é extremamente rápido. Na transição entre um e outro fotograma, o "obturador" fecha no momento da transição para o outro fotograma, numa velocidade superior ao que os olhos humanos são capazes de perceber. A cada segundo, 24 fotogramas passam pelas lentes. Essa alta velocidade também faz com que a imagem pareça em movimento. (Wikipédia) (N.E.)

Assim, estes pontos de tempo e espaço encontram-se na base do lado forma do Universo manifestado e juntos produzem todas as impressões ilusórias do mundo fenomenal tanto em seu aspecto estático quanto dinâmico. É o seu trabalho conjunto, de uma maneira e ordem definidas, que jaz e constitui a base do processo mundial em seu aspecto objetivo. Este processo subjacente em seu aspecto mecânico é chamado de *Krama* nos *Yoga-Sūtras* e sua percepção é um dos mais elevados *Siddhis* ou realizações obtidos em *Samādhi*. Uma vez que este processo encontra-se na própria base do mecanismo da Manifestação, sua percepção só é possível nos últimos estágios de *Samādhi*, quando a consciência está transcendendo este mecanismo, e passando do reino da mente e da manifestação para o mundo da Realidade. Este processo é comentado nos aforismos IV-33 e III-53 dos *Yoga-Sūtras*.

Qual é o significado do ponto de espaço e do instante de tempo, as unidades cósmicas fundamentais de espaço e tempo, no mecanismo da manifestação ou na base do Universo? Foi assinalado em alguma outra parte que, segundo a Ciência Oculta, o espaço como o experienciamos, nos Planos da Manifestação[2], é mental em natureza, e é por esta razão que é chamado de *Chidākāsha*. Foi mostrado também que a mente, seja universal ou individual, atua através de um ponto que é chamado *Mahābindu* no caso de um macrocosmo, e *Manobindu* no caso de um microcosmo. Ora, se o espaço comum é uma criação mental para conter objetos mentais, isto é, um fenômeno mental experimentado na mente, e se para fixar a unidade última de espaço tentamos encontrar a menor quantidade possível de espaço que não pode ser reduzida e subdividida ainda mais, como procederemos? Façamos um exercício mental, como Einstein costumava dizer quando enfrentava um problema assim. Suponhamos que o indivíduo comece com o espaço mental ilimitado que é projetado do centro de sua consciência como uma esfera infinita de três dimensões. Suponhamos então que ele comece a contrair este espaço mental esférico em sua mente, gradualmente,

2 Planos de Manifestação no sentido de mundos entrelaçados, com densidades cada vez menores, com cada vez mais dimensões e respectivamente mais graus de liberdade à medida que se sutilizam em relação ao Plano Físico, como o Plano Emocional, o Plano Mental, e outros superiores. (N.E.).

de modo que ele assuma as formas de esferas cada vez menores, todas centradas em seu *Manobindu*, o centro de sua consciência. Qual é o limite desta contração progressiva em esferas cada vez menores? Obviamente, o ponto ideal em torno do qual todas estão centradas. Se a redução é levada para além deste limite, a consciência passará através do centro e emergirá do outro lado, no próximo plano superior, com seu próprio espaço mental de um número diferente de dimensões. Se o processo for repetido nos sucessivos planos superiores um após outro, a consciência do indivíduo emergirá finalmente no mundo da Realidade no qual a consciência é integrada ou *nirvishesha* (isto é, sem quaisquer "objetos" particulares) e que é o reino de *Mahākāsha* ou espaço integrado.

Assim, obviamente que o ponto ideal é não apenas a menor medida ideal de espaço no Plano Físico, mas em *todos* os Planos de Manifestação. E é não apenas a medida comum de espaço em todos os Planos de Manifestação, mas o centro comum do qual todos os espaços mentais de diferentes Planos de Manifestação são projetados para conter os objetos dos respectivos planos, conforme discutido em *O Homem, Deus e o Universo*. E já vimos como a organização de pontos em uma direção produz uma linha, a organização das linhas numa certa maneira produz uma superfície, e assim sucessivamente. Assim, o ponto pode ser, e, segundo a Ciência Oculta, é a base do lado forma do Universo manifestado. Aliás, teoricamente, um único ponto pode produzir a impressão de um objeto sólido se o movimento do ponto for suficientemente rápido. Tais velocidades podem ser produzidas mesmo em nossos laboratórios.

Como pode ser produzido um número infinito de pontos necessários para a produção de fenômenos nos mundos da manifestação? Exatamente como um número infinito de expressões de um arquétipo pode vir à existência quando o arquétipo é projetado do mundo arquetípico para os mundos inferiores das formas. O arquétipo da rosa, por exemplo, pode e tem se expressado não apenas em bilhões, ou melhor, em um número infinito de rosas, mas ainda *as rosas são todas diferentes umas das outras*, e contudo possuem a natureza essencial de uma rosa. Assim, cada ponto pode ser não apenas independente, mas também único em sua natureza e expressão. Esta questão está conectada com o mistério da relação existente entre um estado integrado e os estados diferenciados que são derivados desse estado integrado e dos quais tratamos em outra parte. É suficiente observar aqui que todo tipo de estado integrado pode dar origem a um número infinito de estados diferenciados da própria categoria a partir da própria natureza da relação subsistente entre os dois estados. Destarte, o *Mahābindu* pode encontrar expressão em um número infinito de pontos únicos que podem servir como centros de expressão para átomos, e mentes individuais etc., todos essencialmente únicos. São estes pontos que, por sua agregação em diferentes permutações e combinações, produzem as impressões ilusórias de objetos tangíveis nos mundos de nome e forma. E é esta singularidade que está oculta em cada ato que se expressa e serve como base da singularidade de cada mente e de cada alma.

Que todos os objetos que conhecemos através de nossos órgãos dos sentidos possam ser, no final das contas, um mero agregado de pontos no espaço é possível mesmo com base nas modernas descobertas e teorias científicas referentes à natureza da matéria, como já foi anteriormente assinalado. Pois a matéria, segundo a Ciência Moderna, não é contínua, mas descontínua, estando seus átomos e outras partículas separados entre si por enormes distâncias[3]. E a conversão de matéria em radiação ou fótons a reduz praticamente a inúmeros pontos associados à energia. A natureza tangível dos objetos e a aparente continuidade de suas superfícies e volumes é, portanto, ilusória, e deve-se ao fato de que os átomos e os espaços intermediários são demasiadamente pequenos para serem percebidos individualmente pelos órgãos dos sentidos deste plano e são reconhecidos por seu efeito conjunto *en masse*.

Portanto, podemos ver até certo ponto como o mundo tangível de objetos que conhecemos através de nossos órgãos sensoriais não passa de uma impressão ilusória criada em nossa mente pela organização e interação de um número infinito de pontos espalhados no

---

3 "Se o núcleo [de um átomo] fosse ampliado até o tamanho de uma ervilha, o núcleo [do átomo] mais próximo estaria aproximadamente a 1.000 metros [ou seja, um quilômetro] de distância." (NICHOLSON, Shirley. Sabedoria Antiga e Visão Moderna, Brasília: Ed. Teosófica, 1991, p . 87. (N.E.)

espaço mental. Isto mostra claramente como a totalidade do mundo objetivo no qual a Ciência Moderna tanto confia, e no qual fincou pé, é uma pura ilusão de ótica ou *Māyā*. Até mesmo os cientistas conseguem ver este fato evidente. Mas o que eles podem fazer? Eles não ousam retroceder em suas afirmações e teorias preferidas e no repúdio da filosofia materialista, às quais têm tentado nutrir e manter, apesar de toda evidência em contrário.

Vamos agora ao outro fator fundamental envolvido na manifestação – o tempo, que é nada mais que a impressão produzida na consciência pela mudança de imagens mentais. Será o tempo contínuo ou descontínuo? Como já foi assinalado, segundo a Ciência Oculta, ele é descontínuo *na Manifestação*. Não é apenas descontínuo, mas os fenômenos de diferentes Planos de Manifestação são regidos por diferentes medidas de tempo relacionadas e baseadas em uma unidade cósmica de tempo que, tal como a unidade cósmica de espaço, o ponto, não pode ser subdividida e reduzida ainda mais. Esta unidade irredutível de tempo é chamada *Kshana* ou *Kāla-anu* em sânscrito, e, como o *Bindu* ou Ponto, é uma entidade ideal, misteriosa que ilude a compreensão pelo intelecto limitado preso à ilusão.

Qual é a relação desta *Kshana*, a irredutível unidade cósmica de tempo com a Realidade Última subjacente ao Universo? Vimos, no caso do Ponto, que ele é o centro de Consciência a partir do qual os mundos mentais são projetados na Manifestação. De que maneira *Kshana*, ou o Instante ideal, está relacionado a esta Realidade? Para uma resposta a esta pergunta temos que voltar em pensamento ao ritmo que subjaz aos fenômenos do Universo que tem raízes e está baseado no Ritmo Cósmico que ocorre na Realidade Última.

Mostrou-se no capítulo sobre Ritmo Cósmico, em *O Homem, Deus e o Universo,* que todas as mudanças naturais, tanto no Manifestado quanto no Imanifestado, são essencialmente rítmicas em caráter e todos esses diferentes tipos de ritmos são derivados e expressões parciais do misterioso Ritmo Cósmico que ocorre no âmago do Universo. Pois a própria ideia de ritmo envolve a ideia de uma medida particular de tempo e a existência de relações matemáticas definidas existentes entre os diferentes tipos de ritmos e as medidas de tempo. Na música indiana, uma técnica aprimorada foi desenvolvida para produzir uma relação exata entre os movimentos rítmicos do som com as medidas de tempo, e esta relação inerente de movimentos rítmicos com medidas definidas de tempo pode ser vista com clareza.

Se quisermos encontrar a menor medida possível de tempo na Manifestação, que pode ser chamada de unidade cósmica de tempo, qual será a realidade mais apropriada sobre a qual basear nosso padrão? Obviamente, o ritmo fundamental subjacente ao Universo a que se tem chamado de Ritmo Cósmico. Assim, a medida ideal de tempo, a unidade última de tempo – a *Kshana* pode ser considerada como o período de tempo no qual ocorre um ciclo completo do Ritmo Cósmico. Esta é a duração na qual a Consciência se expande ao infinito a partir de seu centro, e retorna novamente ao centro após completar um ciclo completo, abrangendo assim o campo completo da existência em sua varredura infinita. Não vamos nos aprofundar no aspecto quantitativo do problema que está totalmente além do âmbito do intelecto. Tentemos apenas apreender a ideia geral por trás deste conceito de *Kshana* que relaciona a menor medida ideal de tempo com o ciclo do Ritmo Cósmico.

Esta ideia não é realmente tão fantástica quanto pode parecer àqueles que não estão familiarizados com os maravilhosos desenvolvimentos que têm ocorrido nos campos relacionados da Ciência Moderna. A unidade comum de tempo em todo trabalho científico é, certamente, o segundo. Este segundo está baseado, como é bem sabido, na rotação da Terra, e, para certos propósitos científicos, não é suficientemente exato e confiável. Na busca por uma unidade mais satisfatória de tempo, os cientistas descobriram que as vibrações dos átomos fornecem um padrão mais confiável e exato de tempo do que o padrão comparativamente grosseiro fornecido pela rotação da Terra. Isto é natural porque essas vibrações devem estar relacionadas ao Ritmo Cósmico e devem ser constantes. O período de vibração do Cobalto é agora usado geralmente para fixar o padrão de tempo, embora seja fantasticamente pequeno e exija uma técnica elaborada para sua medição. Em todo trabalho científico da mais elevada ordem, tais aparelhos para medir o tempo são chamados Relógios Atômicos.

Se tivermos apreendido o princípio subjacente aos modernos equipamentos para a medição do tempo por períodos de vibrações, seremos capazes de ver não apenas a importância de *Kshana*, como também apreciar o admirável conceito de tempo que está contido na Doutrina Oculta de *Kshana*. As medidas de tempo dos diferentes Planos de Manifestação estão baseadas sobre esta unidade misteriosa, dependendo estas medidas do plano e estando relacionadas não apenas entre si, mas também às dimensões de espaço que governam os planos correspondentes.

Como está relacionada esta unidade última de tempo – *Kshana* – com as medidas de tempo operando nos diferentes planos do Universo? Não nos é possível compreender esta relação enquanto ainda estivermos na esfera do tempo. Como foi assinalado nos *Yoga-Sūtras* (IV-33), todo o processo de manifestação envolvendo o tempo só se torna perceptível quando a consciência é liberada das limitações e da ilusão a ela impostas pelo tempo. E como o tempo, em suas diferentes medidas, perpassa a totalidade do campo quíntuplo de manifestação, o processo só pode ser percebido e verdadeiramente compreendido quando a consciência está emergindo do mundo da manifestação para o mundo da Realidade. De fato, tão próximo e intimamente relacionado está o Processo do Mundo com o curso do tempo, baseado na sucessão de *Kshana*, que *Samyama* ou contemplação, no processo do tempo envolvendo *Kshanas*, libera a consciência do processo do mundo e lhe permite emergir no mundo da Realidade que está acima do tempo e do espaço. Este assunto foi esclarecido no aforismo III-53 dos *Yoga-Sūtras*.

Mas embora não consigamos perceber ou mesmo compreender este processo, devido às nossas presentes limitações, é possível obter uma ideia geral do princípio subjacente à existência de diferentes medidas de tempo regulando os fenômenos dos diferentes Planos de Manifestação. São todos derivados de *Mahākāla*, o princípio do Tempo existindo no Eterno Imanifestado, através de um processo de diferenciação, e são todos baseados na unidade última de tempo, *Kshana*. Esta questão foi discutida com algum detalhe no capítulo XXIX de *O Homem, Deus e o Universo*.

É este Ritmo Cósmico e as medidas de tempo nele baseadas que são simbolizadas pelo *Damaru* de *Mahesha* no simbolismo hindu. O *Damaru* simboliza não apenas a natureza rítmica do movimento subjacente ao aspecto dinâmico da manifestação, mas também a natureza intermitente do tempo do qual é derivada. Simboliza também a natureza vibratória da Energia que é produzida por este movimento rítmico e que é chamado *Nāda* ou "som". Um estudo cuidadoso deste símbolo mostrará não apenas como ele é eficaz em representar alguns dos aspectos importantes do mecanismo que subjaz ao Universo, mas nos ajudará também a compreender até certo ponto este mecanismo misterioso.

A natureza intermitente do tempo é um conceito filosófico e científico da maior importância, e pode ser ilustrada quase que perfeitamente pela projeção de uma película cinematográfica em tela. Embora a projeção produza a impressão de uma série contínua de eventos, sabemos que esta continuidade é meramente uma ilusão produzida por nossa inabilidade em distinguir entre os períodos alternados de iluminação e trevas[4]. O Universo manifestado é, semelhantemente, um fenômeno intermitente devido à natureza intermitente do tempo que produz modificações no mesmo. Mas instantes ou momentos de tempo sucedem uns aos outros tão rapidamente que não conseguimos distinguir entre os períodos nos quais o Universo aparece e desaparece alternadamente. A sucessão de eventos que conhecemos através de nossos órgãos dos sentidos ou instrumentos de cognição são vistos assim como um fenômeno contínuo, mas esta continuidade é ilusória.

O aparecimento e desaparecimento do Universo pode ser considerado como o resultado de a Consciência de *Mahesha*, a Deidade que preside o Sistema manifestado, voltar-se para o interior e para o exterior. Quando sua Consciência volta-se para o exterior, o Sistema manifestado vem à existência. Quando sua Consciência volta-se para o interior, em direção ao Imanifestado, o Universo manifestado desaparece. É este voltar-se para o interior e para o exterior de sua Consciência que não apenas Lhe permite reunir o Imanifestado e o Manifestado, como também estabelece a medida de tempo para o Universo particular que

4 Vide nota 1, p. 129, neste Capítulo.

Ele preside. Um ciclo completo deste voltar-se para o interior e o exterior da Consciência pode ser considerado como uma *Kshana*, a unidade fundamental de tempo para o sistema.

Pode-se também atribuir a esta intermitência do tempo o fato fundamental descoberto por físicos de que energia radiante é emitida ou transferida não em uma corrente ininterrupta, mas em partículas ou porções descontínuas que são chamadas *quanta*. Cada *quantum* transporta uma quantidade de energia fornecida pela equação $E = h.v$ onde v é a frequência da radiação e h é a Constante de Planck. Se a energia vem de sua fonte infinita no Imanifestado, e o tempo é intermitente, é inevitável que a energia deva decompor-se em porções separadas e descontínuas ou *quanta*. Se a água é bombeada de um reservatório por meio de uma bomba e a mesma trabalha intermitentemente, o suprimento de água será dividido em porções separadas[5]. Assim, a Teoria Quântica não só lança luz sobre a natureza do mecanismo que subjaz ao Universo manifestado, e que é chamado de *Krama*, como também parcialmente corrobora esta Doutrina Oculta.

Vimos que os Princípios de Consciência e Poder, chamados *Shiva* e *Shakti* na filosofia hindu, são as Realidades básicas de todos os mundos manifestados, e o Universo pode ser considerado como a expressão desse Princípio dual. Se é assim, então toda dualidade de um caráter fundamental na manifestação deve ter raízes e deve mostrar o caráter essencial da dualidade primária, e é este realmente o caso, muito embora não possamos ser capazes de delinear a relação subjacente devido às nossas limitações.

Veremos posteriormente, no caso da dualidade da matéria e da energia, como ela reflete e expressa, de um modo notável, a dualidade primária do *Tattva Shiva-Shakti*, a matéria refletindo e expressando o princípio estático de Consciência, e a energia o princípio dinâmico de Poder. Uma vez que Tempo e Espaço constituem outra dualidade fundamental, talvez a mais fundamental dualidade na Manifestação, devemos esperar que ela mostre o mesmo tipo de relação com a dualidade

---

5 Analogamente à água da chuva, fornecida pela Natureza, em que as gotas caem de forma intermitente do céu. (N.E.)

primária de Consciência e Poder. Em outras palavras, devem mostrar o relacionamento íntimo e indissolúvel de uma dualidade polar e devem refletir e expressar os dois constituintes da dualidade primária.

Se considerarmos essa questão cuidadosamente e examinarmos a natureza de Tempo e Espaço à luz do conhecimento oculto referente à natureza de *Tattva Shiva-Shakti* não haverá dificuldade em inferir que *Shiva* está relacionado a Espaço e *Shakti* a Tempo. *Shiva* é o princípio estático, e *Shakti* o princípio dinâmico no dual *Tattva Shiva-Shakti*. Aquele é potencial, imutável e estável, enquanto este é a força cinética e motriz de movimento e mudança.

Deixando de lado, por enquanto, a concepção oculta de Tempo e Espaço, mesmo se considerarmos estas duas realidades subjacentes ao Universo à luz de nossa experiência, veremos facilmente que o espaço, como o concebemos, possui todos os atributos associados a *Shiva*, o princípio de Consciência. É potencial e capaz de conter todos os objetos que possam ser imaginados pela mente, ou segundo nossas noções comuns, possam existir no Plano Físico. É imutável porque embora os objetos mudem, o espaço que os contém permanece o mesmo. É estável porque perpassa e transcende todos os objetos, e não é absolutamente afetado por eles ou pelas mudanças que neles ocorrem.

Por outro lado, o Tempo tem todos os atributos que estão associados a *Shakti*, o princípio de Poder. É o elemento dinâmico da dualidade Espaço-Tempo. Sempre que existir movimento, o tempo está sempre associado a ele. Aliás, o movimento é sempre medido em termos da unidade de tempo em todo trabalho científico. Sempre que existir mudança, o tempo aparece inevitavelmente, tanto assim que não há maneira de perceber ou medir o tempo senão através das modificações nos objetos em nosso ambiente. Até mesmo a Ciência Moderna reconhece agora este fato, e ele é uma das ideias básicas sobre as quais está baseada a Teoria da Relatividade.

Não apenas Espaço e Tempo estão relacionados a *Shiva* e a *Shakti*, não apenas estão eles ligados por um relacionamento polar como *Shiva* e *Shakti*, mas mesmo seus produtos na Manifestação como matéria e energia estão relacionados a *Shiva* e a *Shakti* e têm assim as características fundamentais associadas a Consciência e o Poder, como já foi assinalado. Podemos ver isto facilmente se considerarmos as realidades básicas do mundo físico. O que são estas realidades básicas? Matéria e energia, ou em terminologia científica, massa e radiação. O que é a matéria segundo a Doutrina Oculta? É uma forma condensada de *Ākāsha* associada à energia. A derivação de todos os estados de matéria a partir de *Ākāsha* é mostrada a seguir:

Ākāsha ⟶ *Tejas* ⟶ *Vāyu* ⟶ *Jala* ⟶ *Prithivi*
(*Vāyu*) (*Tejas*)

As partículas gasosas, líquidas e sólidas fornecem os veículos tangíveis e variados para a matéria. Determinam em parte as propriedades dos objetos delas compostos. A energia associada a estas partículas, sob a forma de energia atômica ou movimento molecular, fornece o dinamismo destas partículas, do qual dependem suas propriedades e interações. A energia atômica aprisionada dentro do átomo determina as propriedades do átomo. A energia molecular associada aos átomos e às moléculas determina sua interação e efeito sobre os órgãos dos sentidos. A energia da radiação, que em si mesma não tem qualquer base ou associação material, pode, sob a forma de fótons e ondas luminosas, afetar também as partículas materiais e os órgãos dos sentidos. Como as partículas materiais são as expressões do *Tattva Shiva*, e a radiação do *Tattva Shakti* já foi demonstrada em outro contexto.

Capítulo 8

A Dualidade da Matéria e Energia – I
Materialismo sem Matéria

É dever de todo estudante sério da Ciência Oculta não somente propagar as verdades da Sabedoria Divina no mundo tão extensivamente quanto possível, mas também influenciar e guiar tanto quanto possível o desenvolvimento do pensamento naqueles campos que são de importância vital para a humanidade. Essas verdades da Sabedoria Divina não se destinam somente àqueles que estão preparados para aceitá-las e utilizá-las para seu desenvolvimento interior. São destinadas para a humanidade como um todo. Isto fica bastante claro a partir do fato de que os Grandes Seres, que são os guardiões da humanidade, conferem tanta, senão maior importância ao trabalho para a evolução da humanidade como um todo, quanto ao desenvolvimento espiritual dos indivíduos que estejam suficientemente maduros para este propósito.

O desenvolvimento fenomenal que está ocorrendo nos diferentes campos da Ciência é uma prova do intenso interesse dos Grandes Seres nesse desenvolvimento e da importância que eles atribuem a esse trabalho. Não resta dúvida nas mentes daqueles que vêm observando este rápido e inesperado desenvolvimento que ele está sendo orientado de cima. A maneira pela qual as extraordinárias descobertas feitas nos diferentes campos da Ciência durante os últimos cinquenta anos[1]

---

1 O livro original em inglês foi publicado em 1974. (N.E.)

foram preparadas e coordenadas sistematicamente, mostram a mão e a Inteligência orientadoras que tornaram possíveis essas descobertas.

Pode parecer um tanto estranho àqueles que acreditam na base espiritual do Universo e na incomparável superioridade da visão espiritual sobre a perspectiva materialista predominante que, embora tal ajuda extraordinária e efetiva esteja sendo dada de cima para este desenvolvimento científico, o auxílio para a evolução moral e espiritual do indivíduo é comparativamente insatisfatória, e a evolução moral e espiritual parecem estar muito atrás da evolução intelectual.

Quando nos sentimos inclinados a julgar a sabedoria da orientação Divina pelos nossos padrões de ignorância, é bom lembrarmos que nossa visão é demasiadamente limitada e nosso conhecimento é demasiadamente pequeno para nos capacitar a formar uma ideia correta da importância das tendências preponderantes e da natureza dos desenvolvimentos futuros. Vemos, frequentemente, em nossa vida individual, que um incidente que se assemelha a um desastre no momento, comprova ser uma bênção no futuro. Analogamente, muitos desenvolvimentos no mundo, que na época pareceram indesejáveis e mesmo perigosos, mostram-se no final de amplo benefício para a raça humana.

O extraordinário e espetacular desenvolvimento em muitos campos da Ciência, que ocorreu durante o transcurso do século XX, é um caso em questão. Ele colocou um poder tremendo nas mãos daquele que ainda é moral e espiritualmente não desenvolvido. Isso conduziu a um crescimento extraordinário da perspectiva materialista e da preocupação com as necessidades materiais do ser humano. Considerando a partir de nosso estreito ponto de vista, esses desenvolvimentos podem parecer indesejáveis e mesmo perigosos. Todavia, quem pode dizer que forma tomarão no futuro? O controle e a utilização das forças da Natureza podem ser gradualmente libertos de suas nocivas potencialidades e prenunciar uma era de prosperidade e contentamento. Isto nos fornecerá a base indispensável de estabilidade social que é necessária para a evolução moral e espiritual do homem.

O crescimento da perspectiva materialista e a abundância das amenidades e luxos físicos fornecidos pela Ciência Moderna podem dar à humanidade a oportunidade de beber da taça das satisfações e dos prazeres físicos até a última gota, e compreender que essas satisfações são ilusórias e efêmeras em sua natureza e não podem proporcionar satisfação real e duradoura ao verdadeiro indivíduo, aprisionado no corpo físico. Essa fartura e consequente insatisfação com uma vida de satisfações puramente físicas inevitavelmente conduzirão, pelo menos a parte mais inteligente da humanidade, a buscar a felicidade em novas direções, e a conduzirá a fazer uma tentativa com os ideais espirituais que ignorava. Sinais dessa reação contra uma vida de meros confortos e deleites físicos, que é essencialmente a vida do animal, já começaram a aparecer e podem, gradualmente, tornar-se um impulso na direção da perspectiva espiritual e de uma vida guiada por ideais espirituais. A natureza é mestra em tarefas difíceis e se não conseguimos aprender uma lição necessária por meio de sábio discernimento, ela nos faz aprender por meio de experiências amargas.

Do crescimento extraordinário e espetacular do conhecimento científico já resultou um desenvolvimento inesperado e da maior importância. Em sua busca por uma realidade sem Deus que subjaz ao mundo irreal da percepção sensorial, a Ciência Moderna estabeleceu simplesmente um mundo ilusório de fórmulas e símbolos matemáticos que são totalmente incompreensíveis e sem sentido. O mundo da matéria e da energia sobre o qual ela erigira seu edifício de materialismo científico desapareceu em um mundo fantasma de abstrações matemáticas.

Tendo rejeitado desde o início a ideia da existência independente da mente, da Consciência e de uma Realidade Divina subjacente ao Universo material, os cientistas estão agora se sentindo desconcertados e confusos com esses desenvolvimentos inesperados, mas não estão ainda prontos para repensar suas premissas básicas, sobre as quais o materialismo científico se baseia. Procuram refúgio em todas as espécies de ideias estranhas, que facilmente se pode ver que nada são, senão desculpas para manter seus pontos de vista ortodoxos. Estão tentando compensar as impropriedades de sua filosofia por meio de uma concentração anormal e quase patológica sobre o desenvolvimento da tecnologia. Mas por quanto tempo podem resistir à lógica de fatos que eles próprios descobriram e à necessidade de uma filosofia mais razoável e satisfatória para tornar a vida humana objetiva e significativa? O Espírito humano não pode manter-se satisfeito para sempre com uma variedade de artifícios e abstrações matemáticas que ninguém consegue entender, nem mesmo aqueles que as descobriram.

Na atual disposição de ânimo dos cientistas e nas condições caóticas predominantes no mundo atualmente, talvez não seja possível fazer mais do que afirmar claramente as implicações e importância de descobertas científicas recentes e relacioná-las até onde for possível às doutrinas ocultas. Os poderes que produziram as descobertas favoráveis na Ciência Moderna, no devido tempo, proporcionarão também os canais de comunicação apropriados entre a Ciência Moderna e a Ciência Oculta. Mas, antes de podermos utilizar esses canais que podem ser criados, devemos ter clareza em nossas mentes sobre a importância dessas descobertas científicas e sua influência sobre as doutrinas ocultas.

Desde que a maior parte dos desenvolvimentos científicos, ocorridos no presente século (XX), encontraram expressão e integração na Teoria de Relatividade de Einstein, esta teoria e suas conclusões têm uma implicação especial para o estudante da Ciência Oculta. Nessa teoria, ele pode encontrar muitas ideias que parcialmente corroboram e lançam luz sobre muitas doutrinas ocultas importantes, tornando assim o estudo dessas doutrinas mais completo e significativo. Nesta teoria ele pode também descobrir muitos pontos que podem servir como cabeças de ponte para a construção de ligações entre a Ciência Moderna e a Ciência Oculta antiga. Os cientistas talvez não se sintam propensos a usar essas conexões em seu atual estado mental, mas se as pontes estiverem lá, será mais fácil estabelecer comunicação no devido curso de tempo. Ora, a Ciência Moderna terá que finalmente se aproximar da Ciência Oculta para a solução de problemas insolúveis e adotar o Método Oculto para encontrar a Realidade Divina que está oculta no coração do Universo. A busca da realidade empreendida pela concepção materialista está fadada ao fracasso, porque é como a proverbial busca em um quarto escuro de um gato preto que não está lá.

Portanto, revisemos rapidamente em linhas gerais alguns dos recentes desenvolvimentos na Ciência Moderna que são de especial interesse para o estudante da Ciência Oculta. Não é necessário para nosso propósito penetrar nos aspectos matemáticos e técnicos desses desenvolvimentos, que o estudante comum não consegue compreender, sem adquirir o conhecimento básico da Ciência e da Matemática superior.

Uma vez que o ponto fundamental da controvérsia entre Ciência Oculta e Ciência Moderna é com relação à base última do Universo – a Ciência Oculta asseverando que é espiritual e a Ciência Moderna que é material – revisemos primeiramente as descobertas científicas que levaram à conclusão de que a matéria, como a Ciência Moderna a concebeu originalmente, não existe, e, portanto, o materialismo científico perdeu sua base material. Segundo o conhecimento atual, a base última e única do Universo é a radiação, seja "radiação encapsulada", que chamamos matéria, ou radiação livre, que é conhecida como luz ou outras ondas eletromagnéticas de diferentes frequências. Houve muitos outros desenvolvimentos interessantes em diversas linhas, mas este é o mais importante porque privou a filosofia científica, que só acredita em coisas concretas, de sua própria substância, deixando-a debatendo-se em um pântano de ideias abstratas. Como este é um desenvolvimento muito importante do ponto de vista oculto, em sua controvérsia com o materialismo científico, valerá a pena revisar a sequência de descobertas científicas que conduziram a esta conclusão inesperada e surpreendente.

Naturalmente, já que toda a estrutura do Universo foi reduzida à radiação, o problema começou com o estudo da radiação. Todos sabem que quando corpos aquecidos tornam-se incandescentes, eles emitem um brilho vermelho, que se torna alaranjado, depois amarelo e, finalmente branco, à medida que a temperatura aumenta. Todos os esforços para descobrir como a quantidade de energia despendida por tais corpos aquecidos variava com o comprimento de onda e a temperatura falharam, até que Planck encontrou, através da análise matemática pura, sua famosa equação $\boldsymbol{E= h.v}$ que satisfazia os resultados dos experimentos[2]. Ele fez a estranha e injustificada suposição de que a energia radiante é emitida não em um fluxo ininterrupto, mas em porções descontínuas, que ele chamou de *quanta*. Não tinha a menor

2 Na equação E = h.v , E é a energia do fóton, também conhecida como *quantum* de energia; h é a constante de Planck; v é a frequência da radiação. (Wikipédia) (N.E)

evidência para tal suposição, mas fez a suposição porque era baseada apenas nisto que a equação empírica $E = h.v$ poderia corresponder aos resultados dos experimentos. Foi um daqueles casos em que as suposições são escolhidas para satisfazer às conclusões a que se chegou baseado em resultados experimentais. O artifício está em se trabalhar de trás para adiante, da conclusão para as suposições originais, e escolher aquelas suposições particulares, por mais estranhas ou injustificadas que possam ser, que conduzirão à conclusão predeterminada. Isso não é diferente de se colocar a carroça adiante do cavalo no processo de raciocínio, e o esquema é adotado para dar à teoria um aspecto aparentemente razoável quando, verdadeiramente, não está baseado na razão.

Neste ponto reside a fragilidade das teorias científicas e da filosofia do materialismo, nelas baseadas. O conhecimento científico é essencialmente empírico, e a superficial camada de razão que é geralmente oferecida serve para dar a ela uma aparência respeitável aos olhos do púbico. Os cientistas estão interessados principalmente no "como" dos processos naturais e sempre, persistentemente, evitam enfrentar o aspecto do "porquê" desses processos. Esta é a fonte tanto de suas forças quanto de suas fragilidades. Pelo fato de possuírem um conhecimento confiável e total controle do "como" dos processos, eles podem manipular esses processos com perfeição e utilizá-los na produção de resultados extraordinários e espetaculares. E por não terem abordado com seriedade o "porquê" desses processos e não estarem neles realmente interessados, em virtude da ausência do verdadeiro espírito filosófico, não conseguiram obter conhecimento verdadeiro com relação à real natureza de qualquer coisa, e todo o campo do pensamento científico está coberto de destroços e resíduos das teorias obsoletas e em constante mudança. Mas os cientistas dominam firmemente os fatos empíricos, e ao continuarem produzindo resultados espetaculares, podem sempre camuflar as fragilidade e inadequação de seu pensamento filosófico.

A descoberta da Constante de Planck por esse método irracional e aparentemente injustificado, também, casualmente lança alguma luz sobre o modo como o pensamento científico ou, em verdade, qualquer tipo de desenvolvimento nos afazeres humanos é guiado de cima ou dos bastidores. Uma ideia ou alguma sugestão com respeito a um plano de ação é colocada na mente da pessoa que está engajada no trabalho, é adotada pela pessoa em causa inexplicavelmente, às vezes sem qualquer justificativa, e o desenvolvimento do pensamento ou o movimento é assegurado, algumas vezes com amplas consequências. A descida de tais ideias e soluções de cima é reconhecida mesmo em círculos científicos, mas eles rejeitam essas ocorrências como se fossem casos de "intuição". Ninguém pergunta o que é intuição e como ideias assim importantes, às vezes aparentemente irracionais e injustificadas, são recebidas de nenhum lugar e adotadas por intelectuais teimosos e insensíveis sem questionamento. A Constante de Planck dominou os cálculos da Física atômica durante meio século, mas ela deve sua descoberta não à lógica fria da razão, mas ao misterioso acaso daquela faculdade muito suspeita, denominada "intuição".

Devido à falta de justificativa e ao aparente absurdo da suposição fundamental de Planck – de que a energia radiante é emitida em partículas ou porções descontínuas – pouquíssimos cientistas levaram a sério a Teoria Quântica de Planck até 1905. Naquele ano, Einstein publicou sua Teoria da Relatividade para esclarecer particularmente o intrigante fenômeno que era chamado de "efeito fotoelétrico". Einstein postulou em sua Teoria que todas as formas de energia radiante – luz, raios-X etc., viajam através do espaço em *quanta*[3] descontínuos e assim, particularmente, adotou e incorporou a Teoria Quântica de Planck em sua Teoria da Relatividade. Foi esse fato que mostrou as implicações abrangentes da Teoria de Planck que era, até então, considerada meramente como uma hábil conjectura. De acordo com Einstein, toda luz, ou melhor, energia radiante, é composta de partículas individuais ou grãos de energia (que ele chamou de "fótons") e quanto maior a frequência de radiação, mais energia está contida em seus fótons. Se o comprimento de onda pudesse ser suficientemente pequeno, um único *quantum* poderia, teoricamente, conter toda a energia do Universo.

A Teoria de Einstein de que a luz consiste de partículas descontínuas estava em conflito direto com a teoria até então prevalecente

3 Plural de *quantum*. (N.E.)

de que a luz é constituída de ondas. A teoria de que a luz consiste de ondas eletromagnéticas estava firmemente baseada na existência dos fenômenos de difração e interferência que são, estritamente, características ondulatórias e possivelmente não poderia ser mostrada por nenhum tipo de partículas. E, ainda assim, a lei Fotoelétrica de Einstein mostrou que a luz deve consistir de fótons ou partículas de luz. Qual dessas duas visões diametralmente opostas representa os fatos reais? Esta questão fundamental – se a luz consiste de ondas ou partículas de energia – não foi ainda respondida a despeito de uma tremenda quantidade de trabalho de pesquisa ter sido realizada por cientistas mais eminentes. Na verdade, quanto mais eles tentam se aprofundar no problema, mais desconcertante ele se torna.

Poderá ser visto, do exposto acima, como esses desenvolvimentos surpreendentes e inesperados tiveram o efeito de abolir completamente a distinção entre matéria e radiação (ou energia).

É interessante notar como os físicos têm tentado resolver o paradoxo apresentado por ondas de matéria e partículas de radiação. Eles agora sustentam que não é necessário considerar as propriedades de um elétron individual ou de qualquer outra partícula fundamental de matéria. Pois, ao fazermos experiências com essas partículas em laboratório, não estamos lidando absolutamente com partículas únicas, mas com bilhões de partículas *en masse*. Como temos de lidar com o comportamento da massa, o problema pode ser abordado pelo método estatístico, que é baseado nas leis da probabilidade. Dois físicos alemães, Born e Heisenberg, desenvolveram expressões matemáticas que possibilitaram aos físicos interpretar os fenômenos quânticos tanto como ondas quanto como partículas. Mas neste método engenhoso para responder ao paradoxo das incompreensíveis "ondas da matéria" foram feitas "ondas de improbabilidades" ainda mais incompreensíveis.

E assim o físico moderno pensa que resolveu o paradoxo da matéria que se comporta como ondas, e da radiação que se comporta como matéria. Mas, para o indivíduo inteligente que pensa que nenhum problema pode ser considerado solucionado, a menos que a solução seja pelo menos inteligível, as descobertas citadas parecem ter tornado a natureza da matéria e da radiação e seu mútuo relacionamento muito mais misteriosos. Apresentar um conjunto de fórmulas matemáticas para um certo fenômeno não resolve o problema mais do que escrever $\sqrt{-1}$ é resolver o mistério da raiz quadrada de –1. Como todos sabem, a Matemática define somente a relação entre as coisas, e deixa intocada a questão de sua natureza. As fórmulas matemáticas, portanto, só podem definir e nos ajudar a entender os *processos* da Natureza. Podem dizer-nos apenas como as coisas agem e se comportam, e não o que são. Considerando que a Ciência Moderna está interessada somente no "como" das coisas, para que possa explorá-las, essas fórmulas matemáticas podem ser adequadas a esse propósito, mas afirmar que resolvem os paradoxos apresentados pela Natureza, como frequentemente se faz, significa que realmente não sabemos o que significa "conhecer".

Para "conhecer" as coisas como elas são, não podemos evitar a questão do seu "porquê", como fazem os cientistas. É verdade que quando partimos para conhecer o porquê das coisas, a resposta para cada questão que resolvemos coloca uma outra questão em seu lugar, e assim, a busca por uma solução parece ser interminável. Mas para o buscador sério não é bem assim. Pois há uma Realidade oculta no interior do Universo, e essa Realidade contém dentro de si uma solução real para cada problema, e uma contraparte para todo fato externo e ilusório da existência. Para "conhecer" as coisas como elas realmente são e resolvermos os paradoxos por elas apresentados, temos que penetrar através de nossa mente e consciência neste mundo de Realidade. Podemos então "conhecer", no sentido real, a realidade parcial correspondente a qualquer fato definido da existência ou da Realidade Total na qual todas essas realidades parciais estão contidas em uma relação perfeitamente harmoniosa. A técnica dessa descoberta, como é bem conhecida dos estudantes da Psicologia do *Yoga*, é denominada *Sabīja* e *Nirbīja Samādhi*. Porém, é demais esperar que cientistas ortodoxos teimosos adotem, ou mesmo considerem, esses métodos não ortodoxos de "conhecer" a Verdade, quando tudo em que eles estão realmente interessados é no lado fenomenal da Natureza e na exploração de processos naturais para seus propósitos extremamente limitados.

A Realidade, que é a base e fonte do Universo físico, é da natureza da Consciência, e assim, não pode ser descoberta ou conhecida por métodos físicos ou por análise matemática. Só pode ser conhecida por nossa consciência, ou em nossa consciência, por métodos que são apropriados ao desvendamento da Consciência. Portanto, a esperança do mundo científico de encontrar a realidade subjacente ao Universo por métodos físicos com a ajuda da Matemática está fadada a permanecer sem solução, e terá de se contentar com a "realidade" destituída de significado e incompreensível das abstrações e equações matemáticas.

Até quando o indivíduo pode permanecer satisfeito com essas abstrações e continuar a considerar-se "meramente como efêmera conformação do campo tempo-espaço" é algo que somente o futuro mostrará. Mas, se a Vida Divina está presente no coração de todo ser humano, e ele está destinado a conhecer sua natureza Divina, ela não lhe permitirá permanecer para sempre neste estado de confusão. Deve chegar o momento em que ele se desvencilhará dos grilhões do materialismo científico, afirmará sua Divindade e começará a encontrar sua natureza Real da única forma que pode ser feita.

Capítulo 9

A Dualidade da Matéria e Energia – II
Energia como a Base do Universo

Vimos no último capítulo que, segundo a Ciência, matéria e energia constituem uma dualidade, sendo interconversíveis e constituindo uma realidade subjacente ao mundo físico. A Ciência Moderna se detém nesta ideia, e embora tenha investigado o comportamento da matéria e da energia muito cuidadosamente e possa utilizá-las de inúmeras formas com perfeita confiança, ela não vai muito longe na compreensão da natureza essencial desses dois constituintes básicos do mundo físico. A Ciência Oculta, por outro lado, não investigou com tanta precisão e cuidado o comportamento da matéria física e da energia, mas investigou e conhece com certeza sua natureza essencial, não somente no Plano Físico, mas em todos os planos do Universo manifestado. Mas, antes de lidarmos com esta concepção oculta, façamos primeiramente um resumo de alguns fatos científicos relevantes com relação à matéria e energia em seu aspecto físico.

1. De acordo com a Ciência, a energia é de dois tipos, potencial e cinética. A energia cinética é vibracional, como no caso da radiação, ou molecular, como no caso do movimento de átomos e moléculas. Como as duas se relacionam? São intercambiáveis. A energia vibracional da radiação pode colocar moléculas e átomos em movimento, como acontece quando a luz solar incide nos objetos físicos, e eles são aquecidos. Inversamente, os metais e outros objetos quando aquecidos começam

a emitir aquecimento radiante, e quando aquecidos além de um certo limite, também emitem luz. Por isto, as energias radiante e molecular são intercambiáveis.

2. A energia potencial, segundo a Ciência Moderna, é uma energia na qual não há movimento envolvido e é baseada na *força*, assim como a energia cinética é baseada no *movimento* (vibracional ou molecular). Qual é a natureza da força? Pode ser força gravitacional ou qualquer outra força, tal como a que está presente em uma mola helicoidal. Nos átomos e nas moléculas, vários tipos de forças de atração e repulsão etc. estão presos em equilíbrio e fornecem a energia potencial, enquanto os movimentos de elétrons e átomos fornecem a energia cinética.

3. Ao considerar a dualidade de matéria e energia podemos observar que a energia é o elemento básico e a matéria é derivada da condensação ou congelamento da energia. Em certo sentido, os dois elementos de uma dualidade devem ser considerados em um mesmo nível, uma vez que ambos estão presentes na Manifestação em um estado de equilíbrio, mas considerando-os a partir de um ponto de vista mais profundo, podemos ver que um deles é o componente básico ou essencial. Assim, considerando a dualidade de tempo e espaço, podemos ver que o espaço é o elemento básico da dualidade, pois deve haver imagens mentais em *chidākāsha* ou "espaço mental" antes que essas imagens mentais possam mudar e produzir a impressão de tempo. Do mesmo modo, podemos ver que na dualidade de matéria e energia, a energia é o componente básico. Pois podemos imaginar toda matéria converter-se em energia e permanecer sob aquela forma, sem nenhuma mistura de matéria, mas não podemos imaginar matéria sem energia, pois, se toda a energia for convertida em matéria, a energia ainda permanecerá na matéria sob uma forma solidificada.

Consideremos agora o que a Ciência Oculta tem a dizer sobre a dualidade de matéria e energia. No que diz respeito à relação de matéria e energia, a concepção oculta é, em linhas gerais, a mesma da Ciência Moderna. Ambas consideram a matéria como uma derivação da energia, produzida pela condensação ou "engarrafamento" da energia. Mas a Ciência Moderna não sabe praticamente nada sobre a fonte dessa energia. Ela não pode explicar de onde surgiu a enorme quantidade de energia encontrada no Universo, tanto sob a forma de matéria quanto de energia livre, e como foi erguida ao alto potencial que deve ter tido quando o Universo iniciou sua trajetória. Não há escassez de teorias com relação à natureza e origem do Universo físico, mas estas são especulações baseadas em escassos e incertos dados físicos. A descoberta de quasares[1] e de objetos em galáxias distantes, que navegam com velocidade maior do que a da luz, resultou em total confusão de pensamento no mundo científico e lançou sérias dúvidas sobre a validade das teorias modernas com relação à matéria, energia e à natureza do Universo.

A Doutrina Oculta com relação a essas questões fundamentais é bastante clara. De acordo com ela, todo o Universo manifestado, em seu aspecto objetivo, é um produto da Energia, que é uma expressão do Poder Divino. É esta energia, que em suas infinitas permutações e combinações, dá a impressão ilusória de todos os tipos de formas e de um mundo objetivo na mente. É esta Energia que, ao perder progressivamente seu dinamismo, assume estados cada vez mais densos da assim chamada matéria.

Como esta Energia é derivada do Poder Divino não é fácil de entender, porque todo o complicado mecanismo da manifestação está envolvido nesta questão e este mecanismo só pode ser conhecido no real sentido quando pudermos transcendê-lo, mediante a prática do *Yoga*, como assinalado nos aforismos III-53 e IV-33 dos *Yoga-Sūtras*. Mas detenhamo-nos por um momento sobre esta interessante questão, de modo que possamos, pelo menos, obter uma ideia geral dos princípios que estão envolvidos no aparecimento de um mundo objetivo na consciência.

Foi ressaltado em outros contextos que o Poder, a fonte potencial de energia, é um atributo da Consciência, dela inseparável e a ela relacionado de uma forma misteriosa como oposto polar. Toda manifestação de poder ou de energia deve, portanto, estar associada à

1 Quasar, abreviação de *quasi-stellar radio source* (fonte de rádio quase estelar) ou *quasi-stellar object* (objeto quase estelar), é um objeto astronômico distante e poderosamente energético com um núcleo galáctico ativo, de tamanho maior que o de uma estrela, porém menor do que o mínimo para ser considerado uma galáxia. (Wikipédia) (N.E.)

Consciência e nela ter sua origem. E como a Consciência só pode se expressar através de um ponto matemático, todas as manifestações de poder ou energia devem, em sua origem, estar associadas a pontos matemáticos e encontrar expressão através de tais pontos. Cada expressão de energia deve estar associada a seu próprio ponto específico e não pode existir separada de tal ponto, precisamente como toda expressão limitada de Consciência deve ter seu próprio centro específico do qual é projetada no reino da manifestação.

Lembrando o que foi dito em um capítulo anterior com relação à proliferação de centros de Consciência a partir do *Mahābindu*, e o gradual desabrochar da Consciência através deles, e também o fato de que Consciência e Poder estão indissoluvelmente vinculados, podemos ver facilmente que mesmo no estágio inicial do surgimento de um centro individual a partir do *Mahābindu,* esses dois aspectos da Realidade, Consciência e Poder, devem estar presentes juntos e lado a lado. Por um lado, cada um desses centros deve ser inicialmente um centro de Consciência com infinita potencialidade para o desabrochar da mente, e por outro, deve ser um centro de Poder através do qual pode encontrar expressão uma infinita variedade e quantidade de energia. E ambas as potencialidades devem, por sua própria natureza e relacionamento, desabrochar *pari passu*.

É verdade que é o Poder que é o correlato da Consciência e não a energia, mas quando estamos lidando com as expressões da consciência integrada, como os estados diferenciados da mente, temos também de lidar, ao mesmo tempo, com as expressões do poder integrado, como as formas diferenciadas de energia. No reino da manifestação, temos que lidar na maioria das vezes com as expressões de mente e energia, embora estas tenham raízes e sejam derivadas da consciência integrada e do poder integrado, respectivamente.

Deduz-se do que foi dito acima que cada unidade última de tal expressão, tal como um elétron, fóton, ou átomo deve ser simultaneamente uma expressão rudimentar da mente e da energia. Assim como todas as expressões da mente estão centralizadas em torno do "Eu" e coordenadas pelo centro individualizado de consciência, também todas as expressões de energia estão centradas em torno do centro da mente e aderem a esse centro, e podem encontrar expressão onde quer que esse centro da mente se manifeste. Quando um indivíduo encarna, não é somente sua mente que encontra expressão em sua vida, de acordo com sua evolução, mas todas as energias – mentais, emocionais e espirituais – que foram liberadas durante o transcurso de sua evolução. No caso de partículas elementais, tais como os átomos ou suas combinações sob a forma de várias espécies de organismos, não conseguimos ver as expressões de Mente ou Consciência, mas apenas a de energia. Assim, a Manifestação parece ser uma grande exibição de Poder Divino ou *Shakti*, que se expressa em miríades de formas de energia. A Mente e a Consciência Divinas, sendo subjetivas, permanecem na retaguarda, invisíveis. Somente aqueles que conseguem mergulhar nas camadas mais profundas da Consciência, onde essas energias têm sua fonte, podem perceber a Mente e a Consciência Divinas por trás dessas expressões de Energia.

O Poder Divino que jaz na base do Universo manifestado expressa-se de inúmeras maneiras correspondentes às incontáveis funções da Consciência Divina em manifestação, tais como os poderes do amor, conhecimento, criação, destruição, ilusão, etc. Os poderes de produzir movimento ou força, dos quais derivam as energias cinética e potencial, são apenas dois desses incontáveis poderes. Mas esses dois poderes, encontrando expressão em inúmeras permutações e combinações de energia, fornecem a base do Universo objetivo, como foi explicado em outros contextos.

Este Poder Divino, que é inerente à Consciência Divina e é a fonte de todos os tipos de energias necessárias em um Sistema manifestado é infinito, tanto qualitativa quanto quantitativamente, porque é um estado integrado. Quando usamos a palavra infinito com relação a tal estado, queremos dizer realmente "infinito" e não meramente extraordinário ou muito grande. É assim que *qualquer* quantidade de energia, em *qualquer* potencial que seja necessária em um Universo manifestado, pode surgir do Poder Divino integrado, que está presente potencialmente no Imanifestado. Este fato é assinalado com muita clareza em muitos aforismos que se encontram distribuídos por toda a literatura oculta, tais como os dois seguintes:

Ananta shakti khachitam Brahmā sarveshvareshvaram

"*Brahman*, a Realidade Una, que é o próprio Supremo Soberano de todos os *Īshvaras* em um Universo manifestado, é dotado de Poder infinito e ilimitado."

Tadā Sarvāvarana – malāpetasya jñānasyānantyāj jñeyam alpam

"Então, em consequência da remoção de todas as obscuridades e impurezas, aquilo que pode ser conhecido (através da mente) é insignificante em comparação com o conhecimento infinito (obtido na Iluminação)." (*Y.S*, IV-31)

Sendo a Consciência e o Poder correlativos ou opostos polares, a consciência integrada e o poder integrado devem existir no mesmo nível e devem caminhar juntos. Outrossim, conhecimentos no reino da mente e poderes no reino da manifestação, sendo produtos diferenciados da consciência e poder integrados, respectivamente, devem, também, ser correlativos.

É uma doutrina bem conhecida da Ciência Oculta que a Manifestação é uma limitação autoimposta pela Realidade. Infere-se daí que, quando o infinito poder integrado desce ao reino da manifestação, perde seu caráter infinito e se torna finito, por maior que possa ser. Similarmente, quando o conhecimento infinito presente no mundo da Realidade desce para o reino da mente, perde seu caráter e se torna limitado por maior que possa ser. As duas citações sânscritas, dadas anteriormente, expõem claramente a distinção entre os dois estados de conhecimento e poder existentes no reino do Manifestado e do Imanifestado.

O primeiro aforismo assinala que o Poder de *Brahman*, a Realidade transcendental no Imanifestado, é infinito e, como o conhecimento é um correlativo do poder, o conhecimento presente nesse estado de consciência deve também, por implicação, ser infinito. Na verdade, este poder é o poder de *Brahman*, e poder infinito só pode estar associado a conhecimento infinito.

Uma vez que todos os *Īshvaras* funcionam no reino da manifestação e são oniscientes e onipotentes, até onde seu Sistema particular diz respeito, seu conhecimento e poder, embora surpreendentes, devem ser relativamente finitos. Esta distinção de ambos – conhecimento e poder – nos reinos do Imanifestado e do Manifestado está claramente indicada nos *Yoga-Sūtras* de Patañjali.

Também é bem conhecida uma Doutrina Oculta de que o *Logos* de qualquer Sistema manifestado deriva, tanto seu plano quanto o poder para executar esse plano, do Imanifestado. A fonte de um tal Universo que é ilimitado e contém incontáveis sistemas em manifestação deve, necessariamente, ter um conhecimento e um poder infinitos. Não apenas isto, mas que *Brahman*, a Realidade Imanifestada, deve ser a autoridade Suprema, exercendo influência de uma forma misteriosa e invisível sobre todas as Deidades manifestadas.

O segundo aforismo dos *Yoga-Sūtras,* citado anteriormente, ressalta a mesma verdade do ponto de vista da consciência. Enfatiza o fato importante de que a natureza do conhecimento nos dois estados – Manifestado e Imanifestado – é fundamentalmente diferente. Aquele chamado de *Jñeyam* é *alpam* ou limitado, enquanto o outro é *ananta* ou ilimitado, ou infinito. Não é apenas infinito, mas de uma qualidade totalmente diferente. O Estado Integrado do conhecimento não apenas contém todos os estados diferenciados em forma potencial, mas é de caráter diferente, exatamente como a luz branca é notavelmente diferente de todas as luzes coloridas, e não é meramente seu somatório.

Aqueles que estudaram os *Yoga-Sūtras* devem ter notado que Patañjali lida com todas as questões da vida espiritual do ponto de vista da consciência, do conhecimento ou da percepção; e a presença do poder está apenas implícita em tudo que é dito sobre conhecimento. É apenas ao considerar a onisciência que a onipotência é também definitivamente mencionada como correlata (aforismo III-50). O fato é que a senda do *Yoga* é essencialmente um meio de adquirir conhecimento concernente aos estados suprafísicos de existência, e os poderes do iogue são considerados apenas como subprodutos desse conhecimento e não diretamente visados. Esta verdade está claramente enfatizada pelo fato de que o iogue tem de renunciar a todos os poderes e, no último estágio, até mesmo à onipotência, antes de obter a autorrealização e entrar no mundo da Realidade.

Por outro lado, nos *Tantras*, a Realidade é geralmente vista e buscada como Poder Divino, e o conhecimento que está associado a esse Poder, e é alcançado ao se tornar um com esse Poder, está apenas implícito. É verdade que em alguns dos *Tantras* há uma ênfase mórbida na aquisição de diferentes tipos de poderes, às vezes por meios questionáveis, o que os tornou suspeitos aos olhos dos estudantes da Ciência Oculta. Mas a mais elevada filosofia e técnica dos *Tantras* está verdadeiramente preocupada apenas com a questão da autorrealização, e embora se busque atingi-la por meio da invocação e da intervenção do Poder Divino, o conhecimento da Realidade é que é o objeto de *Sādhana.*

Como a Realidade Última, que é pura consciência no estado subjetivo, assume, passo a passo, o estado de energia, sob a forma de forças e movimentos de diferentes tipos, e assim provê a base objetiva do Universo, é uma questão que envolve todo o campo do Imanifestado e do Manifestado, e é demasiadamente transcendental e complexa para o limitado intelecto humano compreender. É uma questão que é resolvida na consciência quando o indivíduo for capaz de se libertar dos véus da mente e se estabelecer no mundo da Realidade. Essa questão envolve realmente o mecanismo do processo do mundo em sua totalidade e, assim, só pode ser resolvida quando o processo do mundo for transcendido no último estágio da autorrealização. Este fato foi claramente indicado nos aforismos III–53, IV-32, IV-33 dos *Yoga-Sūtras.*

Mas embora não consigamos apreender a natureza deste processo do mundo no verdadeiro sentido, um vislumbre da verdade a ele subjacente pode ser obtido a partir de um estudo profundo da Doutrina Oculta referente à Realidade Una e sua descida, passo a passo, aos estados cada vez mais inferiores de si própria. Esta questão foi discutida em outros contextos e mostrou-se que os principais elos neste processo de descida podem ser indicados amplamente como segue:

Realidade → Consciência → Mente → Energia → Matéria

A partir desta energia, o Universo quíntuplo é elaborado pela atividade dos *Panch-bhūtas*, geralmente referidos como os Cinco Elementos Cósmicos.

O que a Ciência Moderna tem a dizer sobre o papel da energia no Universo? Recentes descobertas nos campos da Física e da Química mostraram que a matéria e a energia não são duas realidades separadas, e que a matéria é nada mais do que energia "condensada". Infere-se daí que a base essencial do Universo é nada mais do que energia e que o Universo objetivo é, assim, um fenômeno energético. No que diz respeito a este princípio, Ciência Moderna e Ciência Oculta estão, portanto, em plena concordância.

Mas as pesquisas em mecânica quântica aproximaram a Ciência Moderna ainda mais da Ciência Oculta, e corroboraram ainda mais a Doutrina Oculta com relação ao papel da energia na Manifestação. Não é possível para o leigo compreender o aspecto matemático da Mecânica Quântica, mas ele pode adquirir uma ideia geral de algumas de suas implicações que lhe permitirão apreciar a importância dessas pesquisas para o estudante da Ciência Oculta. Ele, pelo menos, poderá ver como esses desenvolvimentos que atordoaram os cientistas estão conduzindo-os para mais perto da compreensão de que a filosofia puramente materialista da Ciência Moderna não é adequada, e que seria útil examinar a Doutrina Oculta para ver se ela pode lançar alguma luz sobre seus problemas. E ele também verá a sabedoria de manter seu julgamento em suspenso, se algumas das conclusões às quais a Ciência Moderna chegou não concordam com as doutrinas da Ciência Oculta, ou mesmo estão em direta contradição com elas.

A causa de toda perplexidade no mundo científico, causada pelas recentes pesquisas em Mecânica Quântica, é a natureza enigmática do *quantum*, o misterioso "átomo de ação[2]" que desconcerta a compreensão até mesmo daqueles que o descobriram. É bem conhecido que em todos os fenômenos de radiação, tais como luz, raios-X, raios gama etc., a energia é emitida ou absorvida não de forma contínua,

---

2 A palavra "átomo" vem do grego (*a*: não, *tomo*: divisão) e significa "algo que não pode ser cortado; não divisível". (N.E.)

mas descontinuamente, e seja qual for a natureza da radiação, a quantidade de energia emitida, em um desses períodos de emissão, multiplicada pelo período de emissão, é sempre a mesma e é igual a 6.55 x 10^{-27} ergs–segundos. Esta unidade invariável de ação é denominada de um *quantum* ou "átomo de ação". Evidentemente, todas as espécies de radiação, como no caso da matéria, parecem ser divididas em partículas. E assim como não podemos ter uma quantidade menor de um elemento do que um átomo, também não podemos ter menos luz do que um *quantum*, mas enquanto há 92 diferentes tipos de elementos materiais, há somente uma única espécie de *quantum* ou "átomo em ação."

Deixando de lado os outros fatos interessantes descobertos referentes à natureza do *quantum*, tratemos agora brevemente apenas de um ponto de grande importância para o estudante da Ciência Oculta. Este ponto diz respeito à quantidade de energia armazenada em único *quantum*. Infere-se da natureza do *quantum* que, embora seja o mesmo para todas as espécies de radiação, a quantidade de energia armazenada num único *quantum* diferirá segundo o comprimento de onda da radiação. Cada *quantum* transporta uma quantidade de energia dada pela famosa equação de Planck: $\boldsymbol{E = h.v}$, onde v é a frequência de radiação, e $\boldsymbol{h}$ é a constante de Planck, um número muito pequeno: 6.6 x 10^{-27}.

Resulta desta equação que se a frequência pudesse ser suficientemente grande, ou o que dá no mesmo, se o comprimento de onda pudesse ser suficientemente pequeno, um único *quantum* poderia conter toda a energia do Universo. Para os físicos esta é meramente uma conclusão interessante, embora enigmática a que se chegou com respeito à natureza do *quantum*, com base em conclusões matemáticas. Mas para o estudante da Ciência Oculta este é um fato de grande importância e mostra como as doutrinas da Ciência Oculta estão gradualmente sendo corroboradas pelas pesquisas da Ciência Moderna.

A fim de apreciar a importância da conclusão científica com relação ao comprimento de onda da radiação e a quantidade de energia associada à radiação temos que nos lembrar de que quando uma linha é progressivamente reduzida em extensão, ela é, em última análise, reduzida a um ponto, e seu comprimento sob estas condições torna-se zero. Resulta, portanto, da equação acima que, quando o comprimento de onda de uma radiação é zero e a radiação ocorre através de um ponto, uma quantidade infinita de energia pode ser armazenada na radiação. Em outras palavras, em condições peculiares, quando há influxo de energia através de um ponto a partir de uma dimensão superior, uma quantidade infinita ou ilimitada de energia pode ser liberada no mundo de dimensão inferior.

Esta é exatamente a Doutrina Oculta referente à fonte da imensa quantidade de energia que encontramos no Universo físico, e que a Ciência Moderna não consegue esclarecer satisfatoriamente. A Realidade que está presente no coração de um Universo manifestado tem, inerente em si, uma quantidade infinita de Poder potencial, e quando esta Realidade se manifesta através de um ponto, ela pode liberar *qualquer* quantidade de energia necessária no Sistema manifestado. É esta energia que, em suas infinitas permutações e combinações, forma a base objetiva do Universo, e através da atividade dos três *Gunas* produz a impressão de um mundo aparentemente real nas mentes das Mônadas que estão envolvidas no Sistema manifestado. A lei de conservação de energia aplica-se somente à energia que foi liberada na Manifestação através de um ponto, e não à sua fonte.

Capítulo 10

Força, Mente e Movimento

Se a "Força", como foi concebida pela Ciência Moderna no estágio inicial de seu desenvolvimento, é uma realidade ou uma mera suposição hipotética para explicar o movimento dos corpos, tem sido uma matéria controversa desde o início nos círculos científicos. Muitos cientistas consideravam o conceito de "ação a distância" com ceticismo. Como poderiam os corpos constituídos de matéria exercer uma força física chamada gravitação, através de milhões de quilômetros de espaço vazio, que se assemelha ao vácuo? Como poderia um ímã atrair um pedaço de ferro por meio de alguma espécie de força misteriosa, denominada magnetismo? Pensavam eles. Muito embora essas dúvidas continuassem a preocupar os cientistas durante três séculos após Newton, a grande maioria deles aceitou a ideia de "ação a distância" exercida pelas forças, porque as leis do movimento, formuladas por Newton, com base na existência da força de gravitação, esclareciam com exatidão o movimento de corpos celestes.

Einstein era muito cético sobre as suposições de Newton e desafiou o conceito de gravitação em uma forma muito definida. Ele rejeitou a ideia da gravitação ser uma força que pode ser exercida instantaneamente através de distâncias de milhões de quilômetros. Ele desenvolveu uma nova teoria da gravitação em sua Teoria Geral da Relatividade, que é considerada pelos cientistas como a que oferece uma descrição mais correta dos fenômenos da Natureza do que o conceito de Newton.

Ao formular esta teoria, Einstein começou com a ideia, que fora desenvolvida previamente por James Maxwell[1], relativamente ao comportamento dos ímãs. De acordo com Maxwell, um ímã cria um "campo magnético" em torno de si, cuja estrutura pode tornar-se visível, sacudindo-se algumas limalhas de ferro sobre uma folha de papel mantida acima do ímã. As limalhas de ferro movem-se e posicionam-se de acordo com a natureza desse campo. Maxwell descreveu com exatidão a estrutura de tal campo magnético nas famosas "equações de campo", que formaram a base de todos os cálculos e desenvolvimentos no campo da Engenharia eletromagnética durante o século XIX.

Einstein adotou esta ideia da criação de um campo magnético e aplicou-a aos fenômenos gravitacionais. Segundo ele, todos os objetos físicos produzem, em torno de si, um "campo gravitacional", que possui uma estrutura definida, e assim como o movimento de um pedaço de ferro é guiado pela estrutura do campo magnético, o movimento de qualquer corpo em campo gravitacional é determinado pela "geometria desse campo". Da mesma forma que Maxwell, Einstein formulou equações para definir a estrutura de tal campo gravitacional ou das "propriedades de campo" do "espaço-tempo contínuo".

Veremos, portanto, que o conceito de gravitação na Teoria da Relatividade é muito diferente do de Newton. De acordo com essa teoria, "gravitação" não é absolutamente uma força, e a Lei da Gravitação de Einstein descreve o comportamento e o movimento de objetos tais como planetas, etc., não em termos de atrações exercidas por corpos celestes, mas em termos das estruturas dos campos gravitacionais criados em sua vizinhança.

Não é necessário prosseguirmos neste aspecto da Teoria da Relatividade. O objetivo dos parágrafos acima não era discutir esta Teoria. Era mostrar como o conceito de "forças" físicas produzindo vários fenômenos da Natureza, que dominou o campo por cerca de três séculos, foi substituído por um outro conceito que nada contém sobre força e é muito mais complicado. O conceito de Newton, pelo menos,

---

1 James Clerk Maxwell, físico e matemático britânico, nascido em 1831, é conhecido por ter dado forma final à teoria moderna do eletromagnetismo, que une a eletricidade, o magnetismo e a óptica: as equações de Maxwell. (Wikipédia) (N.E.)

era simples e facilmente compreensível. O conceito de Einstein, embora baseado em equações matemáticas muito complexas, é totalmente incompreensível para a mente humana. Mas é o mais recente, e domina o campo, até que seja substituído por um outro conceito provavelmente ainda mais complexo e incompreensível.

Um fato interessante, que impressionará o estudante da Ciência Oculta, é como os cientistas mudam seus princípios referentes aos ideais e métodos da Ciência Moderna de modo a satisfazer sua conveniência ou propósito imediato. Einstein não acreditava nas leis de Newton porque elas pareciam improváveis e contra o senso comum, e formulou sua própria Teoria Geral da Relatividade para esclarecer a gravitação. O desdém de Einstein pelo senso comum está graficamente expresso na seguinte citação do livro de Barnett: "Mas como assinalou Einstein, o senso comum é, na verdade, nada mais do que um depósito de preconceitos estabelecidos na mente antes de se fazer dezoito anos[2]. Cada nova ideia que se encontra nos anos subsequentes, deve combater esse acréscimo de conceitos "autoevidentes". E é devido à relutância de Einstein em aceitar qualquer princípio não provado e autoevidente que ele conseguiu penetrar mais intimamente nas realidades subjacentes à Natureza do que qualquer cientista antes dele."

E, não obstante, a Teoria de Einstein está cercada de suposições não provadas. Se não houver suposições não provadas em sua teoria, e as conclusões derivarem-se matematicamente de fatos *provados*, por que, pode-se perguntar, há essa incerteza e falta de confiança, conforme está refletido em sua declaração: "quantidade nenhuma de experimentos pode provar que eu estou certo; um único experimento pode, a qualquer tempo, provar que estou errado". (Albert Einstein). Por que, pode-se também perguntar, usar o argumento de que os mundos suprafísicos e outras realidades dos mundos interiores não podem existir em função de a ideia ser contrária ao senso comum? São fatos percebidos pela percepção direta por aqueles que, como o Buda e o Cristo, elevaram-se acima dos maiores cientistas que o mundo já produziu, e

2 Estudos recentes da neurociência mostraram que o neocórtex, parte do cérebro responsável pelo raciocínio lógico, não está completamente formado antes dos 24 anos de idade no ser humano. (N.E.)

ninguém, em são juízo, jamais sonhará em suspeitar que as verdades que proclamaram inequivocamente eram o resultado de engano ou de alucinação. Se a percepção direta da Verdade deve ser excluída como meio de se chegar à verdade, como podem as abstratas verdades matemáticas, descobertas pelos cientistas, ser consideradas válidas, porque elas, no final das contas, são também baseadas em percepção mental. Mesmo as abstrações matemáticas não podem permanecer à parte da percepção mental, embora possam ser consideradas independentes da cognição sensorial. É por isso que os filósofos indianos estabeleceram três meios positivos e definidos de atingir o reto conhecimento, conforme assinalado no aforismo I-7 dos *Yoga-Sūtras*. São eles cognição, inferência e testemunho diretos.

O repúdio do conceito de força física como a causa de movimento – uniforme ou acelerado na Teoria da Relatividade não significa que os ocultistas aceitem o conceito de Einstein. O que foi dito acima tem apenas o propósito de mostrar que mesmo as teorias científicas bem estabelecidas, se forem opostas às doutrinas ocultas, não significa necessariamente que as doutrinas ocultas sejam incorretas ou inválidas. Como o conceito da força de gravitação de Newton foi substituído pelo conceito de Einstein de movimento acelerado, o conceito de Einstein pode também ser substituído por um outro conceito mais engenhoso, e este processo de substituição de uma teoria por outra deve continuar até que a Ciência Moderna renuncie a seus métodos atuais, e a verdade real seja alcançada pelo único método por meio do qual pode ser alcançada com certeza – a percepção direta.

O conceito corporificado na Teoria Geral é de interesse especial para o estudante da Doutrina Oculta, não porque esta doutrina considere o movimento acelerado como a causa das assim chamadas forças, mas porque não concorda com a existência de misteriosas forças "físicas" ocultas, que produzem todas as espécies de movimentos ao agirem sobre os corpos físicos. Ao esclarecer tais forças com base no movimento, Einstein não somente eliminou as teorias científicas baseadas nessas forças, mas também integrou diferentes tipos de forças, tais como a gravitação, inércia, coesão, luz, calor, eletricidade, magnetismo, afinidade química, em um único fenômeno de movimento.

Embora essa ideia particular não represente a verdade da existência manifestada conforme corporificada na Doutrina Oculta, ainda assim, ela aproxima a Ciência Moderna um passo a mais dessa Verdade. Pois, de acordo com a Doutrina Oculta, há somente um Poder, Energia ou *Shakti* na base do Universo objetivo e todas as "forças", movimentos, etc. são apenas suas formas diferenciadas. Estas supostas forças manifestam-se através de *Ākāsha* e seus derivativos, sendo originadas e guiadas por *Chitta* ou Mente em seus diferentes aspectos. É pelo fato de *Chitta e Ākāsha* ou a Mente Divina e a Substância Primordial atuarem juntas a partir deste nível na criação dos mundos manifestados com seus fenômenos objetivos e subjetivos, que esta misteriosa matriz conjunta do mundo manifestado é chamada *Chidākāsha (Chitta + Ākāsha)* ou "Espaço Mental" em sânscrito. As relações de todas as realidades envolvidas no surgimento do Manifestado a partir do Imanifestado podem ser representadas como segue:

O que devemos observar cuidadosamente no presente contexto é que, segundo a Ciência Oculta, o movimento é essencialmente uma função da mente e não resulta de agentes mecânicos inconscientes que atuam automaticamente e que, geralmente indicamos pelo termo "forças". É verdade que a mente atua através de agentes aparentemente objetivos "materiais" no mundo manifestado, mas esses agentes são eles próprios derivados da Mente, ou mais precisamente, da Substância Mental, denominada *Chidākāsha,* conforme ilustrado acima. Todos os objetos serão, assim, vistos como essencial e totalmente mentais em natureza – produtos da mente em seus aspectos subjetivos e objetivos. Esta é a razão por que os movimentos dentro deles ou a eles associados, como um todo (planetários, eletrônicos, etc.), são baseados e governados pela mente. Nenhuma força independente e mecânica, como imaginamos, está envolvida nos fenômenos.

Esta natureza mental do mundo fenomenal está implícita na Doutrina Oculta segundo a qual todos os fenômenos naturais são o resultado de forças ou agentes "conscientes" e por eles guiados. Um Universo puramente material ou um Universo parcialmente mental, motivado pelas forças mecânicas insensíveis e independentes, possivelmente não poderia ser responsável pela orientação mental dessa natureza.

Se a base dos mundos manifestados é essencialmente mental, pode-se ver facilmente como todos os movimentos envolvidos nos fenômenos naturais serão produzidos em mundos assim idealizados de forma automática, segundo as leis que são inerentes à Mente Universal. Os sóis brilharão e os planetas girarão e se desenvolverão não como resultado de forças mecânicas cegas, agindo sobre eles a partir do exterior ou devido à constante orientação Divina oriunda do interior, mas simplesmente porque são essencialmente fenômenos mentais, ocorrendo na Mente Universal segundo Leis Universais inerentes a essa Mente. É a existência dessas leis subjacentes à Manifestação que esclarecem a força compulsiva por detrás de todos os fenômenos naturais.

A concepção científica de um campo magnético ou gravitacional sendo produzido e determinando o movimento dos objetos talvez nos ajude a compreender como a presença da Mente Divina no interior do Universo manifestado assegura que todos os fenômenos naturais ocorrerão automaticamente no Universo segundo as Leis Universais presentes na Mente Universal. Pode-se também considerar que a Mente Divina, que criou o mundo manifestado e perpassa esse mundo, também criou um "campo" definido, que determina não apenas a natureza e modo de todos os tipos de movimentos que ocorrem no Universo, mas também a natureza e o modo de todos os tipos de fenômenos em diferentes esferas e em diferentes níveis. Este campo singular, criado e mantido pela Mente Universal, deve, por sua própria natureza, ser tão abrangente e tudo incluir que pode sustentar a ocorrência de todos os tipos de fenômenos naturais que são possíveis no Universo. Pode-se considerar que as "propriedades de campo" deste "campo Divino", se podemos usar tal frase, foram definidas pela totalidade das Leis Universais que são inerentes à Mente Universal e derivadas da Consciência Divina por diferenciação.

Ninguém pode, certamente, definir a estrutura desse campo por equações matemáticas, como é possível no caso de tipos específicos de fenômenos como magnetismo ou gravitação, porque a Consciência Divina é um Estado Integrado, e o campo que ela cria e mantém, dentro do Universo, deve também ser um Estado Integrado. Pois somente em um tal "campo integrado" podem ocorrer todos os tipos de fenômenos naturais segundo as condições que estejam presentes em qualquer momento. Se o campo específico, criado em um tipo de fenômeno particular, puder ser chamado um *Kshetra* – equivalente a "campo" em sânscrito – então este campo integrado, e que tudo inclui, pode ser chamado *Mahā-kshetra.*

Esse campo que tudo inclui e que perpassa todo Sistema manifestado é que é a real natureza de *Prakriti*, o correlato de *Purusha.* A palavra sânscrita *Prakriti* significa "natureza". Neste contexto particular, obviamente, significa Natureza Divina, que é coextensiva com Consciência Divina e perpassa o Universo manifestado como a Consciência Divina. Os fenômenos no Universo manifestado ocorrem da forma como ocorrem porque *Prakriti* está sempre presente em toda parte na retaguarda e provê as condições necessárias, ou o campo, para sua ocorrência. Essas condições não são supridas ao acaso, mas de acordo com leis naturais inerentes à Mente Universal. Estas leis são tão definidas e atuam com tanta exatidão quanto as leis da gravitação ou do magnetismo; mas sendo muito mais complexas, e em grande parte desconhecidas, não podemos calcular ou prognosticar seus efeitos resultantes em um conjunto particular de condições. A Ciência Moderna descobriu apenas umas poucas dessas Leis agindo na superfície do Universo manifestado, enquanto o conhecimento da totalidade das leis inerentes à Natureza Divina permanece ainda sepultado no vasto reino do desconhecido.

Veremos, portanto, que a concepção oculta dos fenômenos naturais, embora aparentemente semelhante à concepção científica, visto que se considera ambas como devidas ao movimento, é fundamentalmente diferente. A diferença entre as duas deve-se basicamente à diferença na natureza do movimento, conforme concebido pela Ciência Oculta por um lado e pela Ciência Moderna por outro. Segundo a Teoria da Relatividade, a causa é movimento – uniforme ou acelerado – mas movimento de uma natureza puramente físico-mecânica. Também de acordo com a Ciência Oculta, a causa é movimento, mas este movimento está na substância mental, e é guiado pela Mente Divina; o "campo" é mental e governado por leis presentes na Mente Divina e, portanto, em última análise, sob o controle da Vontade Divina. Também, segundo a Doutrina Oculta, existem mecanismos e leis que governam esses mecanismos, e eles são, além disso, essencial e basicamente mentais em natureza.

O que é verdadeiro a respeito da gravitação e do magnetismo também o é com relação às supostas "forças" atuando no interior do átomo. Elas são produzidas pela mente operando em um nível microcósmico, em vez do nível macrocósmico. A Ciência Oculta não considera o infinitamente vasto e o infinitesimalmente pequeno como fundamentalmente diferentes em natureza. Ambos são relativos e meramente ocupam diferentes lugares em uma escala infinita de magnitude, como foi mostrado em outro capítulo.

A Doutrina Oculta não apenas apresenta uma concepção do Universo muito mais razoável, compreensível, harmoniosa e bela, como também está livre de quaisquer conclusões que violentem nosso senso comum e pareçam totalmente irracionais. Embora muitos cientistas tenham aceitado, relutantemente, estas conclusões a que foram levados pela lógica inexorável da dedução matemática, tenho certeza de que alguns deles, no seu íntimo, têm um sentimento de repugnância por serem obrigados a aceitar e propagar essas ideias que parecem incompreensíveis, senão absurdas, ao indivíduo comum que não renunciou ao seu senso comum. Muitos deles podem sentir que há algo de errado, em algum lugar, nesta concepção assustadora e sem sentido do Universo que a Ciência Moderna tão laboriosa e cuidadosamente desenvolveu. Sem dúvida que há algo de errado. Onde? Nas suposições básicas do pensamento científico, das quais eles partiram para retirar suas conclusões. Pois os fatos nunca mentem, e a Matemática não pode levar a conclusões incorretas se as premissas estiverem corretas e de acordo com os fatos.

Não precisamos nos aprofundar nesta questão aqui, mas vale a pena considerar uns poucos fatos, que mostram como o quão essencialmente razoável e provável é a Doutrina Oculta em sua concepção de uma base mental do Universo manifestado.

Será que uma força *física* sempre entra em ação quando movimentos de diferentes espécies têm início no mundo fenomenal? De forma alguma. Consideremos a atuação de um mecanismo governamental. Atua de uma determinada maneira porque há a força de vontade por detrás. Vontade de quem? A de um rei em um reino, ou a de um ditador em um regime totalitário. Em uma democracia a vontade de um único indivíduo é substituída pela vontade coletiva da autoridade executiva que controla o mecanismo governamental. Na última guerra mundial, todo o exército de milhões de soldados e oficiais militares movia-se incessantemente para colocar em prática a vontade de Hitler. Sua vontade era a causa motivadora direta de não apenas um movimento, mas de um número infinito de movimentos de variedade inumerável, que não se realizaria senão por aquela vontade propulsora na retaguarda do exército. Aqueles movimentos eram não apenas mentais, mas também físicos. Ocorreram todos esses movimentos como resultado da ação de forças físicas? A própria ideia é absurda. Todos eles foram causados pela vontade de Hitler atuando através de sua mente, conforme assinalado acima. Sua vontade agia sobre as mentes das pessoas e essas mentes produziam movimentos em seus corpos, tais como caminhar, escrever, falar, ao levar a cabo todos os tipos de tarefas.

Se os movimentos de corpos *físicos* de grande número de pessoas podem ser produzidos, desta maneira visível e óbvia, pela mente e vontade de um único indivíduo humano, por que não podem os movimentos dos corpos celestes ser produzidos pela Vontade Divina, atuando através da Mente Divina? Segundo a Doutrina Oculta, a mente está por trás de tudo, de um sol a um átomo, e a Vontade Divina e a Mente Divina agem sobre essas mentes e produzem também os movimentos físicos, juntamente com movimentos mentais interiores que ocorrem nos mundos invisíveis. É verdade que muitos tipos de agentes e mecanismos intermediários estão envolvidos nesta realização da Vontade Divina, mas permanece o fato de que o poder propulsor final, por trás deles, é a Vontade Divina. Esta vontade não atua de modo aleatório ou desordenado. Atua geralmente de acordo com leis e planos universais, que estão presentes na Mente Universal, e que estão parcialmente refletidos nas leis físicas que a Ciência Moderna descobriu. Assim, a doutrina da base mental do Universo não significa, como imaginado por algumas pessoas, o repúdio do conhecimento científico e das leis científicas. Significa simplesmente perscrutar mais a fundo as realidades do Universo, e não apenas o revestimento externo que o Universo físico realmente é. E esta concepção, mais fundamental e mais profunda, tem a imensa vantagem de estar baseada na percepção direta dessas realidades interiores, nas quais não há possibilidade de erro, e não em meras teorias que podem ou não ser verdadeiras ou válidas.

Consideremos a mesma questão de um outro ângulo. Quando o corpo de um pinto é moldado dentro de um ovo, ou um carvalho cresce a partir de uma bolota, não há dúvida de que forças físicas e químicas estão envolvidas, mas de onde vem o protótipo desses organismos? Podem átomos insensíveis e forças físicas produzir formas tão perfeitas e predeterminadas, sempre e quando quer que um tipo particular de germe acaso esteja presente em um tipo particular de condições? Podem esses mesmos átomos e forças físicas produzirem por si próprios um Taj Mahal ou um avião sem o auxílio da mente? Se não, por que não?

Um outro fato óbvio que temos de notar, ao considerarmos a base mental do Universo, é que Mente e Consciência não podem ser eliminadas em nenhum ato de observação, raciocínio ou em se chegar a conclusões nelas baseadas. É realmente notável o quão facilmente podemos ignorar fatos que sejam inconvenientes, ou que vão de encontro a nossos preconceitos, e como podemos imaginar razões e meios para ignorar esses fatos. Toda a Teoria da Relatividade, do começo ao fim, está baseada em observações, argumentos e raciocínio envolvendo a mente humana, e é esta mente humana que se busca eliminar e substituir completamente por uma realidade de abstrações matemáticas, que existem independentemente da mente!

Que o estudante seja cuidadoso para não se deixar enganar pelo argumento ilusório de que a Ciência ortodoxa não ignora a mente ao formular suas teorias; ela meramente considera os processos mentais envolvidos como produto de forças e reações físicas entre átomos e moléculas. O ponto importante em questão não é se há uma mente ou não – só um louco poderia negar a existência da mente – mas se essa mente é livre e independente do organismo físico do cérebro através do qual normalmente funciona. Se for mera e exclusivamente o produto das reações físicas e químicas entre os átomos e as moléculas do cérebro, ela não tem existência independente e realidade própria, e as conclusões a que chega, através de sua atividade, não têm validade e valor, porque são produtos da interação de entidades insensíveis sem qualquer inteligência.

Será que aqueles que reivindicam resolver o enigma último do Universo pretendem sugerir com seriedade que os processos de raciocínio e de se chegar a conclusões, que tanto prezam, são meramente subprodutos da interação de forças físicas agindo entre átomos e moléculas em seus cérebros? Se são, então que valor têm? Por que devemos aceitar seriamente conclusões a que se chegou pelas interações ao acaso de átomos, moléculas e forças cegas da Natureza, e agirmos sobre elas cegamente? Na verdade, o fato é que há uma surpreendente falta de pensamento claro, quando os cientistas se dispõem a resolver o enigma do Universo e tentam impingir a um público ingênuo suas teorias grandiosas sobre os problemas últimos da existência e da vida humana. Se tivessem a mente um pouco mais aberta, e não estivessem obcecados com seus preconceitos e suas buscas prediletas, eles próprios poderiam ver todas essas inconsistências e contradições na sua filosofia de materialismo científico.

Embora esteja inconsciente deste fato, o cientista ortodoxo está em uma encruzilhada. Se todos os processos são resultados de reações entre átomos, moléculas e forças cegas da Natureza, e a mente não tem existência independente e capacidade para agir livremente, então as conclusões científicas a que chegou, através desses processos mecânicos, não podem ter validade ou valor. Se o princípio do determinismo ou o princípio da incerteza é verdadeiro, não faz qualquer diferença para este argumento, pois ambos os princípios estão baseados no caráter mecânico dos processos subjacentes.

Se, por outro lado, o cientista reconhece que a mente humana tem uma existência independente e está, assim, livre e apta para raciocinar e chegar a conclusões inteligentes, baseadas em sua própria atuação, então toda a filosofia do materialismo científico cai por terra. Pois, se Mente e Consciência têm uma existência independente e uma realidade própria, um fator inteiramente novo, desconhecido e poderoso é introduzido em seu pensamento e raciocínio, porque ele não sabe que realidades existem nos reinos sutis e ocultos destas duas. Também não sabe que tipo de relação existe entre mente e matéria. Ao ignorar a mente humana até agora, ele permaneceu completamente ignorante de suas reais natureza, possibilidades e poderes. Todo o seu conhecimento com relação a isto está confinado aos dados físicos, obtidos ao fazer experimentos com o cérebro físico. Tendo toda a base de sua filosofia sido invalidada pelo reconhecimento da existência independente da mente, ele terá de começar a pensar *ab initio*.

Veremos do acima exposto que problema complexo os cientistas ortodoxos criaram para eles próprios ao ignorarem as realidades básicas da vida humana – Mente e Consciência – na sua busca pela Verdade. Todas as inconsistências e incompreensibilidades das modernas conclusões científicas, com relação aos problemas mais amplos da vida humana, emanam desta presunção básica, que foi desenvolvida desnecessária e arbitrariamente desde o princípio, e à qual se apegaram obstinadamente, apesar de todas as indicações em contrário.

Capítulo 11

Movimento e Manifestação

A Ciência Oculta de há muito tem sabido e declarado inequivocamente que energia sob a forma de movimento na substância mental era a base última de todo o Universo manifestado, existente em diferentes níveis e em diferentes graus de sutileza. A natureza fundamental do movimento e o fato de que pode esclarecer muitos fenômenos físicos importantes, tais como gravitação, eletromagnetismo, etc., foram compreendidos quando Einstein anunciou sua Teoria da Relatividade. Ele duvidava que fosse acidental o equilíbrio de gravitação e inércia que, de acordo com Newton, explicava o fato de que todos os objetos caem na mesma velocidade independentemente da massa inercial. Ele também rejeitava a ideia de que a gravitação, sendo uma força, pudesse ser exercida instantaneamente ao longo de grandes distâncias. Sua Teoria Geral é baseada no fato de que o movimento acelerado produz os mesmos fenômenos que a gravitação, e é desnecessário supor a presença de uma força como a gravitação para explicar o movimento de corpos no espaço.

Não precisamos entrar aqui na questão sobre como o movimento relativo pode esclarecer os fenômenos universais e fundamentais da Natureza. O ponto importante a ser considerado é que o simples movimento pode, mesmo de acordo com a Ciência Moderna, produzir fenômenos que aparentemente não estão relacionados a ele. A concepção oculta de movimento, e o modo em que serve como base de *todos* os fenômenos da Natureza, é muito diferente da concepção científica, conforme está formulada na Teoria Geral da Relatividade. Mas a teoria científica, referente ao papel do movimento na Manifestação, pode ser considerada como um passo na direção da Doutrina Oculta e sua parcial corroboração. Pois, se o movimento relativo de objetos materiais pode explicar um número considerável de fenômenos físicos, por que o movimento relativo de imagens correspondentes a esses objetos físicos não pode explicar os fenômenos físicos? Pois, mesmo segundo a filosofia materialista, o que percebemos é apenas nossa própria imagem mental, e a Ciência Moderna não sabe qual é realmente a natureza da "matéria" que constitui os objetos físicos e produz essas imagens mentais sensórias em nossa mente.

Um dos aspectos mais surpreendentes da Teoria da Relatividade que o estudante da Ciência Oculta notará é como o cientista tenta evitar o questionamento da existência de Mente e Consciência como princípios independentes da existência na Manifestação. Mesmo na cognição e formulação de fenômenos puramente físicos, a mente surge em toda parte e forma a base de todo o tecido do conhecimento científico; e sem a mente atuando de diferentes maneiras na observação, concepção e raciocínio, todo o campo do pensamento científico estará sem qualquer alicerce. E, ainda assim, o cientista ortodoxo persiste em ignorá-la, nem mesmo reconhecendo o papel por ela desempenhado em seu trabalho. Por quê? Porque sabe intuitivamente que, assim que abrir a porta para a entrada da Mente, Consciência e Espírito penetrarão e simplificarão sua filosofia puramente materialista e os ideais e valores baseados nessa filosofia.

O meio básico em que ocorre este movimento é *Ākāsha*, ou melhor, *Chidākāsha*, o "espaço mental", que é a substância indiferenciada da Mente Divina. Este *Ākāsha* é uma das mais misteriosas e importantes realidades sobre a qual a Ciência Oculta deu apenas uma pista ao mundo externo. Sendo, em seu aspecto mais elevado, a morada da Realidade Última, e, em seu aspecto inferior, a fundação do Universo objetivo, possui naturalmente muitos aspectos, cada um dos quais pode prover um campo fascinante e frutífero para o pensamento filosófico e a pesquisa oculta. Mas pouco se sabe a respeito, e uma ideia nebulosa quanto à paternidade dos *Pancha-Bhūtas* é tudo aquilo que geralmente está presente na mente do estudante comum, referente a *Ākāsha*.

Apesar de a doutrina dos *Pancha-Bhūtas* estar no campo da Filosofia Indiana durante milhares de anos, a natureza de *Ākāsha* não tem sido plenamente entendida pelos filósofos indianos. Os imensos avanços realizados em muitos campos da pesquisa científica deixaram o pensamento neste campo não afetado. A tendência de aceitar as coisas como são, ao invés de estudar os problemas mais profundamente, é a ruína do pensamento filosófico indiano. Logo que algo é declarado por alguma autoridade, toda investigação sobre esse algo se interrompe e se torna um tipo de contra-argumento, que é trocado em discussões sem se preocupar sobre o que o argumento representa. Há abundância de discussões e argumentos, mas na maioria das vezes são mais para manter certos pontos de vista aceitos do que para encontrar a verdade real. Inevitavelmente, nestas condições, a importância da coisa permanece tão vaga como sempre, e a doutrina não é enriquecida por mais investigação, averiguação e acréscimo de conhecimento verdadeiro.

A quantidade de conhecimento factual e preciso, que tem sido fornecida pelos Adeptos da Ciência Oculta sobre *Ākāsha*, é muito fragmentária e deliberadamente velada. A razão para isto encontra-se no fato de que alguns dos segredos mais importantes da Natureza, que envolvem a manipulação de forças tremendamente poderosas, estão ocultos em *Ākāsha*. A posse desse conhecimento, que não exige a parafernália de quaisquer instrumentos físicos na manipulação dessas forças naturais, será positivamente perigosa para a humanidade no seu atual estágio de desenvolvimento moral e espiritual. Se quisermos entender a natureza de *Ākāsha* até certo ponto, teremos que fazer a tentativa sob essas limitações. No entanto, nada há de errado em assim proceder, desde que nosso motivo seja entender o problema dos pontos de vista filosófico e científico, e não encontrar um atalho para o poder pessoal com propósitos egoístas.

O conhecimento Oculto referente a *Ākāsha* pode ser resumidamente generalizado como segue:

Ākāsha, de acordo com a Doutrina Oculta, é a matriz e substrato, e assim a origem de todas as espécies de energias e movimentos dos quais são derivados todos os tipos de vibrações e partículas elementares. Essas energias e tipos de movimento encontram expressão primariamente em diferentes espécies de vibrações como som, luz, calor, etc., e dessas vibrações são então elaborados os diferentes tipos de partículas elementares por uma infinita variedade de permutações e combinações.

Esta doutrina está em total consonância com as mais recentes ideias científicas referentes à natureza da matéria e energia, e seu mútuo relacionamento. Segundo as últimas descobertas feitas no campo da Física, a "matéria é nada mais que radiação encapsulada". Isto está de acordo com a Doutrina Oculta, de que a radiação ou vibração livre é um produto de *Ākāsha*, e que a matéria é produzida quando essa radiação está delimitada e confinada sob a forma de elementos. Uma coisa tem necessariamente que ser produzida no estado livre, antes que possa ser encapsulada.

Demoremo-nos um pouco sobre a natureza das vibrações que emanam de *Ākāsha*. *Ākāsha*, por ser um estado integrado, pode ser considerado capaz de dar origem a uma variedade e número infinitos de vibrações, mas tentemos entender a natureza e o papel destes dois com os quais estamos interessados no presente contexto. Esses dois tipos de vibrações primárias são da natureza do som e da luz, porém é necessário notar que som e luz, com os quais estamos familiarizados e que a Ciência Moderna investigou tão profundamente, são meramente as expressões mais baixas e muito limitadas do som e da luz quando emergem de *Ākāsha*.

Estes dois tipos de vibrações primárias diferem fundamentalmente entre si, em sua natureza e funções, como o fazem suas expressões mais baixas – o som físico e a luz física. Essa diferença, em sua natureza e papel essenciais, pode ser vista, até certo ponto, na esfera da cognição sensorial, sendo o som um instrumento da audição, e a luz, da visão. Mas esta não é a única ou a mais importante esfera na qual é demonstrada a diferença essencial entre ambos. É no reino da estrutura atômica que vemos esta diferença nos papéis que desempenham apresentada de maneira mais notável. Vamos abordar esses assuntos em detalhes em outros capítulos, mas, primeiramente, façamos um panorama geral de todo o campo.

Como é do conhecimento geral, um átomo consiste de duas partes, a esfera externa que consiste do invólucro formado pelos elétrons girando, e o núcleo central, que consiste de prótons e nêutrons. A Ciência Moderna fez algumas de suas mais brilhantes descobertas ao desvendar a estrutura do átomo. Mas embora tenha conseguido obter uma visão bem clara da esfera externa do átomo, que consiste do invólucro de elétrons, seu conhecimento com relação ao núcleo é muito nebuloso e incerto. Ela sabe que o núcleo consiste de prótons positivamente carregados e nêutrons eletricamente neutros, sendo a carga positiva total nos prótons idêntica à carga negativa total nos elétrons, e o átomo como um todo sendo eletricamente neutro. Mas existem muitos fatos a respeito do núcleo que são inexplicáveis e um mistério total para o cientista atômico. Por exemplo, como são mantidos juntos o grande número de prótons carregados positivamente que estão no núcleo de elementos pesados e que devem exercer uma tremenda força de repulsão entre si? O que aglutina essas partículas mutuamente repelentes?

É verdade que fizeram suposições experimentais com relação à natureza dessas forças, e até mesmo as mediram em termos físicos. Também lhes deram nomes. Mas são meras palavras que não dão qualquer indicação da natureza das forças que estão atuando no interior do núcleo do átomo. Assim, a declaração de que matéria é radiação encapsulada enuncia apenas um princípio geral, e não fornece qualquer real indicação de como a radiação foi encapsulada e como ela existe dentro das unidades primárias de matéria, ou seja, dos átomos.

A Ciência Oculta não nos fornece um quadro detalhado da estrutura do átomo a tal respeito, mas nos dá um quadro geral que é compreensível e está em harmonia com a Doutrina Oculta como um todo. Não acredita em penetrar e se envolver tanto em detalhes que as pessoas "não consigam ver a floresta por detrás das árvores". Além disso, a Ciência Oculta considera todo conhecimento obtido através do intelecto incompleto, incerto, defeituoso e sem qualquer relação com toda a Verdade total, da qual é uma parte insignificante. Por conseguinte, coloca perante o homem o ideal de encontrar essa Verdade, "sabendo que tudo é conhecido verdadeiramente, completamente e na correta perspectiva, e que o homem é capaz de elevar-se acima das ilusões e limitações da vida inferior". O conhecimento comum não é desprezado ou ignorado, mas é considerado meramente como um trampolim para a aquisição do conhecimento da Realidade e, assim, a ser buscado e adquirido com discernimento. Isto mostrará o grande abismo que separa a atitude do ocultista da do cientista com relação à busca do conhecimento referente às coisas fenomênicas, e a sabedoria de se concentrar apenas nos aspectos essencial e geral destas coisas, quando estamos engajados na busca do verdadeiro conhecimento.

A fim de entender a concepção oculta referente à estrutura geral do átomo, é necessário ter a mente bastante esclarecida de que a Ciência Oculta não considera nada no Universo, de um átomo a um Sistema Solar, como "morto" e insensível. Considera todo o Universo como uma expressão de uma Realidade que não apenas impregna e Se expressa através de tudo, mas que é a força interna e oculta que direciona e controla cada unidade organizada na Manifestação, expressa na bem conhecida máxima Oculta:

"*Shiva* e *Shakti* são a mais recôndita alma do Universo". *Shiva* e *Shakti* denotam aqui os dois princípios de Consciência Divina e de Poder Divino, que são polares e inseparáveis, e juntos constituem a Realidade subjacente ao Universo.

O átomo, segundo o princípio geral enunciado na máxima acima, é a expressão conjunta da Consciência de *Shiva* e do Poder de *Shakti*. A Consciência Divina é a fonte das forças estáticas centrípeta e centrífuga no interior do átomo, que controlam e coordenam os diferentes processos e os mantêm juntos. O Poder Divino expressa-se no movimento dos elétrons que giram em torno do núcleo central e constituem o conteúdo de energia cinética do átomo. Basicamente, um átomo é o resultado da interação de Consciência e Poder, mas, neste nível, a Consciência se expressa e aparece como uma força estática central, e o Poder se expressa e aparece como energia dinâmica dos elétrons em rotação. Como essas forças e energias são coordenadas e trabalham juntas, é função da

Ciência Moderna elaborar em detalhe, mas ela jamais poderá fazê-lo de modo satisfatório e obter um quadro correto do trabalho no interior do átomo, a menos que leve em consideração a concepção oculta do átomo.

A ideia acima pode parecer fantástica aos cientistas, e provavelmente não será levada a sério por eles, no momento, em razão de sua antipatia a tudo que sugira, de alguma forma, a existência de uma Realidade Divina oculta no interior do Universo. Mas muitos cientistas começaram a perceber a existência de uma misteriosa inteligência generalizada em muitos processos orgânicos e fenômenos vitais, embora não tenham a coragem para reconhecer publicamente este sentimento heterodoxo[1]. Pelo menos essas pessoas deveriam poder perceber que, se pode haver inteligência diretiva (que significa Mente e Consciência) por trás de processos biológicos, não há razão por que não possa haver algum tipo de Mente e de Consciência por trás de processos físicos e químicos também. Que justificativa há para estabelecer o limite em um nível particular de fenômenos naturais?

E se também se admite a existência de Mente e Consciência no caso de átomos e moléculas, então a concepção ocultista está em princípio reconhecida, e não importa se esta Inteligência generalizada não seja considerada uma expressão da Consciência ou da Divindade. A Ciência Moderna teve de reconhecer em princípio muitas doutrinas ocultas que eram previamente consideradas fantásticas devido à lógica de suas próprias descobertas. Vamos dar-lhe mais tempo para fazer mais descobertas, para se envolver mais em contradições e confusões, para que tenha de se voltar a contragosto em direção aos portais da Sabedoria Divina em busca da luz. Afinal, ela também está engajada na busca da Verdade, e se o que a Ciência Oculta afirma a respeito da base do Universo físico é verdadeiro, a Ciência Moderna deve chegar a essa verdade mais cedo ou mais tarde. Temos que esperar e deixar que as coisas se desenvolvam naturalmente, segundo o Plano Divino.

Segundo a Doutrina Oculta, o átomo não é a única unidade de forças organizadas que envolve a interação de Consciência e Poder, que é perfeitamente coordenado e equilibrado. Todas essas unidades,

---

1 Vide Nota 3 do Capítulo 1, p. 56. (N.E.)

de um átomo a um Sistema Solar, são governadas pelos mesmos princípios atuando em diferentes níveis, e adaptados à natureza da manifestação particular. Pois, a totalidade do Universo, em cada nível e em cada esfera, é uma expressão da Consciência Divina, e esta expressão está na base de todo organismo que exija coordenação inteligente de forças e regulação de processos naturais. A coordenação e direção de forças coesivas é uma função da Consciência, que é levada a cabo através do "Som" como agente. O fornecimento do material estrutural é função do Poder, que é levado a cabo através da "Luz" ou radiação como agente, conforme é chamada na terminologia científica.

Consideremos o corpo humano. O corpo é um organismo no qual inúmeros processos naturais estão ocorrendo com coordenação e exatidão tão perfeitas, que deve fazer qualquer pessoa inteligente não apenas se maravilhar, mas inquirir como essa coordenação é produzida. Tenho certeza de que os cientistas se maravilham, mas será que eles questionam como as atividades dos átomos, das moléculas e células insensíveis, atuando em diferentes órgãos do corpo humano estão coordenados com tal perfeição, sem haver uma inteligência generalizada de uma ordem superior por trás desses processos naturais? E se há essa tal inteligência, qual é sua fonte e onde ela reside?

De acordo com a Doutrina Oculta há uma Consciência e uma Mente Divina onipresente por trás de todos esses tipos de organismos que controlam, coordenam e regulam todos esses processos, e esse controle, coordenação e regulação é realizado por meio da ação do "Som" atuando através do *Prānamaya Kōsha,* ou o "Duplo Etérico". Este som "interno", que normalmente é inaudível, procede do "coração"[2], que é a sede do "Ātmā", e é no campo criado pelo 'Som" que o corpo funciona.

Este som é chamado *Anāhata Shabda,* "o som eterno produzido sem vibração de um instrumento material". A disciplina que envolve a

2 *Chakra* cardíaco – o centro comum dos veículos. É a partir desse ponto central que a consciência do *Jīvātmā* funciona através dos diferentes níveis da mente e este é o "coração" que é referido na literatura oculta e mística. O coração místico não tem, portanto, nada a ver com o órgão conhecido como coração a não ser o fato de que sua localização no corpo é aproximadamente na região do coração físico (TAIMNI, I. K. *Gayatri: o mantra sagrado da Índia*. Brasília: Ed. Teosófica, 1991, p.163). (N.E.)

audição deste som é a base de alguns sistemas de *Laya Yoga*, nos quais a mente funde-se na consciência por meio da ação deste som. Segundo os *Upanishads*, este "som" no coração cessa de ser ouvido algum tempo antes da morte do corpo físico, e essa cessação é tida como uma premonição de morte iminente. Este fato é significativo, porque mostra que as atividades do corpo são controladas e reguladas pelo "som" procedente do "centro" do corpo.

A mais elevada e mais espetacular expressão física da Consciência e do Poder Divinos é, certamente, o Sistema Solar. Segundo a Ciência Moderna, o Sol é meramente um corpo material incandescente, queimando sua própria matéria para suprir luz, calor e outras formas de energia ao Sistema Solar, e está condenado à "morte" quando a energia armazenada em seu interior for gasta. Mas segundo a Ciência Oculta, Ele é a morada física e instrumento de um Ser Divino – chamado *Logos* Solar ou *Īshvara* – cuja Consciência perpassa o Sistema Solar, controla e regula todas as suas atividades em todas as esferas, em todos os níveis, e provê o campo para a evolução de inúmeras Mônadas envolvidas na manifestação particular. Aqui, mais uma vez, o "som" desempenha um papel fundamental na coordenação e regulação de todas as atividades e processos naturais, e a "Luz" na base estrutural do Sistema Solar manifestado, sendo o "som" o instrumento do princípio positivo estático da Consciência, e a luz o do princípio dinâmico, negativo do Poder.

Outro aspecto de movimento como base da Manifestação é mostrado na doutrina dos três *Gunas*. Esta Doutrina Oculta foi discutida com algum detalhe em *O Homem, Deus e o Universo*, mas uma breve revisão da doutrina pode ser dada aqui para fornecer uma ideia geral do tema deste capítulo.

Conforme ressaltado acima, segundo a Doutrina Oculta, a Manifestação é essencialmente uma interação de Consciência e Poder, os dois princípios primários e polares, que emanam da Realidade Una não diferenciada. No reino da manifestação do qual apenas *Sānkhya* trata, esses dois Princípios são denominados *Purusha* e *Prakiti*, sendo *Purusha* considerado o elemento subjetivo na Manifestação, e *Prakiti* não apenas o mecanismo objetivo, mas também o controlador e regulador do mecanismo objetivo. Lidando como fez apenas com o estado da manifestação, e considerando *Purusha* meramente como uma testemunha, *Sānkhya* teve de atribuir não apenas o papel de prover o mecanismo objetivo, mas também o de controlá-lo e governá-lo à *Prakriti*, embora isto tenha feito com que este sistema de filosofia pareça autocontraditório e incompleto. O papel de controlar e governar o mecanismo objetivo a partir do interior pertence realmente a *Shiva*, embora estas funções, estando no reino do Manifestado, sejam incompreensíveis ao intelecto. Da mesma forma, o papel de prover o mecanismo pertence realmente a *Shakti* que está, também, além da Manifestação e, portanto, fora da esfera do âmbito da Filosofia *Sānkhya*.

Como estamos discutindo o Movimento com relação à Manifestação, estamos interessados aqui apenas no mecanismo objetivo, no sentido em que o cientista usa a palavra Natureza. É esse mecanismo objetivo que está baseado no Movimento e apenas nele.

Esse Movimento, de acordo com a doutrina dos três *Gunas*, é de três tipos: (1) Movimento Rítmico, (2) Movimento Não Rítmico e (3) Não Movimento. Como foi mostrado noutro contexto, estes são os três únicos tipos de movimento que são possíveis, se também considerarmos o Não Movimento ou estabilidade como um aspecto do Movimento.

A palavra *Guna*, em sânscrito, significa "propriedade" em sua natureza essencial, que é Movimento. Segundo a doutrina dos três *Gunas*, há apenas três tipos fundamentais de movimentos, dos quais todas as espécies de propriedades são derivadas, exatamente como todas as cores possíveis são derivadas das três cores primárias: vermelho, amarelo e azul. O ponto mais importante a se notar, ao considerar a doutrina dos três *Gunas*, é que todas as propriedades dependem da constituição das partículas constituintes, e essa constituição depende da constituição particular dos três tipos de Movimentos acima mencionados. Assim, a infinita variedade de propriedades é derivada e está relacionada à infinita variedade de permutações e combinações dos três tipos de Movimentos, cada qual a cada uma.

É um fato científico que as propriedades de um objeto ou uma substância conhecida dos órgãos dos sentidos dependem da constituição das partículas que compõem o objeto ou a substância. Que esta constituição das partículas depende da permutação e combinação particulares dos três tipos de Movimento, é também um fato científico. Assim, a doutrina dos três *Gunas* foi larga e amplamente corroborada pelas pesquisas no campo da Ciência Moderna.

Veremos do que foi dito acima que o Movimento, em três formas, pode não apenas ser aperfeiçoado em todos os tipos de combinações que constituem átomos e moléculas e formam a base estrutural do Universo, mas cada combinação corresponde a um estado mental subjetivo que é a natureza essencial da sensação. Sensação, que é denominada *Tanmātrā*, é, assim, a contraparte subjetiva ou mental dos objetos no ambiente objetivo. Aparece na mente através da instrumentalidade dos órgãos dos sentidos ou *Indriyas*, quando os *Bhūtas*, os cinco princípios cósmicos que estimulam as sensações, agem sobre a mente através da instrumentalidade de átomos, moléculas e vibrações que deles emanam. Assim, cada sensação corresponde exatamente a uma combinação de movimento particular, e é desta maneira que os mundos objetivo e subjetivo estão matematicamente relacionados.

O funcionamento da Realidade Una, em seus aspectos subjetivo e objetivo, à medida que desce aos planos inferiores da manifestação, e estes dois aspectos que interagem mutuamente no Plano Físico, pode ser representado como segue:

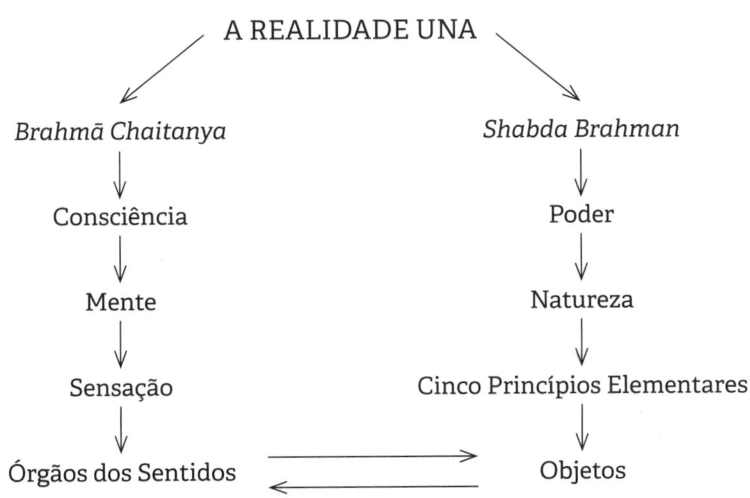

(*Ambos no reino da matéria*)

Capítulo 12

Pontos em Movimento como a Base Última do Universo Objetivo

Segundo a Ciência Oculta, a totalidade do Universo manifestado é atômica em sua Natureza, seja no Plano Físico ou nos Planos suprafísicos. No reino da matéria, os átomos tornam-se cada vez menores à medida que penetramos nos Planos suprafísicos da Natureza. Onde termina esta natureza infinitesimal do átomo, ou em outras palavras, qual o menor tamanho do átomo além do qual não podemos prosseguir? Obviamente, o ponto ideal, que é o limite de atomicidade ou pequenez.

Assim, a base última do mundo material não é realmente atômica, mas "pontiaguda"[1], se podemos colocar desta maneira. O mundo material, em todos os seus graus de sutileza e complexidade, em sua base é, verdadeiramente, uma combinação de um número infinito de pontos ideais. É desses pontos que os átomos dos diferentes planos são desenvolvidos, passo a passo, com cada vez maior complexidade. São esses pontos que, por seus diferentes movimentos e combinações, podem produzir todas as propriedades que conhecemos com nossos órgãos dos sentidos[2]. Nossas experiências comuns, bem como as des-

---

1 No original em inglês: *pointed*. (N.E.)

2 Pode ser difícil imaginar como simples partes podem ser combinadas para formar tudo o que percebemos no mundo manifestado. Talvez possa auxiliar a compreensão, a analogia com o "mundo virtual" da informática e da internet, construído a partir de zeros (0) e uns (1) dos primeiros computadores. Essas máquinas eram baseadas em relés (um interruptor eletromecânico, projetado por Michael Faraday

cobertas feitas em diferentes campos da Ciência Moderna, confirmam esta Doutrina Oculta pelo menos em parte. Basta examinarmos uma fotogravura, em qualquer jornal ou periódico, com uma lupa, para entendermos como inúmeros pontos, organizados de uma determinada maneira, podem produzir a impressão visual de qualquer fotografia. Basta observarmos uma exibição de fogos de artifício à noite para vermos como pontos de luz em movimento podem produzir impressões de todos os tipos de figuras em nossos olhos.

Onde, e em que, estão centrados e situados esses pontos ideais que formam a base última do assim chamado mundo material? Na Consciência. Os objetos de nosso Plano Físico podem ser reduzidos a átomos de matéria, e esses átomos podem ser reduzidos, passo a passo, a átomos dos planos mais sutis, ocultos um dentro do outro, até que alcancemos o alicerce do Universo manifestado, e descubramos que ele nada mais é do que uma vasta confluência de pontos ideais, situados ou embutidos na Consciência. Este fato é inerente à própria natureza da relação da Realidade Imanifestada e do Universo manifestado, que é derivado da Realidade. A Consciência só pode funcionar e se expressar através de um ponto como foi explicado em outros contextos.

Segundo a Doutrina Oculta, a totalidade do Universo manifestado em todos os seus graus de sutileza apareceu através do *Māhabindu* ou o Grande Ponto, e este Ponto, à semelhança de um arquétipo, é capaz de se multiplicar em um número infinito de pontos ideais. Como foi explicado em outra parte, o prefixo *Mahā*, em sânscrito, geralmente denota um princípio ou *Tattva* que pode servir como uma fonte inexaurível de um número e variedade infinitos de expressões desse princípio. Os pontos ideais que repousam na base do Universo manifestado podem, assim, ser considerados como expressões infinitas do *Mahābindu* ou da Realidade Una em seu aspecto objetivo. Esses pontos refletem

---

na década de 1830), onde os relés desligados ou ligados (deixando passar a corrente), convencionados como zeros e uns, combinados em quantidade e padrões de leitura (cada impulso elétrico como um "bit" (*Binary digit*); e um conjunto de 8 "bits" reunidos como uma única unidade formando um "byte"), possibilitaram todo o desenvolvimento dessa realidade paralela ao mundo material que vivenciamos atualmente. (N.E.)

a Realidade Una em crescente medida, enquanto a Consciência, que encontra expressão através deles, desabrocha por meio dos processos evolutivos. Eles são, portanto, os principais veículos da Consciência. A elaboração de um veículo complexo, com nome e forma, é apenas um artifício transitório adotado nos estágios intermediários do processo evolutivo. Os dois aspectos do Absoluto como o Ponto e o Vazio serão vistos também sob uma nova luz, diferente do que foi dito acima. A relação entre ambos corresponde à da Consciência e seu veículo nos planos da manifestação[3].

O estudante poderá também obter um vislumbre do vasto e misterioso ciclo de evolução, a partir do que foi dito acima. Esses pontos ideais que surgem do *Mahābindu* servem como veículo de átomos que evoluem através dos diferentes planos do Universo e de diferentes reinos de vida, e emergem finalmente como *Jīvātmās* conscientes no Plano Físico. Neste estágio, um novo ímpeto é dado ao processo evolutivo devido à associação direta do Princípio Divino na evolução humana, e o indivíduo dá a partida nessa ilimitada expansão e desabrochar da Consciência que primeiramente o torna um ser super-humano e depois um *Logos* Solar. Os *Logoi* continuam também a evoluir e a se aproximar cada vez mais do *Logos* Cósmico, a primeira e mais elevada expressão da Realidade Última nos planos da manifestação. Desta forma, é consumada tanto a involução quanto a evolução da Consciência, e podemos ver todo o ciclo do processo evolutivo em um relance, a Mônada aparecendo do Eterno Imanifestado aparentemente como um ponto atômico e mais uma vez desaparecendo no Eterno Imanifestado como um *Logos*. Quem pode dizer o que acontece nesse obscuro reino do Eterno Imanifestado?

É este cíclico e eterno processo de involução e evolução da Consciência que é representado no símbolo da serpente engolindo sua cauda. O fato de que este símbolo sagrado foi incluído no símbolo da Sociedade Teosófica mostra o quão importante esta Doutrina Oculta era considerada pelos fundadores da Sociedade Teosófica. Certamente, do ponto de vista mais elevado, todo o processo pode ser considerado como

3 Vide Nota 2 do Capítulo 7, p. 130. (N.E.)

uma ilusão. Pois é uma interpretação, em termos de Tempo e Espaço, de alguma Realidade que existe no Imanifestado. Sendo os próprios Tempo e Espaço ilusórios em natureza, uma interpretação baseada neles não pode apresentar a Verdade Real. Esta limitação aplica-se não apenas a esta doutrina particular, mas a todo conhecimento no reino do intelecto. Enquanto estivermos aprisionados dentro do nosso intelecto, temos que estar satisfeitos com o que o intelecto pode fazer para nos possibilitar entender os mistérios do mundo Real que existe dentro de nós. Para conhecer a Verdade Real, devemos ir além da mente.

Até aqui consideramos estes pontos em seu aspecto estático. Mas a Manifestação é um fenômeno dinâmico e os pontos que formam a base da Manifestação devem, consequentemente, ter também um aspecto dinâmico. Segundo a Doutrina Oculta, todo o Universo manifestado, em seu aspecto objetivo, é vibrante, vivo e está constantemente em movimento. Mesmo aquelas coisas que aparentemente parecem mortas e estáticas estão, internamente, em constante movimento e possuem imensa quantidade de energia aprisionada dentro delas. Esta antiga doutrina da Ciência Oculta tem sido espetacularmente corroborada pelas pesquisas da Ciência Moderna. No interior da matéria aparentemente sem vida, a Ciência Moderna encontrou moléculas em constante movimento. No interior das moléculas, encontramos vibrações de átomos. No interior dos átomos, os elétrons giram ao redor do núcleo com velocidades inconcebíveis. A Ciência Moderna não foi capaz de determinar a verdadeira natureza do núcleo, mas o princípio da equivalência de massa e energia mostra conclusivamente que mesmo o núcleo deve ser uma expressão de uma imensa quantidade de energia aprisionada sob alguma forma. É esta energia que é liberada quando o núcleo se rompe de um modo incontrolável numa bomba atômica, e de um modo controlável em dispositivos termonucleares.

Segundo a Doutrina Oculta, os átomos de um plano inferior são formados pelo estabelecimento e de redemoinhos de tremenda energia na matéria dos Planos superiores seguintes, sendo os átomos, desse modo, essencialmente um fenômeno energético ou um fenômeno de movimento. Pode-se ver, facilmente, que se os átomos do Plano Físico são decompostos em átomos do próximo Plano superior, passo a passo, no final nada nos restará senão pontos ideais associados ao movimento. Em outras palavras, o Universo manifestado é, em sua base última, nada mais que um fenômeno de pontos em movimento, ou centros ideais na Consciência, dotados de energia. É a partir desses pontos ideais em movimento que os átomos são desenvolvidos, passo a passo, em sua variedade infinita por diferentes permutações e combinações. Os arranjos e movimentos desses pontos podem esclarecer todos os fenômenos da cognição sensorial mesmo com base no conhecimento científico referente à estrutura dos átomos do Plano Físico. Não podemos nem precisamos nos aprofundar mais nos detalhes desta questão complicada, considerando as enormes limitações sob as quais a Consciência e a Mente têm que funcionar no Plano mais baixo do Universo – o Físico. Temos de nos contentar com uma ideia geral dos princípios subjacentes à Manifestação.

Examinemos agora de uma forma geral a importância oculta da concepção do Universo manifestado como sendo nada mais que um número infinito de pontos em movimento em sua base última. Foi assinalado noutro contexto que este Universo manifestado está baseado e é derivado do *Tattva Shiva-Shakti*, conforme aludido na bem conhecida máxima:

Shiva-shaktyātmakam Vishvam

"*Shiva* e *Shakti* são a alma mais recôndita do Universo." Se for derivado destes dois Princípios Últimos – Consciência e Poder – e se for o resultado de sua interação, segue-se que o primeiro produto ou derivação de sua interação deve corporificar dentro de si a natureza essencial de ambos, e é exatamente isto o que um ponto ideal em movimento faz. Como foi mostrado em outra parte, um ponto pode corporificar dentro de si Poder potencial ilimitado, e pode também servir como veículo do mais elevado e do mais baixo nível de consciência. Como o Universo objetivo é uma vasta confluência de pontos em movimento em sua base, e toda infinita variedade de objetos que percebemos, nos diferentes planos do Universo, são combinações desses pontos em movimento, será visto quão verdadeira é a máxima Oculta acima referida.

Uma conclusão importante que resulta desta relação fundamental do Universo manifestado, em seu aspecto objetivo, com o *Tattva Shiva-Shakti,* é que ele deve ser completamente submisso à Vontade Divina corporificada no *Tattva Shiva.* Pois, se cada uma das partículas que constitui o alicerce do Universo objetivo for uma corporificação do *Tattva Shiva-Shakti,* e se a totalidade deste Universo em toda sua complexidade é desenvolvida pelas permutações e combinações dessas partículas, então a Vontade Divina deve poder controlar e guiar não somente estas partículas fundamentais, mas também todos os seus derivados nos diferentes planos do Universo. Em outras palavras, a Vontade Divina deve ser suprema no reino do mundo manifestado em todos os sentidos. A capacidade de a Consciência Divina controlar e manipular o Universo objetivo é, assim, inerente à própria natureza do Universo, e não um poder arbitrário assumido pelo Divino ao lidar com o Universo manifestado.

Que a matéria pode ser totalmente controlada e manipulada pela Consciência a partir do interior, em contraste com o seu controle e manipulação parciais pelos cientistas a partir do exterior por meios externos, fica bastante claro a partir dos relevantes aforismos no *Bhūta-Jaya* (III-45, III-46, III-47) e I-40 nos *Yoga-Sūtras.* Mas para controlá-la desta maneira é preciso conseguir penetrar na Consciência no nível da Mente Divina em que a matéria tem raízes. Os cinco diferentes estados dos *Bhūtas* mencionados no aforismo III-45 representam penetração nestes diferentes níveis da mente, para se chegar à base da consciência da qual se origina a matéria.

Veremos, portanto, que embora o controle e a manipulação da matéria a partir do interior seja viável, isto só pode ser realizado por Adeptos da Ciência Oculta, que podem controlar as fontes da matéria e utilizar as leis da Natureza, governando a formação e dissolução da matéria nos mais recônditos Planos de Manifestação. Ninguém deve imaginar que eles podem realizar essas coisas simplesmente concentrando a mente no que deve ser feito.

Mas embora a manipulação da matéria em geral só seja possível pelos Adeptos da Ciência Oculta, sua manipulação parcial em um organismo vital como o corpo humano é comparativamente fácil, e muitas mudanças podem ser produzidas no corpo pela simples, mas eficaz concentração da mente. A razão para isto está no fato de que os processos metabólicos no corpo são governados e regulados por *Prāna* fluindo através do *Prānamaya Kosha* (ou Duplo Etérico), e *Prāna* é acessível ao controle da mente. Este é o segredo de muitos sistemas de cura baseados no uso do poder do pensamento.

Outra conclusão importante que podemos extrair da relação do subjacente *Tattva Shiva-Shakti* com o Universo manifestado é que a Vontade Divina corporificada no *Tattva Shiva* é não apenas suprema no reino do Universo manifestado e pode controlar e manipular todos os seus processos a partir do interior, mas que o Poder Divino corporificado no *Tattva Shakti* é infinito e inexaurível, e pode suprir qualquer quantidade de energia necessária para criar e operar o mecanismo de um Universo manifestado.

Devemos lembrar que, na Ciência Moderna, força é definida como trabalho dividido pelo tempo, e trabalho, como força multiplicada pela distância. Uma força não realiza qualquer trabalho a menos que se mova. Se se der corda em um relógio de pêndulo e ele não se pôr a funcionar, o peso exercerá uma força, um puxão na corda em que está suspenso, mas enquanto ele estiver suspenso, não funcionará. Logo que, se o relógio é posto a funcionar, o peso desce e põe o mecanismo em movimento, fazendo assim o trabalho de superar a fricção das peças em movimento. Semelhantemente, a força só é exercida quando o trabalho está sendo executado, e onde não houver movimento, e assim, nenhum trabalho estiver sendo realizado, a força é potencial. É considerada potencial e não existente, porque todo sistema para realizar trabalho tem uma certa capacidade limitada para realizar o trabalho, e o limite dessa capacidade é a medida da força potencial que ela contém.

Agora apliquemos estas ideias científicas à relação do *Tattva Shiva-Shakti* com um Sistema manifestado. Vemos a princípio que o *Tattva Shakti* existe no Eterno Imanifestado, e devido à natureza mesma do estado imanifestado, o Poder Divino neste estado deve ser potencial. Pois, a não ser que haja um Sistema manifestado não há atividade, e assim nenhum trabalho pode ser realizado, e onde nenhum trabalho está sendo realizado o Poder deve ser necessariamente potencial.

Mas, como vimos no parágrafo anterior, embora o Poder seja potencial em qualquer sistema, ele possui um valor limite para esse sistema. O relógio de pêndulo é capaz de realizar trabalho, mas sua capacidade para realizá-lo, ao pôr em funcionamento o mecanismo do relógio, é muito pequena. Por outro lado, o propulsor que coloca uma nave espacial em órbita tem de realizar uma enorme quantidade de trabalho, e, correspondentemente, deve ter um poder enorme. Busquemos agora imaginar a quantidade de trabalho que tem que ser realizado em um Universo manifestado, e a quantidade de energia que é necessária para realizar esse trabalho. Obviamente, o Poder Divino no Imanifestado, que é a única fonte de energia, deve ser enorme.

Segundo a Doutrina Oculta, este Poder é não apenas enorme, mas infinito. Há um mundo de diferença entre ser enorme e infinito. O primeiro, embora seja grande, tem um limite, mas o último não tem limite. O primeiro é um atributo do estado manifestado, e, portanto, deve estar no reino do estado manifestado. O último, por outro lado, é um atributo do Imanifestado e só pode existir no reino do Imanifestado. A energia exigida e o poder necessário para criar e operar o mecanismo de um Sistema Solar são obviamente enormes, mas a energia e o poder necessários para criar e operar o mecanismo do Universo são infinitamente maiores. Mas ambos, embora grandes, devem ser limitados, porque estão no reino da manifestação. O Poder Divino no reino do Imanifestado, por outro lado, é não somente potencial, mas infinito. É capaz de tornar manifesta *qualquer* quantidade de energia necessária para criar e operar o mecanismo do Universo manifestado, e não apenas este Universo atual, mas um número infinitivo de Universos que continuarão a aparecer eternamente na alternância de *Shrishti* e *Pralaya*. É este fato que se busca transmitir na máxima oculta:

अनन्त शक्ति खचितं ब्रह्मसर्वेश्वरेश्वरम् ।

Ananta Shakti khachitam Brahmā Sarveshvareshvaram

"A Realidade Última ou a Consciência Suprema de *Shiva,* que é o Governante oculto de todos os *Logoi* manifestados, é dotada de um poder infinito e inexaurível, ou *Shakti.*"

Que esta declaração não está baseada em qualquer pensamento especulativo no reino da Filosofia ou em declarações hiperbólicas frequentemente encontradas na literatura religiosa, mas em fatos da existência, ficará claro quando estudarmos os recentes desenvolvimentos na Física que têm ligação com esta questão. Segundo estas pesquisas, se o comprimento de ondas pudesse ser suficientemente curto, um único *quantum* poderia conter toda a energia presente no Universo, como foi explicado em outro contexto.

Vimos que o *Tattva Shiva* é a sede da Vontade Divina infinita que consegue controlar e manipular o Universo a partir do interior. E o *Tattva Shakti* representa o Poder Divino infinito, que pode fornecer todas as necessidades de energia de qualquer Sistema manifestado. Vontade e Poder são correlatos, e a Vontade infinita deve necessariamente acompanhar o Poder Infinito. Mas a existência da Vontade infinita e do Poder Infinito no *Tattva Shiva-Shakti* não nos deve compelir a imaginar que esse estado deva ser caracterizado por uma tremenda quantidade de tensão e potencialidade para perturbação. Pelo contrário, é um estado de completa harmonia que não pode ser perturbado sob quaisquer circunstâncias, e de uma paz de natureza tão transcendental que é inconcebível no reino da manifestação. Um simples vislumbre de sua natureza talvez possa ser obtido somente na "paz que ultrapassa o entendimento", que experimentamos nos planos espirituais.

A maioria das pessoas geralmente tem uma noção muito errônea de vontade-poder. Elas o confundem com desejo impulsivo, que é sempre acompanhado de tensão e instabilidade, aparentes ou ocultas. A vontade espiritual, e em um grau infinitamente maior, a Vontade Divina, são completamente livres de tensão e instabilidade. O segredo encontra-se no fato de que tensão e instabilidade devem-se sempre à falta de confiança, e falta de confiança surge de insuficiência de poder. É quando não temos poder suficiente ou capacidade para realizar o que queremos ou o que faremos, que sentimos falta da autoconfiança, e isto resulta em tensão e perturbação da mente. Quanto maior for nosso controle da situação externa e do estado interno de nossa mente, mais pacíficos e calmos podemos permanecer sob as circunstâncias. Sendo o *Tattva Shiva-Shakti* a sede da Vontade e do Poder Infinito deve, portanto, e necessariamente, ser um estado que é totalmente livre de perturbação ou mesmo da possibilidade de perturbação.

Há uma outra concepção errônea sobre a Vontade e o Poder Divinos, contra a qual nos devemos resguardar. A existência da Vontade e do Poder infinitos na retaguarda do processo de manifestação não significa que o *Logos* de um Sistema tenha que dirigir e supervisionar o trabalho de operar em detalhe a máquina gigantesca o tempo todo. O Plano Divino e o método de implementar este Plano estão corporificados e são inerentes às leis da Natureza que subjazem a todos os processos de manifestação, e assim o sistema opera a si mesmo, e o Plano se realiza natural e automaticamente sem qualquer interferência externa. Mesmo no caso de um microcosmo como o corpo humano, podemos ver esse desempenho automático de todos os processos naturais e a realização de diferentes objetivos, sem nenhuma necessidade de ação ou supervisão consciente do indivíduo que habita e usa o corpo. Mas quando alguma coisa dá errado e precisa de atenção pessoal, o indivíduo pode e de fato intervém para pôr as coisas em ordem.

Do mesmo modo, a máquina de um Sistema manifestado opera a si própria e trabalha para o cumprimento do Plano Divino que lhe é inerente, mas quando qualquer coisa dá errado ou um novo impulso é necessário no processo evolutivo, ocorre a intervenção Divina. É verdade que essa intervenção vem do interior e é levada a cabo através dos agentes e meios que estão disponíveis, mas de qualquer maneira, significa a introdução de uma força nova e extraordinária e de impulso no fluxo da evolução que não tem sua origem nos processos naturais comuns. Esta ideia da intervenção Divina em tais circunstâncias está corporificada na Doutrina Oculta de "*Avatares*", que significa "a descida do Divino do alto". É verdade que essa ideia é interpretada no Hinduísmo como a descida da Divindade em uma forma definida, mas isto é somente para tornar mais fácil o entendimento pelo homem comum. Essa intervenção não está confinada às grandes crises no progresso da humanidade. Pode ocorrer também na vida de indivíduos em resposta à intensa aspiração ou a um grito de socorro.

Será esse tipo de intervenção Divina possível segundo o conceito científico do Universo? Os cientistas do século XIX e do início do século XX riam-se desta ideia, porque segundo a concepção mecanicista do Universo, que prevalecia nos círculos científicos da época, um rígido determinismo governava não apenas os processos da Natureza, mas também os da vida humana. Mas tudo isso mudou devido aos desenvolvimentos que ocorreram na Física em anos recentes. A descoberta do "Princípio da Incerteza[4]" explodiu o conceito de rígido determinismo e mostrou que, tanto nos fenômenos naturais quanto na vida humana, há espaço para o exercício do livre-arbítrio.

4 Consiste em um enunciado da Mecânica Quântica, formulado em 1927, pelo físico teórico alemão, Werner Heisenberg, que recebeu o Nobel de Física de 1932. Este Princípio estabelece um limite na precisão com que certos pares de propriedades de uma dada partícula física, as variáveis complementares, podem ser conhecidos. (Wikipédia) (N.E.)

Capítulo 13

O Mecanismo Subjacente à Manifestação

Conforme foi assinalado em outra parte, o conhecimento que recebe o nome de Ciência Oculta é baseado em uma visão total do Universo (ou melhor, do Cosmos) e é diferente do conhecimento científico que está confinado a um campo limitado e foi obtido por métodos de investigação muito limitados. A Ciência Moderna presumiu arbitrária e convenientemente que não há nada em existência senão o mundo físico, e, portanto, a investigação de fenômenos físicos por métodos puramente físicos é não apenas adequado, mas tudo que é possível.

Os Adeptos da Ciência Oculta que quiseram investigar os fatos da existência nada supuseram e estavam determinados a investigar tudo que havia para investigar por todos os métodos possíveis de que dispunham. Veremos, portanto, que eles foram os verdadeiros buscadores da Verdade e estavam qualificados para encontrar a Verdade Última que se encontra na base do Universo. Os cientistas, apesar de tudo que professam, não podem de modo algum ser considerados buscadores da Verdade. Aqueles que receiam enfrentar os fatos da existência fazem suposições convenientes sem justificativas; aqueles que se limitam deliberadamente ao atingimento de objetivos muito limitados por meios muito restritos, e sequer acreditam verdadeiramente que exista uma Verdade última subjacente ao Universo, não podem alegar serem buscadores da Verdade. Na melhor das hipóteses, podem ser considerados como buscadores das verdades subjacentes ao mundo físico, para satisfazerem sua curiosidade intelectual e explorarem as forças da Natureza com o intuito de aliviarem o sofrimento e promoverem o bem-estar da humanidade por um lado, e por outro, para infligirem sofrimento e destruição planejada em larga escala.

Como o Universo está baseado em uma Realidade que é essencialmente da natureza da Mente e da Consciência, só se pode obter um conhecimento verdadeiro e total dessa Realidade penetrando-se nos reinos da Mente e da Consciência, e penetrando-se em suas profundezas mais recônditas para conhecer a Verdade última da existência. Não se trata meramente de uma possibilidade teórica, mas de um fato da experiência direta para os Adeptos da Ciência Oculta, e todo aquele que seguir seus passos pode obter a mesma experiência para si. As doutrinas da Ciência Oculta baseiam-se nas experiências progressivas no reino da Mente e da Consciência e na experiência final da Verdade última, em que todas as verdades da existência estão contidas em sua forma essencial, verdadeira e harmonizada.

Segundo a Doutrina Oculta a Realidade subjacente, da qual o Universo é derivado, existe em duas formas, a Manifestada e a Imanifestada. A Manifestada aparece periodicamente da Imanifestada, e após funcionar durante algum tempo, funde-se novamente na Imanifestada, repetindo-se este ciclo eternamente na alternância de *Shrishti* e *Pralaya*. Este processo de aparecimento e desaparecimento do Manifestado a partir do Imanifestado ocorre de uma maneira definida e através de um mecanismo definido. Esse mecanismo irá naturalmente operar na fronteira entre o Imanifestado e o Manifestado, e por isso só pode ser conhecido por aqueles que são capazes de transcender o reino do Manifestado e funcionar no reino do Imanifestado. Este processo e o mecanismo através do qual ele age são chamados de *Krama* nos *Yoga-Sūtras*, e é feita referência a ele nos aforismos III-53, IV-32 e IV-33. A partir destes aforismos o estudante conseguirá ver, pelo menos, que este *Krama* encontra-se na base mesma do Universo manifestado, e só é possível conhecê-lo no verdadeiro sentido indo além do reino da manifestação.

Em virtude da natureza transcendental do conhecimento referente a este mecanismo, não é possível compreendê-lo ou formulá-lo intelectualmente. Não obstante, com base nas doutrinas da Ciência Oculta que foram fornecidas, talvez seja possível concebê-lo pelo menos em uma perspectiva obscura. Vamos, portanto, lidar com as características essenciais deste mecanismo da maneira mais geral e melhor que pudermos.

Talvez seja conveniente começar com a Doutrina Tântrica de *Nāda, Bindu* e *Kalā,* com as quais a maior parte dos estudantes da Ciência Oculta está familiarizada pelo menos superficialmente. Estas três palavras geralmente ocorrem juntas, e em cada contexto são usadas em conexão com a transcendência do mundo da manifestação e do funcionamento da Consciência no mundo da Realidade. Isso ocorre porque estão relacionadas e constituem três dos aspectos essenciais do mecanismo que liga o Imanifestado ao Manifestado.

Antes de lidarmos com a natureza deste mecanismo, consideremos em primeiro lugar e brevemente o significado das três palavras sânscritas – *Nāda, Bindu* e *Kalā. Nāda* comumente significa som, mas nesses contextos especiais, na literatura Oculta, a palavra representa aquele "som" místico que contém, em forma integrada, todos os tipos de "Sons" que existem e desempenham diferentes papéis no Universo manifestado. Esses "sons" são de muitos tipos, alguns dos quais são totalmente desconhecidos de nós. O som com o qual estamos familiarizados no Plano Físico, e que a Ciência Moderna conseguiu investigar completamente, é apenas uma expressão do "Som", como ele existe em sua totalidade e forma integrada. *Nāda,* segundo a Doutrina Oculta, é a Força mais fundamental e misteriosa na Manifestação, e a fonte de muitos poderes Ocultos dos tipos mais baixos e mais elevados.

Bindu significa um ponto. No contexto do mecanismo da manifestação significa o ponto místico do qual, e através do qual, qualquer realidade Imanifestada é projetada no reino da manifestação. Conforme foi explicado em *O Homem, Deus e o Universo,* o ponto matemático ideal possui muitas propriedades extraordinárias, que o tornam um instrumento de manifestação ideal, e um meio de comunicação entre o Manifestado e o Imanifestado. A palavra sânscrita *Bindu* significa também uma "gota", ou seja, qualquer massa esférica da matéria unida por forças centrais. Também neste sentido se encaixa na concepção oculta do mecanismo de manifestação, pois, todo Sistema manifestado é um organismo assim.

Kalā é uma palavra sânscrita de uso comum, mas o significado especial da palavra, quando usada com relação ao mecanismo da manifestação, é muito raramente entendido, porque nenhuma das conotações comuns da palavra encaixa-se propriamente neste contexto. Posteriormente iremos tratar deste significado sutil, mas pode-se assinalar aqui que *Kalā* representa as formas ou funções diferenciadas de qualquer princípio no Manifestado, o princípio existindo em forma integrada no Imanifestado como *Shabda* ou "Som" imanifestado.

A fim de entender as funções e a relação de *Nāda, Bindu, Kalā* no processo da manifestação, seria útil recordarmos primeiramente o fenômeno análogo da dispersão da luz branca em um espectro de luzes coloridas por meio de um prisma. A luz branca é um estado integrado contendo todas as luzes do espectro dentro de si sob uma forma potencial e misteriosa. Quando passa através de um prisma de vidro, ela é dispersada em luzes coloridas que formam um espectro contínuo sobre uma superfície branca como foi explicado em outros contextos. O ponto importante a se notar neste fenômeno é que é o mecanismo peculiar do prisma que produz a diferenciação da luz branca e seu surgimento sob a forma de luzes coloridas. O experimento, assim, fornece uma ilustração muito simples, porém hábil, da diferenciação de um estado integrado em seus estados diferenciados, ambos podendo ser vistos simultaneamente presentes.

Já foi explicado que um Ponto ou *Bindu* é o instrumento da manifestação, e onde quer que um estado imanifestado transforme-se em um estado manifestado, um Ponto está envolvido. Assim, a função do ponto ou *Bindu* na manifestação é semelhante ao do prisma na dispersão da luz branca em luzes coloridas. Isto diferencia um *Tattva* ou um princípio em um estado integrado, de suas formas ou funções diferenciadas. Esta diferenciação pode ser representada de forma esquemática como segue:

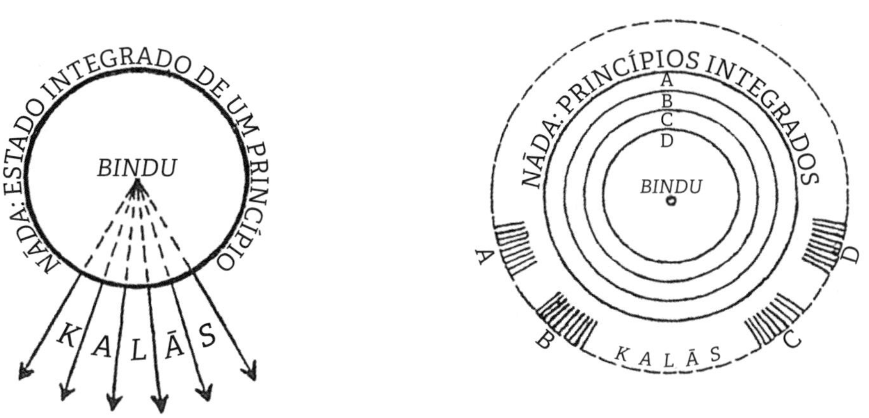

NĀDA, BINDU E *KALĀS*

Poderá ser visto, portanto, que um Ponto é não apenas o ponto de contato ou a porta entre o Imanifestado e o Manifestado, mas um instrumento de dispersar o estado integrado de um princípio em seus estados diferenciados correspondentes sob a forma de funções. Qualquer princípio quando desce de um estado integrado no Imanifestado para os estados diferenciados no Manifestado deve passar através do Ponto ou do Centro de Consciência comum. Todos os princípios no Imanifestado, representados pelos círculos concêntricos, podem, assim, ser visualizados como sendo projetados através do Ponto para seus respectivos espectros de funções diferenciadas ou *Kalās,* conforme mostrado na Figura *(B).* Cada princípio está relacionado a seu espectro respectivo de *Kalās* diferenciados, e pode executar suas funções no reino da manifestação, sempre que necessário. Veremos do que foi dito acima o quão intimamente o fenômeno da luz se assemelha à realidade da Consciência.

Consideremos agora os outros dois constituintes do mecanismo de manifestação com um pouco mais de detalhes, e perguntemos qual é a natureza essencial de *Nāda* e *Kalā.* Tomemos *Nadā* em primeiro lugar. Para compreendermos como um princípio integrado é diferenciado em seus constituintes respectivos, temos de lembrar que todos os princípios têm dois aspectos, um estático e relacionado à Consciência, o outro dinâmico e relacionado ao Poder. Como funções puras, estão relacionados à Consciência; na expressão dessas funções, estão relacionados ao Poder.

É a Consciência Suprema contendo essas funções em sua totalidade e na mais elevada forma integrada no Imanifestado que é chamada de *Brahmā Chaitanya.* Mas para que essas funções possam ser capazes de ser expressas na Manifestação, devem também estar presentes sob outra forma, que possa prestar-se automaticamente para sua expressão. Este aspecto da Realidade no Imanifestado é chamado *Shabda Brahmā.* É chamado "*Brahmā* como Som" porque o Movimento é a base da Manifestação, e todos os tipos possíveis de movimento estão presentes em seu estado mais elevado e integrado do Imanifestado como "Som" ou *Shabda.* É este "Som" misterioso, místico e incompreensível que é chamado "*Shabda Brahmā*" e é deste "Som", que é inerente a *Brahmā Chaitanya,* que são derivados todos os tipos possíveis de movimentos que subjazem aos fenômenos do Universo manifestado. Veremos do que foi dito acima que *Brahmā Chaitanya* e *Shabda Brahmā* têm, praticamente, a mesma importância que *Tattvas Shiva* e *Shakti,* e devem, portanto, ser polares em sua natureza.

É por causa desta polaridade que todo princípio quando desce ao reino do Manifestado em suas muitas formas diferenciadas tem sempre a Consciência em segundo plano, e todas as forças naturais, por meio das quais estas funções são levadas a cabo, são, consequentemente, forças conscientes e não agentes mortos ou insensíveis da Natureza como supõe a Ciência Moderna. É esta associação da Consciência ou "Inteligência" com cada força ou processo natural que explica a perfeita coordenação e ajustamento que está sempre ocorrendo em toda a parte na Natureza, um fato que os cientistas ortodoxos se admiram e ignoram.

Por outro lado, é pelo fato de a potencialidade para a expressão de uma função estar sempre presente no Imanifestado como *Shabda* ou "Som" Imanifestado que um Princípio sempre desce ao reino do Manifestado como *Nāda* que, em sânscrito, significa "som" manifestado. Todo Princípio que seja uma função da Consciência tem, por conseguinte, sua contraparte no mundo do Imanifestado em *Shabda*

Brahmā e no mundo da manifestação em *Nāda*. *Nāda* é, assim, o veículo da Consciência na Manifestação, e todas as diferentes funções da Consciência são, deste modo, representadas como vibrações características em *Nāda*.

À medida que a Consciência desce cada vez mais baixo no reino da manifestação sob a forma de estados de mente progressivamente inferiores, *Nāda* desce *pari passu* sob diferentes formas de energia que produzem o mundo de formas e efetuam interações entre elas.

Veremos, portanto, que *Shakti* ou Poder Divino é nada mais que Energia Consciente, com a Consciência como cavaleiro e a Energia como cavalo ou veículo para a expressão da Consciência. Em sua forma mais elevada, esta Energia Consciente mal pode ser distinguida da Consciência Divina ou *Tattva Shiva*. Em sua forma inferior, no mundo físico, mal pode ser distinguida das forças e energias aparentemente insensíveis com as quais se ocupa a Ciência Moderna.

A expressão de Energia Consciente integrada e potencial no reino do Manifestado sempre ocorre através do Ponto ou *Bindu*. Assim, a Manifestação é realmente um processo dual. Por um lado, a Consciência integrada desce mais baixo sob a forma de estados diferenciados da mente e, por outro, o "Som" integrado, que é um veículo e instrumento da Consciência, diferencia-se em inumeráveis formas de energias, sob a forma de forças que são potenciais, e movimentos que são cinéticos. São esses movimentos que fornecem a estrutura de todas as formas, e essas forças que regulam e controlam a criação, manutenção e destruição das estruturas. A Manifestação é um processo muitíssimo vasto e complicado, para nos permitir classificar ou compreender essas forças diferenciadas de *Nāda* em sua plenitude, mas se entendermos esses princípios subjacentes em linhas gerais, isto nos ajudará a entender até certo ponto a natureza de *Nāda* e sua relação com *Bindu e Kalā*.

Consideremos agora o terceiro constituinte do mecanismo da manifestação – *Kalā*.

Kalās são as formas diferenciadas de um princípio de manifestação, e correspondem às luzes coloridas do espectro, quando a luz branca integrada é dispersada por um prisma. Conforme salientado no início, cada princípio, em sua forma integrada no Imanifestado, fraciona-se em seu próprio espectro característico de *Kalās* no Manifestado. *Kalās*, sobre cuja importância há muita incerteza e confusão, será visto então como não sendo coisas determinadas, mas formas diferenciadas e ativas de funções Divinas que não podem ser determinadas e definidas com exatidão. Sua natureza é, assim, muito semelhante à natureza das luzes coloridas em um espectro.

O ponto importante a se notar agora é que as formas de *Kalās*, de cada Princípio ou *Tattva*, só vêm à existência quando o "Som", que corporifica esses princípios no Imanifestado, passa através de um *Ponto* ou *Bindu*. *Kalās* são, então, as características do estado manifestado e não podem ser discernidas no estado imanifestado, embora devam nele estar presentes potencialmente. Elas indicam a atividade correspondente a cada função. Aliás, a palavra sânscrita *Kalā* é derivada da raiz *Kala*, que significa "exercer poder", "ativar", "impelir", etc. Implica exercer uma função ou empenhar-se em alguma atividade que lhe seja apropriada. Quando uma função é exercida, o *Kalā* correspondente pode ser considerado como entrando em atividade.

Tāntrik e outros eruditos, a fim de desenvolver o conceito de *Kalā* e dar-lhe uma aparência científica, tentaram enumerar e classificar os *Kalās* de diferentes princípios. Essas enumerações e classificações são arbitrárias, não claramente definidas e sem nenhuma base racional. Variam largamente com o histórico do erudito e sua concepção referente à natureza desses princípios e suas funções, e geralmente confundem o estudante médio, que é incapaz de entender claramente o que um *Kalā* é essencialmente. Uma análise cuidadosa desses *Kalās* mostrará ao estudante que estas classificações meramente tentam indicar as funções diferenciadas e os poderes correspondentes dos princípios envolvidos, uma tarefa que é quase impossível, por causa de sua complexidade e natureza indeterminada. É melhor, portanto, ter a mente esclarecida com relação à natureza essencial de *Kalās* e deixar em aberto a questão de sua classificação.

Poderá ser visto, do que foi dito acima, como o Conceito Oculto referente à natureza de *Nāda, Bindu e Kalā* serve para lançar luz sobre a base última do mecanismo de manifestação e nos dar alguma ideia referente à natureza do *Krama*, que subjaz ao Universo manifestado e a que se fez referência nos *Yoga-Sūtras* (III-53, IV-32, IV-33). Uma ideia definida, embora ampla, da Cosmogênese, é parte essencial da Doutrina Oculta, mas, a menos que tenhamos uma ideia clara com relação à natureza essencial dos fatores fundamentais que estão envolvidos no mecanismo da manifestação, é provável que não apreendamos a importância de muitos processos envolvidos na Cosmogênese.

A fim de compreender como os princípios existentes em forma integrada no Imanifestado são diferenciados em suas respectivas formas diferenciadas ao passarem através do Ponto, provendo assim a complexa e vasta parafernália de um Sistema manifestado, tomemos alguns dos princípios fundamentais para ilustrar este processo de diferenciação. O prefixo *Mahā,* em sânscrito, significa "grande", e quando unido a algum substantivo geralmente indica a forma ou aspecto mais elevado ou último da coisa que o substantivo representa. Quando usado em conexão com os princípios que formam a base de um Sistema manifestado, geralmente indica a forma integrada do princípio como ele existe no Imanifestado.

Comecemos com *Mahākāsha*. *Mahākāsha* é o princípio último do Espaço como existe no Imanifestado. Quando diferenciado pelo *Mahābindu* assume a forma de diferentes espaços mentais nos quais funcionam os mundos mentais dos diferentes planos[5]. É em virtude desses espaços serem criados pela mente na ideação Divina ou individual, que eles não têm existência em si mesmos, sendo, portanto, chamados ilusórios. É também por esta razão que os espaços produzidos no reino da manifestação são chamados *Chidākāsha* ou "espaço mental" em contraste com *Mahākāsha,* o princípio do espaço no Imanifestado.

As mesmas observações aplicam-se a *Mahākāla,* o princípio último do Tempo. Segundo a Doutrina Oculta, diferentes medidas de tempo operam nos diferentes planos de existência, correspondendo a diferentes espaços mentais. Essas diferentes medidas de tempo permitem que um número maior ou menor de imagens mentais, e portanto, de experiências, sejam condensadas no mesmo período de tempo, julgando-se pelo nosso padrão. Como eventos nos mundos inferiores da

5 Vide Nota 2 do Capítulo 7, p. 130. (N.E.)

ilusão são, de uma forma misteriosa, uma sombra[6] do que acontece nos mundos espirituais (*Yoga-Sūtras* IV-22), é necessário que os acontecimentos, nos diferentes planos de existência, embora diferentes, devam manter o ritmo. São as diferentes medidas de tempo que tornam isto possível. Portanto, essas diferentes medidas podem ser consideradas como formas diferenciadas de *Mahākāla* no reino da manifestação. Elas são os *Kālas de Mahākāla*.

De acordo com a Doutrina Oculta, cada Sistema Solar no Universo é a expressão da Vida e da Consciência de um poderoso Ser Divino que governa e orienta sua evolução a partir do interior, perpassando-a e, assim, controlando-a. Esta é a razão por que a Deidade que preside um Sistema Solar é chamada *Īshvara,* que significa "o Senhor e Soberano" em sânscrito. Há bilhões de sistemas solares espalhados por todo o Universo, que é tão vasto que a luz leva milhões de anos viajando de uma extremidade a outra, se houver um fim. Estarão esses sistemas solares funcionando independentemente e ao acaso? Sim, de acordo com a Ciência Moderna. Não, segundo a Ciência Oculta. Segundo a Doutrina Oculta, todos esses inumeráveis sistemas solares são expressões infinitas no reino da manifestação do Princípio *Logoico,* que existe eterna e potencialmente no Eterno Imanifestado, e que é geralmente chamado de *Logos* Cósmico Imanifestado. Embora aparentemente independentes e separados por distâncias enormes uns dos outros, todos os sistemas solares estão intimamente em contato nos planos espirituais internos, e funcionando em perfeita harmonia e coordenação, porque sua Consciência mais recôndita está centralizada no *Logos* Cósmico, a Deidade que preside e governa todo o Cosmos. Esta é a razão por que a Ele nos referimos como *Maheshvara* (*Mahā Īshvara).* Aqui, novamente, podemos considerar estes *Logoi* Solares como os *Kalās* do *Logos* Cósmico, o Princípio *Logoico* no Eterno Imanifestado.

Poderíamos considerar desta maneira princípio após princípio como existem em forma integrada no Imanifestado, e rastrear suas

6 "Sombra" em um plano inferior de algo em um plano superior, por analogia, é como a projeção da sombra colorida, porém mais escura, que se forma quando a luz, atravessando um cubo tridimensional semitranslúcido, gera um quadrado bidimensional em uma folha de papel branca. (N.E.)

expressões infinitas e variadas no reino do Manifestado, mas não é preciso fazê-lo. O estudante deveria ser capaz de apreender a ideia subjacente, e por si mesmo empreender este tipo de exercício para esclarecer suas ideias referentes a estas doutrinas fundamentais da Ciência Oculta. O estudante da Ciência Oculta não deve ter uma atitude negativa com relação a estas doutrinas como têm os seguidores das religiões ortodoxas com relação às suas escrituras – repeti-las como uma rotina sem fazer qualquer esforço sério para entendê-las ou aplicar as verdades espirituais às suas vidas.

A fim de entender o mecanismo da manifestação de maneira apropriada, temos de apreender não apenas como os princípios integrados no Imanifestado são diferenciados nos mundos manifestados, mas também como esses estados diferenciados dos diferentes princípios estão relacionados entre si. Pois do harmonioso relacionamento desses princípios diferenciados dependem a perfeita coordenação e o ajustamento das forças e dos processos que encontramos em toda parte na Natureza. Esses estados diferenciados devem não apenas estar relacionados, mas harmoniosamente relacionados, porque são todos derivados de um Estado ou Princípio Superintegrado, perfeitamente harmonizado, existente no coração do Universo.

O Universo manifestado, como foi assinalado em muitos contextos, é uma repetida projeção e expressão desta Realidade Última no Centro. Nesta projeção, os princípios são diferenciados ainda mais a cada passo, mas seu relacionamento mútuo em cada nível permanece o mesmo, ou melhor, análogo, e é desta forma que a unidade e a harmonia de todo o Cosmos é mantida, apesar das complexidades e dos movimentos aparentemente não relacionados que estão ocorrendo em toda parte. O comportamento da água em uma bacia redonda que esteja sendo centrifugada a partir do centro, proporciona uma boa ilustração das condições existentes em tal sistema. A água em toda parte está em constante movimento e mudança, mas o comportamento das partículas que estão equidistantes do centro é aproximadamente semelhante, e suas relações mútuas são também aproximadamente as mesmas. E no âmago desta água, em um estado de fluxo, há um centro ideal no qual não há absolutamente qualquer movimento ou mudança.

Uma das características mais surpreendentes das experiências progressivas que são obtidas em *Samādhi* quando a consciência se expande, passo a passo, e se aproxima do centro de sua origem, é a maravilhosa unidade e harmonia que é mantida nas mudanças enormes e às vezes cataclísmicas que ocorrem na consciência. As mudanças são às vezes muitíssimo fundamentais e inesperadas, mas não há sentimento de perplexidade e falta de compreensão em nenhuma etapa. Ao contrário, há uma compreensão muito mais profunda e mais clara de tudo, previamente conhecido ou desconhecido. Todo o Universo parece estar dissolvendo-se em um mar de Luz, que é a substância mesma do entendimento e da perfeita compreensão.

Acredito que seria útil se considerássemos especificamente o tipo de harmonia que é mantido entre os princípios que governam os fenômenos dos diferentes planos. Vimos que os fenômenos dos diferentes planos, embora enormemente diferentes, estão ainda baseados em alguns princípios fundamentais da existência, que são partes integrantes do mecanismo da manifestação. É impossível determinar e saber definitivamente o número e a natureza desses princípios por causa das limitações que são inerentes ao intelecto e ao conhecimento intelectual. Mas podemos reconhecer pelo menos algumas dessas verdades básicas da existência, tais como tamanho médio das partículas, comprimentos de ondas das vibrações, dimensões do espaço, medidas de tempo, etc. São esses aspectos que caracterizam a estrutura dos diferentes planos, entre os quais são mantidas perfeita coordenação e harmonia no processo de manifestação, e é da manutenção desta coordenação e harmonia que depende a unidade da Consciência funcionando nos diferentes planos. Esta é uma ideia sutil que é difícil de apreender, mas se o estudante ponderar profundamente sobre ela verá que deve ser assim, se o Universo for a expressão de uma Realidade Última que é Perfeita, Total e Integrada.

Capítulo 14

O Estado Integrado – I
Características Essenciais

À medida que a consciência retrocede em direção à sua fonte na prática do *Yoga* superior, veem-se todos os estados e expressões de um princípio particular reunir-se progressivamente e fundir-se uns nos outros até serem, por fim, vistos como derivados de um único princípio. Ao mesmo tempo todos os princípios subjacentes à Manifestação, por sua vez, são vistos reunindo-se e fundindo-se uns nos outros, e no último estágio são vistos como aspectos diferenciados apenas do Princípio Uno. É por esta razão que esse Princípio Último ou o Absoluto é chamado de Estado Superintegrado e é o mais elevado e o mais sutil estado em existência.

A concepção do Estado Integrado que é, na verdade, um aspecto da concepção da Realidade Última, é não meramente uma questão filosófica de interesse fascinante, nem apenas uma questão religiosa de importância vital para o homem, mas também uma questão científica da maior importância para os cientistas. Além do fato de que isto lança luz sobre questões tais como a origem e a natureza do Universo – questões que são pelo menos de interesse acadêmico para a Ciência – tem grande valor científico, porque parece fornecer algumas pistas para desvelar muitos enigmas da Ciência Moderna e responder, até um certo ponto pelo menos, muitas questões que vêm confundindo os cientistas há algum tempo.

Questões referentes a problemas fundamentais tais como a infinita fonte de energia encontrada no Universo, a natureza da radiação e do elétron, a relação de Espaço e Tempo, etc., vêm atormentando o mundo científico há algum tempo, e ainda assim não parece haver qualquer solução satisfatória à vista. Aliás, eles, em desespero, perderam a esperança de encontrar soluções para tais problemas. Se considerarem cuidadosamente a concepção do Estado Integrado e outras Doutrinas Ocultas relacionadas a isto, talvez a luz comece a aparecer gradualmente, e eles devam pelo menos começar a entender a direção que têm de seguir para encontrar uma solução satisfatória.

Desde o início é preciso afirmar que o conceito de Estado Integrado é baseado na Doutrina Oculta de que a base do Universo manifestado é mental, e a mente é uma forma diferenciada da Consciência Pura. Assim, a relação de um estado integrado com os estados e as expressões diferenciados, que dele são derivados, não pode ser uma relação mecânica, que possa ser expressa nítida e sucintamente em termos de uma fórmula matemática. Somente o que está completamente no reino da manifestação, e corporificado em uma forma, pode ser concebido, entendido e formulado. O que está no reino da Consciência, e assim, além da Manifestação, não pode ser concebido ou formulado. Sua expressão pode ser conhecida e expressa, mas em si mesmo ele é indeterminado. Veremos, portanto, que na relação do estado integrado e suas expressões, ou em um nível inferior, de vida e forma, somente um elemento da dualidade pode estar sujeito às leis mecânicas do mundo manifestado, usando a palavra "mecânica" em seu sentido mais amplo e sutil. O outro elemento, por sua própria natureza, é inconcebível, inescrutável, imprevisível e sendo da natureza da Consciência, só pode ser conhecido na consciência da própria pessoa como experiência direta.

A fim de entendermos esta relação claramente, consideremos a princípio a relação de um arquétipo e suas expressões no Plano Físico. Frequentemente vemos um arquétipo expressando-se em formas incontáveis. O arquétipo de uma rosa, por exemplo, pode encontrar expressão em incontáveis rosas, todas diferentes entre si. É como a ideia abstrata de um triângulo que pode ser expressa em inumeráveis triângulos de todos os tipos e tamanhos. A relação de um estado integrado e suas expressões assemelha-se a isto, mas a similaridade é apenas parcial e há uma diferença fundamental subjacente. A diferença encontra-se no fato de que um arquétipo ou uma ideia abstrata não pode por si só produzir uma rosa ou um triângulo. O arquétipo ou a ideia abstrata de uma coisa é precisamente igual a um modelo no mundo mental, que fornece as características essenciais da forma, mas não consegue prover o impulso e a energia para criar, exatamente como uma planta baixa de um edifício não pode produzir um edifício, ou um conjunto de cópias heliográficas[7] não pode produzir um avião. Algo mais é necessário, e este algo é energia, vida, inteligência, tudo derivado da Consciência.

O fato acima é de grande importância se quisermos entender o ponto de vista Oculto com relação à natureza e origem do Universo, em contraste com o ponto de vista científico puramente materialista, que considera o Universo como um produto de forças cegas da Natureza. Devemos compreender claramente que a mente – superior e inferior – fornece somente a substância, os modelos e os instrumentos para a produção de formas. Mas a Realidade que está por trás da mente e da qual a mente é derivada provê a energia, o propósito, desígnio, poder de percepção – todos relacionados à Consciência – na manifestação do Cosmos. A equação do estado integrado, por um lado, e suas expressões, por outro, jamais podem ser completadas como simbolizado abaixo:

$$F(X)? = x_1 + x_2 + x_3 \cdots \cdots \longrightarrow \alpha$$

Consideremos o mesmo problema de um ponto de vista diferente para esclarecermos ainda mais nossas ideias sobre o assunto. Foi assinalado em diferentes contextos que a Manifestação é um repetido processo de projeção, envolvimento e expressão do Um e da Realidade

7 Uma "copiadora ou duplicadora heliográfica" é um aparelho utilizado no mundo da reprografia para fazer cópias de contato em papel a partir de desenhos originais (projetos, esquemas de engenharia) feitas com essa finalidade em "papel vegetal" ou qualquer outro material translúcido utilizando diferentes procedimentos. (Wikipédia) (N.E.)

Última, em estados de matéria progressivamente mais densos e estados de mente menos sutis. Esta Realidade projeta-se em um estado inferior de si mesma; é envolvida nesse estado permeando-o, e depois se expressa, através desse estado, em formas cada vez mais complexas e evoluídas. Toda essa ideia foi apresentada majestosamente, mas de um modo um tanto diferente, no seguinte verso das escrituras hindus

स्वेमहिम्नि स्वयं स्थित्वा स्वयमेव प्रकाशते ।

sve mahimni svayam sthitvā svayameva prakāshate

> "Ele Se estabelece em Sua própria glória, e então brilha através dela em Seu Divino esplendor."

O processo conjunto de projeção, envolvimento e expressão referido acima é repetido produzindo diferentes níveis de manifestação, que são característicos do complexo Cosmos que se encontra oculto dentro do ultraperiférico Universo físico, o único com o qual os cientistas estão familiarizados. Poderá ser visto, portanto, que não somente é o Cosmo, em seu aspecto total, uma expressão da Realidade Última, mas que esta Realidade está envolvida na Manifestação da forma mais íntima, em cada nível e em cada esfera de existência. E há dois fatores presentes em cada aspecto deste envolvimento, um subjetivo e outro objetivo. Essas duas realidades polares, subjacentes à Manifestação em toda a parte, são chamadas de Espírito e Matéria, ou *Purusha* e *Prakriti*, e representadas simbolicamente pelo triângulo duplo entrelaçado com o qual a maior parte dos estudantes da Ciência Oculta está familiarizada.

Antes de abordarmos a natureza e a relação dos estados integrados e diferenciados, vamos primeiramente esclarecer um pouco mais nossas ideias com relação ao Espírito e à Matéria, ou *Purusha* e *Prakriti,* que encontramos entrelaçados e interagindo em cada esfera e nível da Manifestação, produzindo a infinita variedade de fenômenos no Cosmos.

Tomemos primeiramente o componente desta dualidade a que chamamos de Matéria. O estudante deve notar cuidadosamente que, pela palavra "Matéria", nós, em Ciência Oculta, não queremos dizer "matéria" no sentido costumeiro com que o homem comum ou mesmo o cientista usa a palavra. Em Ciência Moderna, a palavra "matéria" é usada para denotar aquela parte da existência manifestada que é tangível, possui "massa" e é corpuscular em sua base. Esta concepção científica de matéria foi fundamentalmente modificada pelas recentes descobertas na Física e na Química, que mostram que a matéria é essencialmente "radiação encapsulada", conforme a chamou James Jeans. Como esta é uma concepção muito vaga e nebulosa, o cientista agora não sabe verdadeiramente o que a matéria realmente é, ou como defini-la. A natureza da "massa", pela qual a matéria é definida, ainda deixa perplexo o cientista da mesma forma que antes, talvez muito mais.

Em Ciência Oculta, usamos a palavra "Matéria" no sentido de um Princípio Último que é o oposto de Espírito ou Consciência e que emerge com o Espírito ou Consciência para produzir o estado de Vazio do Absoluto ou da Realidade Última. Matéria é, assim, a negação ou antítese de Espírito ou de tudo que o Espírito implica. Desse modo, a palavra é usada em Ciência Oculta em um sentido muito amplo e sutil, que dificilmente tem algo em comum com a concepção de matéria na Ciência Moderna. Em sua concepção mais elevada de "Matéria" na Filosofia Hindu, *Prakriti* ou Natureza é considerada como sendo *Mahāmāyā*, a Grande Ilusão, que obscurece a plena percepção da Realidade, possibilitando assim a Manifestação.

Assim como a Matéria é um Princípio, assim também o é o Espírito, mas com uma diferença fundamental. Ele é o elemento positivo na dualidade de Luz e Trevas. É da essência da Consciência e assim infinito, imprevisível e imensurável em sua natureza e potencialidades.

Já foi assinalado que a Manifestação é uma repetida projeção, envolvimento e expressão da Realidade Una em estados progressivamente mais densos de matéria e estados mais sutis de mente. Nos diferentes níveis da manifestação, que resultam do processo repetido, o estado superior encontra-se refletido no estado inferior de uma forma misteriosa, em cada estágio da descida a um estado inferior. O estado superior é não apenas refletido no estado inferior *como um todo*, mas em grande medida é também diferenciado[8], levando assim ao surgimento de estados e princípios mais numerosos e diversos. É por esta razão que em todo o nível da manifestação, todo princípio se encontra presente em formas modificadas e diversas, embora seja difícil rastreá-lo nas ramificações de suas incontáveis expressões.

O reflexo do estado superior em um estado inferior, *como um todo*, significa, realmente, o reflexo do estado numa forma integrada. Pois a principal característica de um estado integrado, distinto de um estado diferenciado, é a semelhança e totalidade do estado em toda parte, embora verdadeiramente não haja partes ou aspecto em um tal estado. Talvez fosse mais apropriado dizer que não é possível distinguir um aspecto de outro em um estado integrado, embora todos os seus aspectos estejam nele presentes em forma potencial, e possam manifestar-se quando preciso, quando as condições necessárias estiverem presentes. É neste sentido que o Estado Integrado é denominado *Nirvishesha* "sem quaisquer características particulares".

Uma ideia da distinção entre um estado integrado e os estados diferenciados dele derivados pode ser obtida, até certo ponto, comparando-se a luz branca com o espectro colorido dela derivado. A luz branca é integrada, total e a mesma em toda parte. O espectro colorido é diferenciado, fragmentado em luzes de diferentes cores, a cor e a frequência da luz em toda parte diferindo da cor e frequência da luz em qualquer outra parte.

Embora o Estado Integrado seja um estado transcendental e acima dos estados diferenciados da mente em que vivemos, ainda assim, é necessário que o aspirante force seu intelecto ao máximo e tente entendê-lo intelectualmente até onde possa, com suas atuais limitações. Pois na natureza do Estado Integrado estão ocultos não apenas todos os segredos e soluções de enigmas da Filosofia e da Ciência, mas também

---

8 No final do século XX, surgiu o conceito da transdisciplinaridade, em que coisas percebidas como diferenciadas em um nível inferior são percebidas como a mesma em um nível superior, sem ser nem uma, nem outra, mas algo que está também entre elas e as integra. Exemplificando com uma analogia: a' e a", que são coisas diferentes nesse nível, em um nível superior seriam simplesmente "a". Da mesma forma, "a" e "b", em um nível ainda mais superior poderiam ser percebidas como compondo algo maior, o "alfabeto"; e assim sucessivamente. (N.E.)

o supremo segredo de sua própria existência, que ele está buscando e que o libertará das ilusões e limitações da vida nos planos inferiores.

Este estado só pode ser "conhecido" no seu verdadeiro sentido pela técnica do *Yoga* de "conhecer por vir a ser", ou seja, suprimindo todas as modificações da mente no plano inferior, quando o estado não modificado da mente emerge de dentro da mente e pode ser experimentado. Este é um estado de pura Consciência, do qual as modificações foram derivadas, e pelo qual essas modificações foram iluminadas. É esta Consciência, distinta da mente modificada, que possui todas as características do Estado Integrado em grau maior ou menor. "Em grau maior ou menor" porque o Estado Integrado, como tudo mais no reino da manifestação, é governado pela relatividade. É o repetido reflexo da Realidade nos estados inferiores de si mesma que resulta no surgimento desses estados integrados relativos em diferentes níveis. Esta questão foi discutida com algum detalhe ao lidarmos com a natureza de *Asamprajnāta Samādhi* e com a relação de "Mente e Consciência".

Mas antes de passarmos a discutir a natureza do Estado Integrado, é preciso que o estudante da Ciência Oculta entenda que este estado é não apenas uma das suposições hipotéticas, ou abstrações teóricas de que são ricas a literatura da filosofia acadêmica ou da ciência teórica. É um estado real que pode ser experimentado e conhecido definitivamente, mais definitiva e realisticamente do que qualquer outra coisa possa ser experimentada no mundo fenomenal da mente. Aliás, a experiência direta de todos esses estados integrados relativos, um após outro e, por fim, do verdadeiro Estado Integrado, é o verdadeiro objetivo do *Yoga*. É dessas experiências que deriva todo o conhecimento referente a todas as verdades transcendentais da existência. E se a Ciência Moderna quer "conhecer" os segredos últimos da Natureza, sem se debater eternamente em incertezas e abstrações matemáticas, ela terá que deixar seus métodos atuais, baseados em aparelhos físicos externos, e seguir a trajetória da Ciência Oculta, testada e consagrada pelo tempo, com base na disciplina do *Yoga*.

Já foi ressaltado que a natureza do Estado Integrado é uma questão que é de grande interesse e importância em todos os três campos fundamentais do conhecimento – Religião, Filosofia e Ciência. É de importância na esfera da religião porque lança luz sobre a natureza da Divindade ou da Realidade que jaz oculta na base do Universo manifestado. Aliás, nossas concepções sobre esse estado são derivadas em grande parte das concepções da Divindade encontradas nas escrituras das grandes religiões do mundo, ou da concepção da realidade encontrada na Ciência Oculta. A concepção desse estado é de importância na Filosofia porque lança luz sobre a natureza e a origem do Universo, sobre a natureza da Manifestação e a relação do Manifestado e do Imanifestado. É de importância na Ciência porque lança luz sobre muitos problemas que surgiram durante os recentes desenvolvimentos em muitos campos da Ciência Moderna, desenvolvimentos que eliminaram a base de toda a estrutura da teoria científica e da filosofia. A natureza da infinidade e sua natureza relativa, a origem das dualidades que se encontram ocultas na base de todos os fenômenos naturais, a infinita fonte da energia que está aparentemente oculta em algum lugar, a alternância de estados opostos e a tendência constante encontrada na Natureza de se reverter a um estado de equilíbrio, todos estes e muitos problemas mais que atormentam o mundo científico, e têm levado cientistas às raias do desespero, não podem ser entendidos nem mesmo parcialmente, a não ser à luz da concepção filosófica do Estado Integrado.

Ao tentar obter alguma compreensão do Estado Integrado, será útil começarmos com o significado interior e a importância de algumas palavras usadas em sânscrito com referência à Realidade subjacente ao Universo. As duas palavras usadas muito frequentemente com relação a isto são *Nirvishesha e Aparināmita.*

Nirvishesha significa literalmente "sem quaisquer particulares (mas contendo todos os particulares em forma potencial)". Esses "particulares" dependerão da natureza do Estado Integrado e se tornarão aparentes quando o Estado Integrado se tornar diferenciado. Vejamos um estado integrado simples como a luz branca. A luz branca não contém qualquer cor específica como tal, mas ainda assim contém todas as cores potencialmente. Todas estas diferentes cores constituintes tornam-se manifestadas e podem ser vistas juntas quando a luz branca é dispersada por meio de um prisma sob a forma de um espectro.

Tornam-se manifestas individualmente, quando a luz branca verte-se sobre objetos de diferentes cores, que absorvem parte da luz branca e refletem de volta as remanescentes.

A luz branca representa um estado integrado simples no Plano Físico. Vejamos agora um estado integrado muito mais complexo, a consciência humana. A consciência humana, muito embora seja a expressão mais inferior da Consciência Divina, é uma das coisas mais misteriosas e maravilhosas do mundo, embora em nossa preocupação com os afazeres mundanos, e devido à nossa falta de sensibilidade, estejamos despercebidos deste fato. Devido à falta de senso de discriminação e valores estamos extenuando todas as nossas faculdades para descobrir o que está presente na lua ou mesmo nas estrelas distantes, mas aqui está nossa consciência humana, contendo ocultos, dentro de seus recessos mais profundos, infinito conhecimento, poder, bem-aventurança e todos os segredos da Natureza, e não damos importância alguma a este fato.

A maravilhosa natureza da consciência humana e o fato de que contém dentro de si potencialmente um número infinito de atributos, funções, faculdades etc., que podem manifestar-se de acordo com as necessidades e circunstâncias presentes, podem ser vistos em nossas experiências comuns. Imaginemos um rei sentado em meditação. Neste estado de sua consciência, todas as funções e atributos humanos estão em estado suspenso, e presentes apenas em forma potencial. Ele se levanta e se mistura com os membros de sua família. Imediatamente ele torna-se e atua como pai para com seus filhos, como marido para com sua esposa, como soberano para com seus servos. Todas essas diferentes funções estão presentes potencialmente em sua consciência e entram em ação, como e quando necessárias, sem nenhum esforço consciente de sua parte.

Busquemos outro aspecto de seu estado integrado de consciência, que encontra expressão em diferentes atitudes e emoções. Ele se comporta com relação aos membros de sua família com amor e afeição, para com seus súditos com solidariedade e consideração por seu bem-estar, para com os que estão em conflito com a justiça, para com os criminosos com austeridade e em estrita conformidade com a lei. Todas essas diferentes atitudes e emoções estão presentes em sua consciência potencialmente e manifestam-se quando necessárias.

Vejamos outro aspecto do estado integrado de sua consciência, aquele que está relacionado às suas faculdades mentais. O rei julga um de seus súditos por um crime. Um julgamento apropriado emerge de sua consciência conforme necessário. Um novo palácio tem de ser construído. Surge uma cópia para o edifício de acordo com seus desejos. Um inimigo ataca seu reino. Uma estratégia de defesa é formulada e posta em ação imediatamente.

Assim, sua consciência é capaz de produzir de si mesma qualquer função, quaisquer atributo e faculdade, como e quando for necessário, embora indicação alguma da presença de nenhuma dessas coisas esteja presente quando o rei está sentado em meditação. É verdade que as funções, atributos e faculdades, etc. têm de ser desenvolvidos gradualmente pelo processo de evolução, mas permanece o fato de que todos eles estão presentes juntos, em forma integrada em sua consciência, e podem surgir quando necessário em sua vida.

Tudo isso é verdadeiro no caso da consciência humana comum que é comparativamente muito pouco desenvolvida. Imaginemos as potencialidades que devem estar ocultas no Estado Integrado da Consciência Divina, que pode extrair de si qualquer atributo, qualquer poder, qualquer função necessária para operar o vasto mecanismo de um Sistema manifestado. E tentemos imaginar a natureza da experiência que é obtida nos estágios mais elevados do *Yoga*, quando o iogue é capaz de obter um vislumbre desta Consciência Divina, integrada ou diferenciada.

Aparināmita significa "imutável". O que é *Nirvishesha* ou "sem particulares" deve também ser imutável. A razão para isso está na própria natureza dos estados integrado e diferenciado. Somente quando o estado diferenciado aparece é que pode haver estados particulares que podem ser distintos entre si. E somente quando há estados, aspectos ou partes particulares que podem ser distintas entre si, é que pode haver alguma mudança. Pois mudança é nada mais do que a transposição de diferentes partes de um todo, ou a substituição de um estado ou aspecto por outro dentro de um todo. E onde não há partes, estados, aspectos que sejam diferentes e possam ser distintos entre si, obviamente não pode haver qualquer mudança. Assim, mudança é uma característica do estado diferenciado, e o Estado Integrado deve ser "imutável". E já que a Mente é um produto diferenciado da Consciência, apenas ela pode estar sujeita à mudança, enquanto a Consciência deve estar acima da mudança.

Os dois atributos da Consciência Integrada, discutidos acima, mostram claramente como este estado de consciência deve também estar acima do tempo e do espaço. Pois, como percebemos ou nos tornamos perceptivos do espaço? Pela presença de diferentes coisas que ocupam diferentes partes do todo e as relações espaciais que existem entre essas coisas. Se não há partes no todo, naturalmente não haverá relações espaciais, e assim nenhum meio de se perceber o espaço. Em outras palavras, o estado integrado de consciência estará acima do espaço.

As mesmas considerações prevalecem no caso do tempo. Tornamo-nos perceptivos da passagem do tempo como resultado das mudanças que notamos em nosso ambiente, e mente, ou num sentido mais profundo, nas diferentes partes ou estados do todo que estão presentes lado a lado. Se não há partes, se não há quaisquer estados que possam ser distintos entre si, não pode haver mudança, e se hão há mudança, a percepção de tempo estará ausente. Em outras palavras, o estado integrado de consciência estará acima do tempo.

Veremos, portanto, como a concepção corporificada na palavra sânscrita *Nirvishesha* fornece uma pista para os outros atributos do estado integrado de consciência. É óbvio que é a diferenciação e o consequente surgimento de diferentes partes, estados, aspectos etc., que jazem na base do mundo fenomenal, que criam as ilusões da mudança, tempo e espaço. O estado integrado de Consciência ou Realidade deve, portanto, estar acima dessas ilusões, mas num sentido relativo. Somente o Estado Superintegrado do Absoluto é que está acima dessas ilusões no sentido absoluto.

Capítulo 15

O Estado Integrado – II
Infinitas Expressões da Consciência

Tendo considerado a natureza do Estado Integrado de uma maneira geral, vejamos agora como essa concepção lança luz sobre os problemas da Filosofia e da Ciência, problemas que parecem desafiar solução e que têm criado muita confusão no pensamento científico. É pelo fato de a Ciência Moderna se encontrar em terreno muito seguro, no que diz respeito a fatos e leis do mundo puramente físico, e poder assim utilizar com completa confiança e exatidão as forças da Natureza na investigação dos fenômenos do mundo físico, e especialmente ao produzir resultados espetaculares, que as confusões e contradições das conclusões científicas são toleradas e mesmo aceitas cegamente. Não fosse por este fato, as teorias gerais da Ciência Moderna referentes à vida em geral, e particularmente suas aventuras no reino da Filosofia, não teriam sido levadas muito a sério, mesmo se não fossem rejeitadas completamente.

A mente humana é propensa a adorar o sucesso cegamente, e se qualquer indivíduo ou grupo de indivíduos alcançarem sucesso notável, em qualquer linha, são imediatamente colocados sobre um alto pedestal e considerados aptos para fazer julgamentos sobre qualquer questão, muito embora não tenham o mínimo de qualificação ou competência para fazê-lo. As opiniões de cientistas com relação à origem, natureza e ao destino do Universo, a rejeição que fazem às ideias mais elevadas referentes à vida humana e ao Universo, que foram proclamadas e repetidamente enfatizadas pelos Grandes Instrutores e Profetas das religiões do mundo, a recusa que fazem de considerar seriamente as doutrinas da Ciência Oculta, todas essas coisas devem ser consideradas à luz do que já foi dito anteriormente.

A Ciência Oculta não tem a pretensão de oferecer uma solução clara e inequívoca sobre esses problemas insolúveis. Considera os problemas mais profundos referentes ao Homem, a Deus e ao Universo[1] como demasiadamente estupendos para serem resolvidos ou mesmo compreendidos pelo insignificante intelecto humano. Mas afirma que o Universo é um Cosmos criado e guiado por uma Inteligência Suprema, e não um hospício autocriado por "um concurso fortuito de átomos" e a interação de forças cegas da Natureza; que há uma Realidade Divina subjacente e que o permeia, e que portanto há harmonia, beleza, propósito ocultos no interior do aparente conflito, confusão e falta de finalidade que vemos exteriormente devido à nossa visão limitada; que é possível conhecer diretamente esta Realidade e os mundos interiores de beleza, harmonia e poder que sustentam e guiam o estupendo Universo físico; que todo esse conhecimento foi obtido por métodos bem testados da Ciência Oculta; que pode ser novamente obtido e verificado por qualquer pessoa que se esforce o necessário. Mas só pode ser obtido por métodos da Ciência Oculta consagrados pelo tempo, e não por métodos exigidos e impostos por cientistas que nada sabem sobre essas coisas, e com elas se preocupam menos ainda.

Vamos agora examinar de forma geral alguns desses problemas da Filosofia, e ver se a Ciência Oculta ajuda-nos a pelo menos entendê-los inteligentemente, em vez de nos confundir e nos desconcertar como fazem as teorias da Ciência Moderna. Vejamos primeiramente como a concepção do Estado Integrado lança luz sobre alguns desses problemas.

Vimos no último capítulo que o Estado Integrado é total, imutável, o mesmo em toda parte, e não contém partes ou estados que possam ser distintos uns dos outros. Obviamente, um estado assim estará acima da jurisdição da Matemática. Pois, em Matemática, lidamos com relações de

1 O livro *O Homem, Deus e o Universo,* do mesmo autor, referenciado no Prefácio, traz uma reflexão metafísica sobre esses assuntos. (N.E.)

coisas entre si, e se não há coisas ou partes no interior do todo, não surge a questão de relações existentes entre elas. E assim, esse estado deve estar acima das leis da Matemática em si mesma. Mas como foi mostrado no capítulo anterior, um estado integrado contém dentro de si, em forma harmonizada e potencial, todas aquelas coisas que possam ser dele derivadas na diferenciação. Deve, portanto, conter dentro de si, em forma harmonizada e potencial, todas aquelas leis da Matemática que regulam as relações das coisas, que dele aparecem quando ocorre diferenciação e manifestação. Esta é uma ideia extremamente fascinante, embora sutil, que o estudante deve tentar apreender. Se há dois estados, um integrado e o outro diferenciado, e o estado diferenciado pode fundir-se no estado integrado ou dele aparecer, então o estado integrado deve conter em uma forma integrada, não apenas os constituintes diferenciados, mas também seus relacionamentos mútuos, que determinam as relações dos constituintes entre si, quando surgem do estado integrado.

Um exemplo concreto extraído do fenômeno da luz esclarecerá este ponto. A luz branca contém dentro dela própria não apenas a luz colorida do espectro, mas também deve conter dentro de si as relações matemáticas existentes entre essas luzes coloridas quando são dispersadas por um prisma. É assim que, quando as luzes coloridas aparecem sob a forma de um espectro, elas são dispostas em uma ordem particular e frequências particulares de vibração, que podem ser calculadas com a máxima exatidão possível. É assim também que, quando ocorrem diferentes fenômenos luminosos sob exatamente as mesmas condições, eles são reproduzidos exatamente da mesma forma. Aliás, toda a filosofia e técnica da investigação científica baseia-se neste princípio subjacente – um fenômeno é produzido exatamente da mesma forma quando as condições são exatamente semelhantes.

Os mesmos princípios se confirmam quando a manifestação ocorre a partir de um Estado Imanifestado, e estados diferenciados surgem do Estado Integrado em escala macrocósmica. Segundo a Doutrina Oculta, a totalidade do Universo manifestado torna-se ou funde-se em *Laya*, existindo na Consciência de *Shiva* quando ocorre *Pralaya*, e novamente aparece de Sua Consciência (de *Shiva*), quando ocorre *Srishti* ou Manifestação, como belamente expresso no seguinte texto sânscrito:

शेते तिष्ठति सर्वंजगत् यस्मिन् सः शिवः शम्भुः विकाररहितः ।

Shete tishthati sarvamjagat yasmin sah Shivah Shambhuh vikārarahitah

"*Shiva* ou *Shambhu* é aquela Realidade Suprema perfeita, em cuja Consciência o Universo existe em um estado de repouso, durante o período de *Pralaya*."

Podemos ver facilmente que quando o Universo se torna *Laya*, ou se funde na Consciência integrada de *Shiva* ou no Imanifestado, todas as leis da Natureza que regulam as atividades do mundo fenomenal durante um período de manifestação, e as relações matemáticas que formam a base dessas leis naturais devem também fundir-se e existir em forma potencial no Imanifestado, e devem novamente emergir do Imanifestado para regular essas atividades na Manifestação.

Assim, embora um estado integrado esteja por si só acima das leis da Matemática, ele não apenas provê todos os estados diferenciados na Manifestação, mas também regula suas relações e interações mútuas segundo as leis matemáticas. Este princípio é o equivalente matemático do princípio enunciado antes, segundo o qual um estado integrado não contém estados diferenciados como tal, mas é o recipiente potencial de todos esses estados. Sem a existência desse princípio, a manifestação periódica não poderia ocorrer invariavelmente em uma forma predeterminada, ordenada e perfeita, e todas as suas atividades não poderiam ser reguladas por leis naturais que atuam com precisão matemática. E também, sem este princípio, a Realidade que subjaz o Universo, e que é geralmente chamada Deus, não poderia ser um Princípio Divino livre, Autodeterminado, autônomo, mas seria como a realidade que a Ciência Moderna encontrou como base do Universo físico – um sistema de abstrações e leis cegas e inconscientes.

Antes de passarmos a discutir as implicações da relação matemática, acima mencionadas, existentes entre um estado integrado e os estados diferenciados, dele originados, podemos perguntar sob que forma as leis da Matemática existem no estado integrado e como podem ser representadas, quando presentes neste estado. Para respondermos a esta pergunta devemos lembrar o que foi dito a respeito da representação simbólica, em termos matemáticos, do Absoluto, que é outro nome do Estado Superintegrado. Vimos que esse Estado só pode ser representado por zero, não apenas porque é Vazio em um de seus aspectos (zero é chamado *Shūnya* em sânscrito, e *Shūnya* significa Vazio), mas também porque ele tem potencialidades ilimitadas. Assim como podemos derivar do zero qualquer quantidade como um par de iguais e opostos, assim todo o Universo manifestado foi derivado do Absoluto como um par de Princípios Opostos chamados *Tattvas Shiva* e *Shakti* (por Diferenciação Primária), e destas duas Realidades fundamentais e transcendentais deriva toda realidade no Universo manifestado, como indicado na seguinte máxima oculta:

Shiva-Shaktyātmakam Vishvam

Mas há uma outra Diferenciação destes dois Princípios polares e opostos, cada Princípio dando origem a uma triplicidade, como ilustrado abaixo:

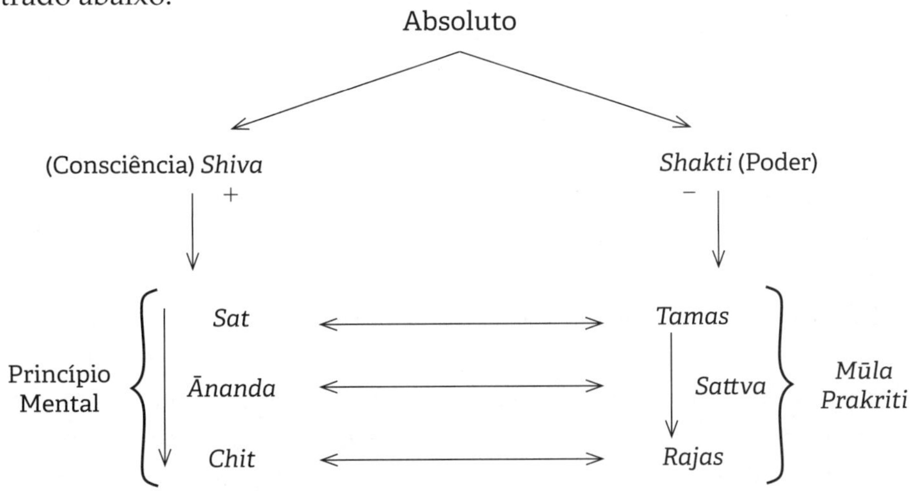

É este Princípio Mental e *Mūla Prakriti*, derivados de Consciência e Poder respectivamente, que juntos constituem o Princípio *Logoico* e são a fonte do número infinito de Universos que continuam a aparecer do Eterno Imanifestado na eterna alternância de *Srishti* e *Pralaya*. Ambos, o Princípio Mental e *Mūla Prakriti*, têm potencialidades infinitas, como pode ser visto facilmente pelo exame da concepção oculta da Natureza do Imanifestado e do Manifestado, e sua relação mútua. Primeiramente, um número *infinito* de Universos continua a aparecer do Princípio *Logoico* na eterna alternância de *Srishti* e *Pralaya*[2]. Em segundo lugar, o número de manifestações *Logoicas* sob a forma de galáxias e sistemas solares é infinito. A Ciência Moderna, com seus poderosos telescópios, conseguiu descobrir bilhões e mais bilhões de galáxias e sistemas solares e não encontrou o limite, nem mesmo do Universo físico. Em terceiro lugar, cada Sistema manifestado é infinito não somente em suas potencialidades, mas também em suas expressões. Em vista dessas potencialidades infinitas no Eterno Imanifestado, que são a fonte de infinitas expressões no Manifestado, o Imanifestado ou Estado Integrado pode ser melhor representado pelas duas entidades mais misteriosas, indeterminadas e potenciais do mundo matemático, 0 [zero] e α [infinito]. O zero simboliza a potencialidade do estado integrado, porque dele pode surgir *qualquer coisa* em formas iguais e opostas. O infinito simboliza a potencialidade do estado integrado, porque qualquer coisa que apareça pode ser *infinita* no que diz respeito a número, quantidade, intensidade, ou formas de expressão.

É importante notar que tanto zero quanto infinito são indeterminados e indefiníveis em Matemática, e assim refletem e simbolizam o Estado Integrado de forma natural. Ambos são os recipientes potenciais de expressões infinitas, embora não contenham tais expressões em si próprios. Devemos também notar cuidadosamente que é o zero que primeiro dá origem a quantidades iguais e opostas, positivas e negativas, e essas quantidades podem então assumir formas infinitas, contanto que permaneçam equilibradas e somem zero. Da mesma maneira, um estado integrado primeiramente dá origem a dois estados diferenciados iguais e opostos, e cada um desse estados opostos pode assumir um

---

2 Em outros termos, *Mahamanvantara* e *Mahapralaya* (Grande Manifestação e Grande Dissolução ou Repouso). (N.E.)

número infinito de formas ou expressões, a totalidade de ambas permanecendo a mesma, e assim mantendo o equilíbrio do estado Vazio no Absoluto. Este fato foi agora corroborado por recentes desenvolvimentos científicos, e levou os cientistas a suspeitarem da presença de mundos negativos que equilibram os mundos positivos que conhecemos.

O fato de o Estado Integrado, por si só, não poder ser governado pelas leis da Matemática é de grande importância e fornece a pista para uma solução parcial de muitos problemas da Filosofia e da Ciência. Pois, se um estado está inerentemente acima da jurisdição da Matemática, todos os padrões de medidas, que são a parafernália das mensurações científicas, tais como número, quantidade, intensidade, não podem ser aplicadas a esse estado. Ele deve estar além das restrições e limitações de todas as leis naturais comuns e instrumentos de medidas. Em outras palavras, esse estado deve estar livre das limitações comuns da existência manifestada.

Esta é exatamente a concepção de todas as grandes religiões referente àquela Realidade que é vagamente mencionada como Deus. Considera-se que Deus seja da essência da Consciência e que Se expresse como Consciência no mundo manifestado. A Consciência Divina é considerada livre das limitações que unem matéria e entidades espirituais aprisionadas em veículos materiais.

A concepção de Deus na Ciência Oculta é mais definida, complexa e mais rica, mas a natureza essencial dessa realidade é melhor indicada pela concepção filosófica do Estado Integrado, que foi discutida acima. No Hinduísmo também esta Realidade é chamada *Nirvishesha, Akhanda, Pūrna,* etc., palavras que meramente indicam diferentes aspectos do Estado Integrado. E por esta Realidade estar acima das leis da Matemática, e não restringida por limitações de quantidade, qualidade, número, intensidade, etc., que Ela é relativamente livre e Autodeterminada e pode exercer as funções de um *Īshvara* ou *Logos.* Mas devemos lembrar que isto é verdadeiro somente com relação à própria Realidade em seus estados Imanifestado e Integrado. O que surge dessa Realidade, ou em outras palavras, o que é criado, está no reino da manifestação e em estados diferenciados, e, portanto, sujeito a todas as limitações de tais estados, e governados por leis matemáticas.

No entanto, é necessário ter em mente a relatividade dos estados integrados, muito embora seja extremamente difícil compreender o que significa relatividade de estados integrados. Todos os estados integrados abaixo do Absoluto devem ser relativos. É somente no Absoluto que todos os estados integrados encontram seu auge e harmonização. Esta é a razão por que é chamado Estado Superintegrado. Esses estados integrados inferiores devem, portanto, ser considerados como estados diferenciados do Estado Superintegrado.

É necessário também distinguir entre esses estados integrados derivados da Consciência, e os derivados do Poder, ou de *Purusha* e *Prakriti.* Somente aqueles estados derivados da Consciência é que têm os atributos de Consciência ou *Purusha,* tais como liberdade, autodeterminação etc. Os derivados do Poder ou *Prakriti* estão no reino da manifestação e sujeitos às leis da Natureza e da Matemática. Mas a capacidade para expressões infinitas é comum a ambos. Não apenas cada centro de consciência integrada pode expressar-se através de um número infinito de centros, mas um arquétipo pode também se expressar através de um número infinito de formas. Isso é necessário porque o aspecto objetivo da Realidade ou *Prakriti* tem que sustentar as infinitas expressões da Realidade subjetiva.

Consideremos esses diferentes aspectos do Estado Integrado da Consciência em relação à manifestação *Logoica,* pois é no reino do macrocosmo que eles aparecem em suas formas mais variadas e proeminentes. Mas já que a alma humana é também um microcosmo em um estado de desabrochar muito parcial, os mesmos aspectos estão presentes nas expressões da consciência humana também, embora em forma menos proeminente.

Uma vez que a Consciência Divina de um *Logos* é a base de um Sistema manifestado e a fonte de todas as coisas necessárias nesse Sistema, ela deve conter dentro de si toda coisa que é necessária em um campo de evolução tão vasto e variado. Mesmo um exame superficial desse vasto campo nos dará alguma ideia das tremendas potencialidades e recursos da Consciência Divina. Mas todas essas coisas que podem ser necessárias no Sistema manifestado devem estar presentes na Consciência Divina em forma integrada, e não como estados diferenciados, porque somente um estado assim integrado pode suprir *todos* os estados diferenciados possíveis que nele estão baseados e dele derivam. Isto é inerente à própria relação de um estado integrado e estados diferenciados correspondentes.

É necessário lembrar que um tal estado integrado pode conter dentro de si muitos estados subintegrados, estando cada estado integrado constituinte relacionado a seus estados diferenciados correspondentes. Assim, ele é realmente um estado superintegrado, embora esta frase seja usada geralmente apenas para a Realidade Última ou o Absoluto. Mesmo no campo dos fenômenos físicos podemos ver tipos um pouco diferentes de estados integrados pertencentes à mesma categoria presentes numa espécie de estado superintegrado. Assim, a radiação oriunda do sol é um estado integrado que contém em si não apenas o espectro visível de luzes coloridas, mas também vastas faixas de radiações infravermelha e ultravioleta.

A Consciência do *Logos* de um Sistema manifestado é um tal estado superintegrado contendo dentro de si muitos tipos de estados integrados. Podemos dividir esses estados integrados constituintes em duas grandes divisões – o estado integrado de Funções Divinas e o estado integrado de Poderes Divinos. No Hinduísmo, este estado integrado de Funções Divinas é chamado de *Mahā Deva* e o estado integrado de Poderes Divinos é chamado *Mahā Devī*. O prefixo sânscrito *Mahā*, como foi assinalado em outros contextos, sempre denota o estado último e mais sutil de qualquer realidade em existência que possa existir em inumeráveis formas e em diferentes níveis de manifestação. Esse último estado é nada mais que o estado integrado, do qual todos os estados diferenciados dessa categoria específica são derivados. Todos esses nomes contendo o prefixo *Mahā*, ou seja, *Mahākāla, Mahākāsha, Mahāmāyā* devem ser considerados sob esta perspectiva, se desejamos entender sua verdadeira importância e a natureza das realidades por eles indicadas.

Essas funções e poderes Divinos diferenciados que são derivados de *Mahā Deva* e *Mahā Devī*, e que são simbolizados no Hinduísmo sob as formas de *Devatās e Devīs*. Correspondente a cada função Divina há um Poder Divino que permite que essa função seja exercida. Este

Poder pode ser considerado o aspecto negativo da função positiva correspondente, e é por isso que a *Devī* é chamada consorte do *Devatā* correspondente. Não deve ser considerado como separado e independente da Consciência, mas como um atributo inerente à Consciência. A diferença na forma simbólica de representar uma função Divina e seu Poder correspondente deve-se à diferença nas expressões dos dois. É pelo fato de a Consciência Divina ser um estado tão integrado, e que tudo permeia, que em um Sistema manifestado qualquer função pode emergir desse estado, como, quando e onde quer que seja necessário, e também o Poder correspondente que permite que essa função seja exercida.

Embora seja impossível enumerar ou classificar as funções e os poderes Divinos, alguma ideia dessas funções e poderes podem ser obtidas da natureza dos *Ashta Mahā Siddhis* na literatura iogue. Este *Siddhi* último é óctuplo, sendo seus oito diferentes constituintes chamados em sânscrito respectivamente *Animā, Mahimā, Laghimā, Prāpti, Prākāmya, Īshattva, Vashittva* e *Kāmāvasāyattva.* O uso do prefixo *Mahā* no nome deste *Siddhi* é significativo, não apenas porque é o mais elevado *Siddhi* que se pode alcançar, mas também porque é uma forma integrada dos mais elevados *Siddhis* necessários no exercício das funções Divinas. É o Poder integrado da Consciência integrada, e seus poderes constituintes só podem ser exercidos pelo *Mahātmā* que esteja estabelecido no reino da Consciência Integrada. É por isso também que esses *Siddhis* são chamados *Siddhis* de *Shiva,* o símbolo da Consciência Divina Integrada.

A Consciência do *Logos* é a fonte não apenas de incontáveis funções Divinas, mas também da vasta e contínua série de fenômenos *mentais* em diferentes níveis, o que um Sistema manifestado verdadeiramente é. Da mesma maneira, Seu Poder é a fonte não apenas de incontáveis expressões de Poderes Divinos, mas também de inumeráveis *mecanismos* de diferentes complexidades que o Poder Divino como *Prakriti* proporciona como base dos fenômenos mentais. É verdade que ambos os tipos de expressões ocorrem não apenas através do Centro *Logoico (Mahābindu),* mas também através dos Centros Monádicos

(*Bindus*) que estão presentes em um Sistema manifestado, mas o pano de fundo de todos eles é a Consciência Divina Integrada.

Podemos estender-nos um pouco sobre os tipos de mudanças que ocorrem quando a Consciência desce de um Plano de Manifestação para outro. Mais uma vez o comportamento análogo da luz nos possibilitará entender, até certo ponto, as mudanças que são produzidas. Quando a luz branca atravessa um meio colorido transparente, ela é despojada de certas cores constituintes, e a luz emergente difere da luz incidente por ter um número menor de cores constituintes. Mas a luz emergente ainda permanece integrada como foi explicado em outro contexto, quando tratamos da relação de Mente e Consciência.

Da mesma maneira, um estado integrado de Consciência deve diferir de um outro estado desses ao ser privado de certos aspectos na descida para um plano inferior, devido às limitações que são inerentes à própria natureza do plano inferior. Talvez esta ideia nos ajude a entender o mistério da Divina Manifestação nos planos Divinos. Segundo a Doutrina Oculta, no Plano *Ādi,* o plano mais elevado de manifestação puramente Divino, todos os três aspectos da Divindade estão presentes em perfeita harmonização, e funcionam como *Mahesha,* ou o Primeiro *Logos*. No plano inferior seguinte, o Plano *Anupādaka,* um dos aspectos, a saber, o aspecto *Sat* é parcialmente suprimido, deixando que os outros dois funcionem plenamente como *Vishnu,* o Segundo *Logos*. No plano mais inferior da Manifestação Divina, o Plano *Átmico* mais elevado, outro aspecto da tripla Consciência Divina, o aspecto *Ānanda* é parcialmente suprimido, deixando somente o aspecto *Chit* ou o Princípio Mental funcionar com *Brahmā,* o Terceiro *Logos*.

Devemos notar que a supressão desses aspectos na descida aos planos inferiores não é completa, e a Consciência Divina não funciona nos três Planos Divinos em compartimentos estanques. Por trás da Consciência de *Brahmā,* o Criador, está presente a Consciência de *Vishnu,* o Preservador, e no fundo da Consciência de *Vishnu* está presente a Consciência plena de *Mahesha,* a Deidade que preside o Sistema. É o mesmo *Logos* ou *Īshvara* que está presente nos três planos, mas exercendo funções diferentes, devido às limitações e peculiaridades dos três planos. Portanto, podemos imaginar o *Logos,* se quisermos, como uma Tríplice Realidade com *Chit* ou Mente como o mais externo, com o aspecto *Sat* ou Vontade como o mais interno, e o aspecto *Ānanda* ou bem-aventurança no meio, unindo os aspectos *Sat* e *Chit*. Mas é o mesmo *Logos* que está funcionando nos três planos como Governante, Preservador e Criador. Uma vez que *Jīvātmā,* ou a Individualidade[3] do homem, é um microcosmo refletindo a natureza do macrocosmo, vemos a mesma relação mútua existindo entre seus três princípios constituintes – *Ātmā, Buddhi, Manas*.

3 A "Alma" do Cristianismo, superior e mais sutil que o "Corpo" (a personalidade) e intermediária em relação ao mais superior "Espírito" (a Centelha Divina). (N.E.)

Capítulo 16

O Estado Integrado – III
Coexistência dos Estados Integrados e Diferenciados

Discutimos a natureza e a relação mútua dos estados integrados e diferenciados em variados contextos, a fim de entendermos tão claramente quanto possível os diferentes aspectos do problema. Talvez seja este o maior mistério da vida espiritual e o problema mais desconcertante da Filosofia. Não significa que seja meramente uma questão acadêmica interessante sobre a qual podemos especular infinitamente para satisfazer nossa curiosidade filosófica. É o ato mais significativo da psicologia do *Yoga*, e na solução deste problema é que se baseia a técnica de *Samādhi*.

Foi assinalado, em diferentes contextos, que a Consciência pura, sendo um estado integrado, contém não apenas todos os estados diferenciados da Mente em forma potencial, mas os contém em uma forma que é muito misteriosa e difícil de entender. Somente quando os estados diferenciados da mente são completamente suprimidos em *Chitta-Vritti-nirodha* é que o iogue pode tornar-se perceptivo da Consciência Integrada, que fornece o pano de fundo e o poder iluminador por trás das modificações da mente. Somente então é que o iogue pode compreender a natureza da Consciência Integrada e sua relação com os estados diferenciados da mente.

A natureza dos estados integrados e diferenciados e sua relação natural é um problema da maior importância em Filosofia, porque dela depende nossa concepção da Realidade Última que subjaz ao Universo e que é o pano de fundo da consciência no caso de todo ser humano. A totalidade do Universo manifestado em todos os seus aspectos e graus de sutileza é nada mais que uma interação dos estados mentais diferenciados, derivados da Consciência Integrada funcionando em diferentes níveis. O Universo manifestado, conforme ressaltado em outros contextos, é o resultado da projeção, do envolvimento e da expressão repetidos da Realidade Una em estágios sucessivos. Em cada um desses estágios está envolvida a relação de um estado integrado com seus estados correspondentes.

Mesmo no campo da Ciência Moderna, a relação dos estados integrado e diferenciado é o âmago dos problemas mais teóricos que desconcertam os cientistas. Consideremos o fenômeno comum e familiar da luz. Centenas de cientistas têm trabalhado neste problema por quase dois séculos tentando desvendar o mistério. Porém, quanto mais se aprofundam, mais o problema os confunde. Certamente que eles conhecem, nos mínimos detalhes, as leis físicas subjacentes a este fenômeno, e podem, assim, controlar e manipular esta forma de energia da maneira mais maravilhosa. Mas quando se lhes confronta a questão fundamental: o que é a luz?, eles se defrontam com uma muralha intransponível. Pois a luz é um estado integrado, e a natureza de um estado integrado só pode ser conhecida quando as modificações da mente produzidas pelos diferentes estados são suprimidas.

Em virtude da importância do entendimento da natureza dos estados integrados e diferenciados e sua relação mútua, consideremos alguns outros aspectos desses estados.

O primeiro ponto que devemos notar com relação ao estado integrado é que ele contém dentro de si, em uma forma misteriosa, o estado diferenciado. Deve conter o estado diferenciado dentro de si sob alguma forma, porque o estado diferenciado origina-se do estado integrado. É autoevidente que não se pode obter alguma coisa do nada. Portanto, o surgimento dos estados diferenciados a partir do estado integrado, sob determinadas condições, mostra positivamente que esses estados existem dentro do estado integrado, muito embora não consigamos percebê-los no estado integrado. A presença dos estados diferenciados no estado integrado é análoga à presença de uma fotografia em uma chapa fotográfica[1], que foi exposta, mas não revelada. Não conseguimos perceber qualquer mudança na chapa não revelada, e não obstante, toda a fotografia está presente nela, em uma forma potencial.

Este fato encontra-se na base da Doutrina Oculta de que nada jamais é verdadeiramente criado no sentido usual. É tudo uma questão do surgimento ou do ressurgimento no reino do Manifestado do que já está presente no do Imanifestado. Por exemplo, quando o Universo aparece no reino do Manifestado após um período de *Pralaya*, ele não é "criado". Simplesmente manifestou-se após permanecer em um estado de quietude no Imanifestado. Onde ele permanece no estado de *Pralaya*? Na Consciência de *Shiva*, conforme assinalado no capítulo anterior.

Poderá ser visto do que foi dito acima que, se a Realidade Última é a fonte última de tudo, no reino do Imanifestado ou do Manifestado, deve conter tudo dentro de Si sob alguma forma misteriosa e incompreensível, muito embora nada possa ser percebido como tal neste Estado Superintegrado. Caso contrário, como poderia tudo surgir dessa Realidade Última na eterna alternância de *Srishti* e *Pralaya?*

Este conceito lança nova luz sobre a natureza desta Realidade que geralmente consideramos totalmente livre de qualquer traço dos estados diferenciados. Em um aspecto, é um estado Superintegrado que é totalmente livre de estados diferenciados. Em outro, é o recipiente potencial de todos os estados diferenciados, não[2] [ou melhor], de todos os estados possíveis e portanto não totalmente livre dos estados diferenciados.

O fato de que qualquer estado diferenciado pode surgir do estado integrado correspondente, muito embora o Estado Integrado seja *Nirvishesha,* e sequer um traço de qualquer estado diferenciado possa ser percebido em seu interior, também lança luz sobre a questão se o

1 Chapas fotográficas precederam o filme fotográfico como um meio de captura da fotografia, e ainda eram usadas em algumas comunidades até o final do século XX. O sensível à luz de "emulsão de sais de prata" era revestido sobre uma placa fina de vidro, em vez de uma película de plástico transparente (o filme fotográfico usado para captura da imagem depois também foi substituído por um sensor fotossensível usado na câmera fotográfica digital). (Wikipédia) (N.E.)

2 No original em inglês: *nay*. (N.E.)

Purusha é um ator no drama do qual ele é o centro. Este enigma tem atormentado os filósofos do *Sānkhyan* desde o início, e os fez chegar à estranha conclusão de que *Purusha* é um mero espectador desse drama, e não tem nenhuma participação em sua direção ou execução. Foi mostrado, em outro contexto, que esta visão é distorcida e insustentável à luz da Doutrina Oculta, referente à natureza da Manifestação e à maneira em que as atividades de um Universo manifestado são planejadas e executadas.

A visão *Sānkhyan* referente ao papel passivo de *Purusha* no drama do Universo não é sem justificativa, porque *Purusha parece* não ter papel ativo neste drama, e as coisas simplesmente acontecem em torno dele e para ele, sem nenhuma participação sua. Segundo a Filosofia *Sānkhyan,* toda essa atividade e planejamento deve-se a *Prakriti,* que não somente planeja todas as atividades para a evolução do *Purusha,* mas também fornece toda a parafernália para essas atividades. Como pode um princípio insensível como *Prakriti* planejar e executar as atividades do vasto e complexo Universo? E se *Prakriti* é um Princípio consciente, de onde deriva sua consciência? Todas essas perguntas são deixadas sem respostas.

A pista para este enigma é fornecida pela Doutrina Oculta referente à natureza do Estado Integrado. Vimos acima que toda função ou estado diferenciado necessário no reino da Manifestação pode aparecer da Consciência Integrada, muito embora nenhuma função ou estado diferenciado possa ser percebido no Estado Integrado. O Estado Integrado pode desempenhar esse papel duplo porque funciona *como um todo* ao estabelecer os estados diferenciados. Uma função particular não surge de nenhuma parte particular do Estado Integrado, porque não há nesse estado a presença de partes, funções ou estados separados. O Estado Integrado pode fornecer um *vishesha,* ou função ou estado particular, como um todo ou como um princípio *nirvishesha.*

A razão por que o *Purusha* parece não ter papel ativo no drama, do qual ele é o centro, é semelhante. Nenhum desejo ou impulso particular à ação pode ser detectado nele, e contudo, todo impulso para a ação pode surgir dele, porque sua Consciência é um Estado Integrado e atua *como um todo*. Esta é uma ideia um tanto sutil que o estudante deve tentar entender com todo cuidado. Parecemos ter todas as espécies de desejos que motivam nossas ações, porque estamos funcionando no reino da mente. Um desejo particular e uma ação particular motivada por ela pode ser isolada e separada de outros desejos e ações, e é por isso que parecemos ser atores nos acontecimentos que estão ocorrendo à nossa volta e parecem ser iniciados por nós. Mas se nossa consciência tivesse de agir como um todo, e não a partir de um desejo particular ou um impulso particular da vontade, não pareceríamos ser atores em uma situação particular. A coisa particular parecerá "acontecer" e não ser "feita" por nós. Uma ação usual é uma atividade particularizada, e é por isso que o praticante pode ser isolado e identificado. Mas se não for uma atividade particularizada, que tem sua fonte em uma parte particular de nossa mente, mas a atividade da Consciência Integrada, que funciona *como um todo*, não será possível isolar e identificar o ator. E no entanto, pelo fato de a ação ter sua origem na Consciência Integrada de um *Purusha*, ela tem de ser atribuída a ele. Dizer que o *Purusha* não é o ator, embora as coisas aconteçam ao seu redor e sejam devidas a ele, não passa de subterfúgio.

Somente à luz do que foi dito acima é que o mistério da ação Divina pode ser entendido. Todo o Universo parece ser a expressão de um Plano Integrado, que está se realizando com precisão e beleza extraordinárias em cada detalhe. Bilhões de sistemas solares agrupados em milhões de galáxias[3] estão servindo como teatros para as atividades deste plano extraordinário; incontáveis hierarquias de seres, tanto visíveis quanto invisíveis, estão servindo como seus agentes em diferentes capacidades, mas não se consegue ver o Ator em lugar algum, e suas ações são igualmente misteriosas e inescrutáveis. Como

---

3 Galáxia, do grego *galaktikos* (leitoso círculo), é um grande sistema, gravitacionalmente ligado, de estrelas, remanescentes de estrelas, um meio interestelar de gás e poeira, e algo conhecido como "matéria escura". Variam desde as galáxias anãs (com milhões de estrelas) até as galáxias gigantes (com centenas de bilhões de estrelas, todas orbitando o centro de massa da galáxia). Os cientistas acreditam que existam centenas de bilhões de galáxias no Universo observável. A maior parte das galáxias está organizada numa hierarquia de associações conhecidas como aglomerados de galáxias, os quais, por sua vez, formam superaglomerados maiores. Numa escala maior, essas associações são geralmente organizadas em filamentos, que são circundados por imensos vazios. (Wikipédia) (N.E.)

pode esse Ator, assim com infinitas ramificações de atividades, permanecer desconhecido e não reconhecido, e não conseguirmos rastrear nenhuma atividade até sua fonte Nele? Porque quando a ação surge da Consciência Integrada, ela surge da Consciência como um todo e não de algum ato particular da vontade como no caso da mente.

Este princípio é aplicável a todo nível da Consciência Integrada. É aplicável não somente a um *Purusha,* mas também ao *Logos* de um Sistema Solar ou ao *Logos* Cósmico. Cada um é supremo em Sua própria esfera e Sua vontade é cumprida de forma misteriosa, sem qualquer indicação óbvia direta de seu empenho ou expressão na ação. Se existe apenas a Realidade Una, e tudo que existe no reino do Manifestado e do Imanifestado é um expressão dessa Realidade, é razoável supor que tudo que acontece no reino do Manifestado é, em última análise, a expressão da Vontade Divina inerente a essa Realidade. Toda a literatura dos *Upanishades* está repleta de afirmações inequívocas referentes à supremacia e expressão da Vontade Divina na Manifestação. Essas afirmações são feitas não em referência a um *Īshvara* apenas, mas também a *ParaBrahman,* a Realidade Última, o que mostra que mesmo o Absoluto é não apenas uma Testemunha, mas também um Ator. Mas como nenhuma ação ou estado específico pode ser percebido nesse Estado Superintegrado, nenhum papel ativo pode obviamente ser atribuído ao Absoluto. Isto acontece porque essa Realidade Última, como Estado Superintegrado, funciona *como um todo* e age *como um todo.*

O que foi dito acima lançará também alguma luz sobre a importância da palavra sânscrita *Nirīham,* que significa "sem desejo". Esta palavra é sempre usada em relação à Divindade no grau mais elevado, e não em relação aos seres humanos. Por exemplo, o *Dhyāna Mantra* usado para meditação sobre *ParaBrahman* começa com o verso:

हृद्येकमलमध्ये निर्विशेषं निरीहम्

Hridaye kamala madhye nirvishesham nirīham

O uso da palavra *Nirīham,* que significa "sem desejo" em relação a *Brahman,* é particularmente inapropriada, se não absurda, se considerarmos a palavra em seu significado comum. Mas adquire um significado maravilhoso se a considerarmos no sentido de vontade e ação da Divindade que quer, mas não parece querer, que age, mas não parece agir, porque quer e age como um todo. Talvez fosse este o significado original da palavra *Nirīham,* mas posteriormente vulgarizada por aqueles que não entendiam sua importância interior, transcendental.

Na concepção acima de Vontade e Ação Divinas, talvez esteja também oculto o segredo de *Nishkāma Karma,* que é a técnica de praticar ação como um agente da Vida e da Consciência Divinas, de modo que não se incorra em nenhum *Karma* pessoal no processo. Na prática de *Nishkāma* existe não apenas a dificuldade de se eliminar desejos pessoais, para que possamos fazer o que consideramos como a Vontade Divina, mas também a dificuldade de saber qual é a Vontade Divina em uma situação particular. A Vontade Divina não age a partir do nível da mente, e não é governada por padrões comuns de certo e errado, e assim é extremamente difícil de se saber. O único método disponível para este propósito é ter a mente sintonizada com a Consciência Divina por meio de extrema purificação e atitude habitual de autoentrega. Quanto mais eficazmente conseguirmos eliminar nossos desejos pessoais e manter a mente usualmente em uma condição pura e harmonizada, mais nossa consciência se aproxima de seu estado integrado, e mais se torna sintonizada com a Consciência Divina. E quanto mais efetiva essa sintonia, mais fácil torna-se para nós conhecer a Vontade Divina intuitivamente e levá-la a cabo sem esforço. No desenvolvimento e refinamento da faculdade de *Buddhi*[4] está oculto o segredo tanto do saber quanto do fazer.

Tendo discutido a coexistência do estado integrado e dos estados diferenciados dele derivados do ponto de vista Oculto, vejamos se a Ciência Moderna pode lançar alguma luz sobre esta difícil questão. Vimos, em diferentes contextos, que os fenômenos da luz são, em muitos casos, análogos aos fenômenos da Mente e da Consciência, e assim valerá a pena considerar a relação dos estados integrado e diferenciado para examinarmos a natureza da luz nesses dois estados, ou seja, como

4 Intuição, amor-sabedoria. (N.E.)

luz branca de um lado, e luzes coloridas de outro. Pois luzes de diferentes cores são meramente formas diferenciadas da luz branca integrada.

Primeiramente nos demoremos um pouco sobre os estados integrados e diferenciados da luz. A melhor forma de entendermos a natureza desses dois, e sua relação mútua, será realizar uma experiência mental. Trata-se de um estratagema bem conhecido usado na formulação de teorias científicas, quando temos que ilustrar um princípio por meio de um experimento que é teoricamente possível, mas inviável. Einstein usou muitos desses experimentos mentais ao formular sua Teoria da Relatividade, e desde então isto tornou-se prática padrão na discussão de problemas científicos.

Suponhamos que temos um globo de luz branca, feito por um ponto de luz irradiando do centro de um globo de vidro, cuja superfície externa é prateada. Ora, sabemos que a luz branca é composta de sete luzes coloridas que são vistas no espectro da luz branca, dispersadas por meio de um prisma de vidro transparente. Assim, podemos facilmente imaginar o globo de luz branca substituído por sete globos de luzes coloridas do espectro, como representado no digrama a seguir:

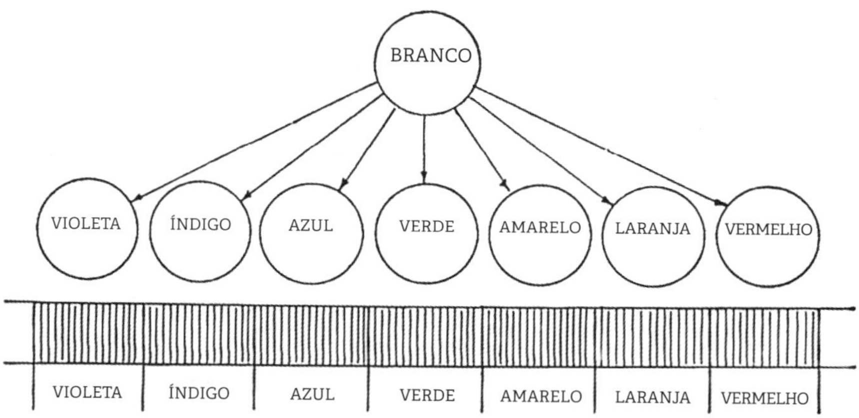

Globo de luz branca dividido em sete globos de luzes coloridas

É fácil para qualquer estudante imaginar a divisão do globo de luz branca em sete globos de luzes coloridas de um lado, e de outro, a aglutinação dos sete globos separados de luzes coloridas em um globo de luz branca. Após fazer isto inúmeras vezes, ele pode então imaginar o globo de luz branca como sendo composto de sete globos de luzes coloridas em um, presentes e, contudo, não presentes. Todos os sete globos estão presentes no globo de luz branca potencialmente, mas não verdadeiramente. Este é realmente um caso da coexistência dos estados integrado e diferenciados.

Na verdade, esta divisão do globo de luz branca em um número definido de globos de luzes coloridas não dá, de modo algum, um quadro verdadeiro da coexistência dos dois estados. A gama de vibrações que subjazem ao espectro visual é um fenômeno contínuo, sem interrupções ou linhas de demarcação para separar uma vibração da outra. Mesmo as sete cores diferentes do espectro representam meramente os sete tipos de impressões visuais produzidas na retina. Não há mudança específica objetiva e perceptível na série de vibrações quando uma cor muda em outra.

Mesmo os números que representam as frequências de vibrações ou comprimentos de ondas não fornecem uma ideia correta do real estado que existe. Dependem da unidade de comprimento escolhida. Uma unidade diferente alterará os números que representam os comprimentos de ondas, embora seus valores relativos permanecerão os mesmos. A dificuldade acima é inerente à representação de qualquer série contínua de fenômenos obtida pela diferenciação de um estado integrado.

Outro ponto importante a ser observado nesse fenômeno luminoso é que o fenômeno não está confinado à sua parte visível, mas estende-se sobre os dois lados como espectros infravermelho e ultravioleta. Será que esses espectros infravermelho e ultravioleta terminam abruptamente em algum lugar, ou se estendem *ad infinitum* nos dois lados? Nossos instrumentos podem não ser capazes de detectá-los além de uma determinada extensão, mas é razoável que não terminem definitivamente em nenhuma parte. Se não terminam, o que acontece com eles à medida que continuam nos dois lados como vibrações de comprimentos de onda sempre aumentando e sempre diminuindo?

Se o estudante lembrar do contido no capítulo sobre "Relatividade – Total e Parcial – IV" recordará que a base do espectro é um fenômeno contínuo que pode ser representado por um círculo. É meramente a projeção do estado integrado da luz como um estado diferenciado no reino inferior da manifestação. No estado integrado vemos o todo real como um círculo, por assim dizer. No estado diferenciado o vemos como um fenômeno polarizado, representado por uma linha reta que se estende *ad infinitum* de ambos os lados.

Um estudo mais profundo do fenômeno da luz expõe, assim, um aspecto muito importante da relação entre os estados integrado e diferenciado, ou seja, a continuidade e a natureza indeterminada do estado diferenciado, o que torna impossível defini-lo e concebê-lo de uma maneira definida. Portanto, não é apenas o estado integrado que é misterioso e indeterminado, mas também o estado diferenciado dele derivado.

É esta indefinição e indeterminação, na base de todo o fenômeno natural, que é refletida e chamada como Princípio da Incerteza, que foi recentemente descoberto pelos físicos. É este Princípio que lançou todo o campo da Ciência Teórica em um estado de confusão e incerteza, e pavimentou o caminho para uma devida consideração das Doutrinas Ocultas na solução de problemas científicos.

Esta incerteza é devida, conforme foi explicado em outra parte, ao fato de que na base do mundo fenomenal, que é governado por leis naturais exatas, encontra-se a Consciência, que está acima das Leis da Natureza. A totalidade do Universo manifestado está sujeita às leis naturais, e, portanto, está embutida, por assim dizer, na Consciência que é livre, e portanto ilimitada. É por isso que a incerteza só é encontrada na base de qualquer fenômeno e não no corpo do próprio fenômeno.

Como estado integrado, a Consciência é livre e autodeterminada. Como estado diferenciado, a Mente, em seu aspecto objetivo, está vinculada às leis dos mundos mentais. Essa Mente é uma correlata de *Prakriti*, que é a Natureza atuando segundo leis naturais fixas e exatas. A Mente, em seu aspecto subjetivo, é parcialmente uma expressão da Consciência, e, portanto, parcialmente presa e parcialmente livre.

A coexistência dos dois estados – integrado e diferenciado – que não podem ser separados, mostra como o Cosmos é a expressão de uma Realidade que é livre em seu aspecto transcendental, e autoescravizado por suas próprias leis em seus aspectos inferiores. Essas leis devem ser consideradas não como algo acima e ao lado da Realidade, mas meramente como um aspecto dessa Realidade que encontra expressão nos mundos objetivos. Esta coexistência dos estados integrado e diferenciado possibilita ao Universo manifestado controlar natural e automaticamente, e não obstante, ser controlado e guiado em seu processo evolutivo.

É este fundamental e sagrado fato da existência que é simbolizado no Hinduísmo pelo *Shiva-Linga* (o elipsoide sólido), que repousa semi-imerso em seu *Jalahari* (o pedestal sólido). O *Shiva-Linga* simboliza o Eterno Imanifestado *Tattva Shiva-Shakti,* a raiz de Consciência e Poder. O *Jalahari* simboliza *Mūla Prakriti,* a eterna raiz da Matéria. O Universo manifestado é uma interação recíproca e a expressão conjunta desses dois Princípios últimos da existência quando surgem juntos.

A liberdade e autodeterminação da Realidade subjacente ao Universo é indicada pela seguinte máxima, bem conhecida em sânscrito:

चितिः स्वतन्त्रा विश्वसिद्धिहेतुः ।

Chitih svatantrā vishva siddhi hetuh

> "É pelo fato de a Suprema Consciência subjacente ao Universo ser livre e autodeterminada que o objetivo do Plano Divino para este Universo pode ser alcançado com certeza."

Em vista do que já foi dito nos parágrafos anteriores, não é necessário comentar sobre essa máxima.

Capítulo 17

O Papel da Luz e do Som na Manifestação – I

Uma vez que o Método Oculto na exposição de qualquer assunto profundo é iniciar de cima e trabalhar, passo a passo, para baixo, vamos, na discussão da natureza do Som e da Luz, começar a partir do seu aspecto mais elevado no Imanifestado e descer, passo a passo, ao aspecto mais baixo no Plano Físico. Este é o método dedutivo de investigação e exposição, e só é possível no tratamento oculto dos assuntos, porque a Ciência Oculta tem certeza de seu conhecimento em seus aspectos fundamentais, como corporificados nas Doutrinas Ocultas. Isto ocorre, como foi assinalado em diversas ocasiões, por causa do método exclusivo de encontrar não somente verdades secundárias com relação às realidades no reino da manifestação, mas também a Verdade suprema e última da existência que subjaz tanto ao Manifestado quanto ao Imanifestado. Não preciso discutir aqui este Método Oculto de encontrar a verdade, no qual não há nenhuma incerteza ou possibilidade de erro, mas que é final e oniabarcante.

Abordemos, primeiramente, e de modo sumário, os fatos básicos e fundamentais com relação à natureza e o papel do Som e da Luz, e em termos mais gerais, à luz das Doutrinas Ocultas e das Teorias Científicas. Isto fornecerá uma perspectiva do conhecimento essencial que pode ser preenchido por mais estudo e pesquisa. Segundo o princípio indicado acima, começaremos no nível mais elevado no Imanifestado e desceremos, passo a passo, para o nível mais baixo no Manifestado, ou seja, o Físico.

1) A fonte última do Som integrado, que é a fonte potencial de todos os tipos de forças, energias e vibrações no Manifestado, está no Imanifestado. O Som é propriedade de *Ākāsha*, e, assim, esta forma mais elevada e última do Som deve ser inerente a *Mahākāsha*. É este aspecto da Realidade, em seu aspecto dinâmico, que é chamado de *Shabda Brahmā*, e o *Logos* como "a Palavra", é apenas um reflexo e uma expressão desta Realidade no reino do Manifestado.

2) Na Manifestação, este Som integrado e potencial desce, através de *Mahābindu*, para o reino da Manifestação, e é então expresso através de *Chidākāsha*, ou espaço mental, criado pela Ideação Divina. É deste Som manifestado ou *Nāda* que derivam todas as energias, forças e movimentos que jazem na base da Manifestação. Este é o reino do *Logos* Manifestado, a Divindade que preside um Sistema Manifestado – Cosmos ou Sistema Solar – e o "Som" neste reino torna-se um instrumento de Sua Vontade ao controlar, regular e direcionar todas as forças e energias em Seu Sistema.

3) Embora tanto o Som quanto a Luz se expressem como vibrações no Plano Físico, e sirvam como instrumentos de cognição sensorial através do ouvido e do olho respectivamente, eles desempenham funções fundamentalmente diferentes na Manifestação. Essa diferença deve-se ao fato de que um é o instrumento do Princípio estático, positivo da Consciência, e o outro do princípio dinâmico e negativo do Poder, ou dos *Tattvas Shiva* e *Shakti*. Este "Som" é representado no simbolismo hindu pelo bem conhecido símbolo do *Damaru* na mão de *Mahesha*. O fato de que o som do *Damaru* seja da natureza de uma ressonância, produzido pelos dois sons alternados que parecem um, é particularmente significativo. Dá uma sugestão sobre o mistério do papel de *Mahesha* ao servir como *via media* entre o Imanifestado e o Manifestado. É através de Sua Consciência que o "Som" latente no Imanifestado, chamado geralmente de *Shabda*, torna-se o "Som" potente, mas integrado, conhecido como *Nāda* no reino da Manifestação. Este último é também chamado de *Pranava* e é simbolizado pelo som de uma concha, um bem conhecido símbolo em uma das mãos de *Vishnu*, o Governante ativo de um Sistema manifestado.

4) Assim como o Som está relacionado à Consciência e é o instrumento da Consciência Divina, a Luz está relacionada ao Poder e é o instrumento do Poder Divino. Ela provê o material para o mecanismo objetivo do Universo manifestado. A Ciência Moderna talvez tenha fornecido o método mais gráfico de expressar este fato chamando-o de "radiação encapsulada". O átomo, a menor unidade de matéria, pode ser considerado, à luz da Ciência Moderna, como nada mais que luz aprisionada que é liberada como luz livre e outras formas de energia ao se fracionar o átomo em fissão atômica. Este fato nos traz à mente a descrição gráfica na *Bíblia* do primeiro passo na criação, nas bem conhecidas palavras: "Deus disse, 'Que se faça luz', e se fez luz". Isto, obviamente, sugere a criação inicial da matéria-prima do Universo manifestado sob a forma de luz, que é então aperfeiçoada em partículas discretas, sob a forma de átomos dos diferentes planos.

5) É na transformação da luz em átomos e na estruturação desses átomos[1] em partículas discretas que constituem a base do assim chamado Universo material objetivo, que entra o "Som". A conversão da luz, que é inicialmente uma radiação viajando livremente através do espaço, para dentro dos átomos, nos quais fica aprisionada sob a forma de estruturas bem conhecidas, é uma função do "Som". É o Som, agindo a partir do centro do átomo, que fornece um campo de força no qual a luz, em movimento retilíneo, é presa e transformada em movimento fechado circular ou elíptico. Os físicos estão aturdidos pelos incompatíveis tipos de forças que atuam dentro do átomo, tais como a presença simultânea de forças de atração e repulsão no núcleo. Eles não

---

1 *Átomo ultérrimo* de cada Plano, conforme denominado por Leadbeater, por ser a menor partícula composta de cada Plano, que se dividida passaria a se constituir em uma partícula do Plano imediatamente superior e mais sutil. O menor e mais simples *Átomo Ultérrimo* seria o do Primeiro Plano, o Plano *Ādi* ou Plano Divino. A combinação em espiral de 7 vezes 7 dessas partículas dariam origem ao *Átomo Ultérrimo* do Segundo Plano, o Plano *Búddhico* ou Monádico. E assim sucessivamente, até chegar ao Plano Físico, o Sétimo Plano, onde o *Átomo Físico Ultérrimo* corresponderia a um *subquark*. Os dois tipos de *subquarks*, com rotações opostas, em combinações formariam os *quarks*, que compõem os prótons e nêutrons que constituem o núcleo dos átomos, assim denominados pela Ciência Moderna (BESANT, A. & LEADBEATER, C. W. *Occult Chemistry. The Theosophical Publishing House*, 1994. Chennai (Madras), Índia). (N.E.)

conseguem explicar essas contradições, e de seu jeito usual, aceitaram-nas sem qualquer questionamento. Somente na presença de um campo de força produzido pelo Som, atuando a partir do centro do átomo, é que se pode encontrar a explicação destes fenômenos enigmáticos.

6) Este tipo de papel desempenhado pelo Som não está confinado ao átomo. Entra em ação onde quer que um organismo esteja atuando, no qual diferentes tipos de forças dinâmicas têm que ser transformadas em estruturas ou padrões definidos. Assim, o Sistema Solar, do qual o átomo é um modelo em miniatura, é controlado, e seus movimentos regulados por meio de um campo de força agindo a partir do centro do Sol. Este campo é produzido pelo Som, ao qual referências vagas e veladas foram feitas na antiguidade em frases tais como "a música das esferas". Todo o Universo, com todas as unidades organizadas dentro de si, tais como sistemas solares, átomos etc., está vibrando musicalmente. Está emitindo notas rítmicas, que mantêm o tempo, e assim harmonizam os movimentos e atividades das várias unidades existentes dentro dele.

7) Não apenas unidades organizadas como o sol ou o átomo que são geralmente considerados inanimados, mas também organismos vivos como o corpo humano são mantidos em uma condição organizada por meio de um Som interno, que cria uma espécie de campo que torna possível a integração de todas as partículas constituintes e seu trabalho harmonioso. Esse som procede do "coração"[2] ou *Bindu*, no qual está centrada a vida de todo o corpo, e através do qual descem todas as influências e energias dos Planos Superiores para o corpo físico. Este som é chamado *Anāhata Shabda*, na literatura mística hindu, e pode ser ouvido por todos os que praticam *Laya Yoga* e que se treinam para ouvir esses sons interiores; e ao fundir suas mentes com esses sons, atingem estados elevados de consciência. De acordo com um dos *Upanishades*, esse *Anāhata Shabda* deixa às vezes de ser ouvido pelo iogue antes de sua morte, e isto é considerado como uma indicação de morte iminente. Esse fato é significativo e mostra que a vida organizada do corpo físico é devida, no final das contas, ao Som, e quando esse Som cessa, ocorre a morte, e as partículas constituintes do corpo se desagregam.

2 Vide Nota 2 do Capítulo 11, p. 182. (N.E.)

Ao considerarmos o papel do Som na organização de um organismo, pela produção de um campo de influência, no qual o organismo funcione de acordo com seu arquétipo, é necessário que tenhamos em mente uns poucos fatos básicos, se quisermos evitar envolver-nos em todos os tipos de concepções errôneas e confusão de ideias com relação a estas importantes Doutrinas Ocultas.

(a) O primeiro ponto a ser considerado, relativamente a este fato, é que o Som que produz um campo de influência, para que o organismo nele trabalhe, não é o som comum que ouvimos pelo ouvido, ou que podemos detectar por meio de aparelhos físicos. Se assim fosse, todos ouviriam estes sons, e este papel particular do Som na organização e no controle de um organismo não seria o mistério que é. Esses sons mais sutis, que produzem esses campos de influência, não são audíveis ao homem comum. Sua presença só pode ser inferida a partir dos efeitos que produzem na matéria. Somente na prática do *Yoga* é possível ouvir esses sons diretamente, e utilizá-los para manipular os processos que eles controlam e regulam nos vários veículos da Consciência.

(b) Este som age sobre a matéria densa não diretamente, mas através da ação de forças vitais, que são suscetíveis à ação da mente. Este fato pode ser melhor entendido utilizando-se o caso do corpo humano. É bem sabido que o corpo físico denso é permeado por outro veículo mais sutil, embora ainda físico, que é chamado "Duplo Etérico" na literatura teosófica, e *Prānamaya kosha* na literatura Vedantina. Este corpo mais sutil é o veículo de *Prāna*, ou vitalidade, que regula e coordena todos os processos químicos, físicos e biológicos que ocorrem no corpo físico. Somente através de *Prāna* é que a mente pode atuar sobre a matéria. Isto por causa da constituição peculiar de *Prāna* que combina em si a natureza da mente e da matéria, e pode assim servir como uma *via media* entre ambas.

Isto também esclarece o fato de que a percepção sensorial requer *Prāna* como intermediário entre o corpo físico denso e a mente. As vibrações puramente físicas, que são recebidas pelos órgãos dos sentidos e transportadas pelos nervos aos centros correspondentes no cérebro, podem ser convertidas em sensações, que são mentais em natureza, através da atuação de *Prāna*. É por isto que em *Pratyāhāra,* a inibição voluntária e completa da sensação no exercício do *Yoga* requer a prática prévia *de Prānāyāma*, que proporciona completo controle sobre os *Prānas* atuando no corpo.

(c) A matéria etérica permeia a matéria física densa por toda parte no Sistema Solar, e é através dessa matéria etérica (que não é a mesma coisa que o éter da concepção científica), que a Mente Divina regula não somente os movimentos dos planetas, mas todas as outras atividades físicas no Sistema Solar. Segundo a Doutrina Oculta, o Sistema Solar não é uma brincadeira de forças cegas, insensíveis da assim chamada Natureza, mas a expressão e veículo de um Ser Divino que é chamado de *Īshvara* em Hinduísmo, e *Logos* na literatura teosófica. O uso da palavra *Logos* para a Deidade que preside um Sistema Solar é muito significativo, pois *Logos* significa "a Palavra" e "a Palavra" indica o poder do Som através do qual Ele atua e regula todas as atividades em Seu Sistema Solar.

(d) A Ciência Moderna tem admitido a presença de muitos tipos de forças puramente físicas, como a gravitação, o eletromagnetismo etc., para esclarecer muitos fenômenos físicos, como a rotação dos planetas, a queda de todos os corpos em direção à Terra e outros fenômenos físicos que ocorrem no interior do átomo e entre os átomos. Os cientistas, devido às suas tendências materialistas, descartaram completamente a possibilidade de a mente estar envolvida de algum modo nessas coisas. Mas, segundo a Doutrina Oculta, a Mente Divina é o principal fator determinante subjacente a esses fenômenos, e o que aparece como forças naturais são realmente os efeitos da ação da Mente Divina, agindo de maneiras perfeitamente definidas e imutáveis, que chamamos "Leis da Natureza". O Deus da Ciência Oculta não é um cavalheiro idoso sentado em um trono em algum lugar lá nos céus, mandando os planetas de lá para cá e atuando como árbitro do destino humano. Ele é uma Consciência onipenetrante, que permeia o Sistema manifestado que criou e ao qual preside. Esta Realidade expressa-se apenas parcialmente através das Leis Naturais atuando com precisão matemática.

Se meramente tivesse de Se expressar como a Natureza e as Leis Naturais, Ele não seria muito diferente da realidade matemática abstrata que os cientistas por ora veneram como seu deus. Ele é não apenas uma Realidade que perpassa o Universo em um de Seus aspectos, mas também uma Realidade que controla, guia e envolve o Universo em seu amor e carinho vastos e onibarcantes. É com este aspecto da Realidade Divina que é possível aos seres humanos entrarem no mais íntimo relacionamento de amor, e obter auxílio e orientação não apenas em sua vida mundana, mas também em seu desabrochar espiritual.

(e) Um desenvolvimento muito inesperado e surpreendente, que ocorreu recentemente no pensamento científico, deveria abrir os olhos daqueles que servilmente aceitam o que quer que os cientistas ortodoxos propõem com relação à natureza do Universo e do ser humano. Essas pessoas estão sob a ilusão de que a palavra final foi dita, e estão, sob a inspiração desses cientistas, preparadas para se livrarem até mesmo de suas mais estimadas crenças religiosas e filosóficas como se superstições fossem. Esse desenvolvimento ocorreu como um subproduto da Teoria da Relatividade proposta por Einstein e agora quase universalmente aceita pelo mundo científico atual.

Einstein baseou sua Teoria da Relatividade no movimento relativo e responsabilizou-se por todos os fenômenos que precisavam da suposição de forças como a gravitação, o eletromagnetismo, baseado no movimento, e somente nele. Ele não apenas considerou essas forças desnecessárias em sua concepção do Universo, como também repudiou vigorosamente a possibilidade da existência de tais forças, que foram aceitas e tomadas como garantidas, sem verificação de serem verdadeiras na era pré-Einstein da Ciência Moderna. Assim, não existe tal coisa como "força" separada do movimento, embora os cientistas ainda continuem a falar em termos de forças e a fazer seus cálculos, como se essas forças de fato existissem. A concepção relativística do Universo sem força não é necessariamente a concepção oculta do Universo, mas pelo menos removeu a principal barreira no modo de aceitar a concepção oculta. E mostrou como uma concepção errônea destrói uma outra concepção errada no progresso do pensamento, para que a verdade possa finalmente emergir e prevalecer.

सत्यमेव जयते नानृतम्

Stayameva jayete nānritam

"Verdadeiramente, é a verdade que no final das contas prevalece, e não a falsidade."

Até aqui estivemos lidando com o papel do Som ao produzir, controlar e regular formas no mundo fenomenal. Mas este é apenas um aspecto de sua natureza oniabarcante. Há um outro aspecto relacionado à Consciência que é muito mais importante para o homem, embora pouco conhecido, exceto daqueles que são bem versados na literatura do *Yoga*. A importância deste papel será vista a partir do fato de que há dois sistemas de *Yoga* – *Mantra Yoga* e *Laya Yoga*, que se baseiam no uso do Som no desabrochar dos estados superiores de Consciência no homem. Não é possível tratar aqui, mesmo rapidamente, destes dois sistemas de *Yoga*, mas é necessário assinalar a lógica destes sistemas para mostrar o importante papel desempenhado pelo Som na Manifestação.

A importância e a natureza fundamental deste papel devem ser esclarecidas a partir do fato de que toda a estrutura do Universo manifestado está baseada no Som. Já foi ressaltado que a Realidade Imanifestada tem dois aspectos, um relacionado ao princípio estático da Consciência, e o outro ao princípio dinâmico do Poder. Esses dois aspectos são geralmente chamados de *Brahmā Chaitanya* e *Shabda Brahmā*, ou "Realidade em seu aspecto de Consciência" e "Realidade em seu aspecto de Poder, sob a forma do Som".

Uma vez que esses dois aspectos são inseparáveis, é inevitável que, quando são refletidos, passo a passo, nos mundos da manifestação em diferentes níveis, sua relação e dependência mútuas devam ser mantidas do princípio ao fim, embora possa não ser possível percebê-las e rastreá-las nas ramificações de suas infinitas expressões nos mundos fenomenais. É este fato que esclarece a íntima associação de Consciência e Som, nos mundos da manifestação, e sua interação mútua e capacidade de se afetarem mutuamente.

Assim, quando a Consciência se diferencia e desce passo a passo até os diferentes níveis mentais, também o Som, de modo semelhante, se diferencia em estados cada vez menos sutis, e, em cada nível de manifestação, um pode afetar o outro. É desta maneira que a mente consegue utilizar o "som" para afetar a matéria e produzir as mudanças desejadas na matéria, se as leis subjacentes à relação de mente e "som", e as técnicas correspondentes, forem conhecidas de forma definitiva. É também por causa deste fato que o "som" pode ser utilizado no *Yoga* para harmonizar e reorganizar os veículos, para efetuar a modificação da mente e para desabrochar estados superiores de consciência. Mas este aspecto do Som é do âmbito do *Mantra Yoga* e do *Laya Yoga*, e pode ser tratato na discussão desses Sistemas de *Yoga*.

Capítulo 18

O Papel da Luz e do Som na Manifestação – II

Já nos referimos a *Nāda* ou "Som" ao discutirmos o mecanismo da Manifestação, e assinalamos como todos os princípios que formam a base do Universo no estado manifestado devem estar presentes no Imanifestado como *Shabda* ou "Som". Uma vez que esta é uma doutrina fundamental da Ciência Oculta, que detém o segredo do Universo objetivo e pode lançar luz considerável sobre as teorias da Ciência Moderna, seria útil se a considerássemos com algum detalhe e tentássemos colocá-la em algum tipo de relação com o conhecimento científico. Embora os cientistas não estejam preparados para considerar com seriedade a doutrina da Ciência Oculta, nas condições prevalecentes no mundo científico no momento, deveríamos, no entanto, tentar construir pontes, e mantê-las prontas, entre a Ciência Oculta e a Ciência Moderna, para facilitar a troca de pensamento, quando o momento for propício para fazê-lo.

A Ciência Moderna conseguiu obter muito conhecimento factual e exato a respeito de dois fenômenos físicos – Som e Luz. Mas sabe muito pouco sobre a natureza real e essencial de ambos. A Ciência Oculta, por outro lado, conhece a natureza real e essencial desses dois fenômenos universais, e por esta razão não considerou necessário colher tanto conhecimento factual e detalhado referente à natureza física dos dois.

Mas embora não haja muito conhecimento detalhado referente aos aspectos físicos dos fenômenos do Som e da Luz na Ciência Oculta, há bastante conhecimento referente à sua natureza mais sutil, para possibilitar aos Adeptos da Ciência Oculta manipular essas forças mais sutis de uma maneira tal que cientistas não conseguem ter a menor concepção. Alusões com respeito à maneira extraordinária como essas forças podem ser manipuladas, e os poderes que elas colocam nas mãos do iogue avançado, estão contidos em alguns dos aforismos dos *Yoga-Sūtras* (III-17, III-21, III-22, III-42, I-29). Há poderes ainda maiores, possuídos pelos Adeptos mais elevados da Ciência Oculta, a respeito dos quais nem mesmo uma alusão pode ser feita, por medo do mau uso por aqueles que são sedentos de poder e totalmente inescrupulosos.

A Ciência Oculta possui não apenas o conhecimento último referente aos aspectos mais sutis da Luz e do Som, e pode, por esta razão, manipular essas forças eficazmente a partir do interior; mas, o que é mais importante, possui o conhecimento transcendental referente ao papel fundamental que a Luz e o Som desempenham no mecanismo e processo de manifestação. É esse conhecimento, e a capacidade de utilizá-lo para finalidades práticas, que confere onipotência aos mais elevados Adeptos da Ciência Oculta e lhes permite controlar e guiar eficazmente os Sistemas Manifestados que se lhes requeira presidir. O conhecimento real, e completo, e o poder efetivo andam juntos. Esse princípio é visto atuando em seu limitadíssimo aspecto físico, mesmo no campo do trabalho científico.

Antes de considerarmos a natureza mais sutil e essencial da luz e do som, que são meramente as expressões conjuntas no Plano Físico dos mais elevados Princípios do Poder e da Consciência no Imanifestado, é necessário esclarecer uma vez mais nossas ideias referentes à natureza essencial do Poder Divino, que não apenas provê o mecanismo do Universo objetivo, mas também permite à Consciência expressar-se através desse mecanismo. Há muita incerteza e confusão com relação à verdadeira natureza do Poder Divino, que é geralmente chamado *Shakti* nas escolas de Filosofia hindus. Algumas escolas de Filosofia vão ao ponto de considerá-lo idêntico à Realidade Última, enquanto outras consideram-no meramente como o agente ativo por trás das formas e energias insensíveis que produzem fenômenos. Na realidade, ambas as visões são aspectos diferentes – o mais elevado e o inferior – da mesma Realidade, e nos ajudaria muito na compreensão das doutrinas ocultas, se conseguíssemos entender mentalmente como essas duas visões extremas podem ser reconciliadas, mesmo do ponto de vista lógico.

A fim de entendermos como a mesma Realidade pode existir nessas formas extremamente diferentes e aparentemente irreconciliáveis é necessário remontarmos em pensamento à doutrina mais elevada e mais fundamental da Ciência Oculta, segundo a qual há apenas uma única Realidade Una em existência. Se há somente a Realidade Una – oniabarcante e que tudo perpassa – e nada exceto essa Realidade pode existir, a manifestação de qualquer tipo, derivada dessa Realidade, deve, por sua própria natureza, ser uma mudança no interior dessa Realidade, já que nada pode haver fora Dela. Deve ser óbvio também que quando uma mudança de qualquer tipo ocorre em tal Realidade, não pode ser essencialmente uma mudança de um tipo de coisa para outro tipo de coisa, como a consideramos no reino da Manifestação. Deve ser uma mudança de um aspecto ou estado dessa Realidade para um outro aspecto ou estado da mesma Realidade.

Ora, se uma mudança deste tipo é produzida, só pode ser produzida por alguma espécie de movimento nessa Realidade. Esta é uma ideia sutil, e para compreendê-la podemos contar com o auxílio de uma ilustração concreta. Tentemos imaginar algum tipo de mudança na água pura que a mantenha exatamente na mesma condição, como uma substância, assim como em quantidade e qualidade. Por mais que se tente, não se consegue produzir, ou mesmo visualizar, qualquer mudança que seja, qualquer coisa, senão movimento do mesmo tipo no interior da substância. A única espécie de mudança que é possível, sob as condições acima referidas, são os movimentos de diferentes tipos no meio da substância. Assim, quando a manifestação ocorre na Realidade Última, que é Una, essa manifestação pode basicamente ser apenas da natureza de diferentes tipos de movimentos que ocorrem nessa realidade – nada mais que movimento.

Uma análise mais concisa das condições que serão produzidas por diferentes tipos de movimentos na água pura mostrará que as coisas que aparecem como resultados desses diferentes tipos de movimentos serão de natureza ilusória. Por "ilusória" queremos dizer que não serão o que parecem ser.

Consideremos mais criticamente as condições presentes na água pura e límpida em repouso, na qual diferentes espécies de movimentos são introduzidos para produzirem o que aparece como diferentes tipos de formas, que são fenomenais e cognoscíveis. Imaginemos que a água seja agitada por uma turbina de diferentes maneiras para produzir uma variedade de padrões. A agitação produzirá um mundo fenomenal de formas em constantes mudanças em um meio que, em si próprio, é livre de mudança.

Imaginemos agora uma outra espécie de mudança no movimento molecular interno, aquecendo-se a água, por um lado, e resfriando-a por outro. O aquecimento irá convertê-la em vapor, que tem as propriedades de um gás, e o resfriamento irá convertê-la em gelo, que tem as propriedades de um sólido. O ponto importante a se observar em todas essas mudanças de estado, produzidas por movimentos de diferentes tipos, é que a água permanecerá água como substância básica. As mudanças são meramente mudanças de aparências, sem absolutamente qualquer mudança na substância ou na natureza da realidade subjacente. E uma mudança assim, se pensarmos com cuidado, é puramente ilusória no estrito senso do termo "ilusória".

O experimento concreto acima fornece uma ilustração adequada da Unidade da Realidade subjacente em meio à infinita variedade de formas e estados encontrados nos mundos fenomenais. Essas formas e estados definidos são produzidos por movimentos autoiniciados de diferentes tipos, no interior da Realidade, chamados *Spandana* em sânscrito, a Realidade em si permanecendo imutável em sua natureza essencial de pura Consciência. O fato de que nada mais senão movimentos de diferentes espécies estão envolvidos na produção dessas diferentes formas e seus movimentos, torna também bastante óbvio que o mundo fenomenal é ilusório, no sentido em que não é o que parece ser – como algo diferente e independente da Realidade da qual e na qual é produzido pelo movimento.

Se o estudante entendeu a profunda importância subjacente ao que foi dito acima, verá como é fútil a controvérsia entre duas escolas de Filosofia Vedantina chamadas *Vivarta Vāda e Māyā Vāda.* A primeira considera o Universo fenomenal manifestado como um produto de *vivarta* ou modificação em *Brahman* ou a Realidade Imanifestada. A segunda escola, de *Māyā Vāda,* considera o Universo fenomenal como pura ilusão ou *Māyā,* permanecendo a Realidade fundamental imutável, como a corda permanece imutável quando é confundida com uma serpente no escuro. Na verdade, ambos os pontos de vista são verdadeiros quando o Universo fenomenal é considerado de diferentes pontos de vista, como no caso da água, em que um número infinito de formas pode ser produzido simplesmente agitando-a. Há um tipo de mudança produzida na Realidade subjacente, mas essa mudança é meramente um movimento na substância da Realidade, e, portanto, não há verdadeira mudança. O mundo fenomenal, produzido por esses movimentos de diferentes tipos, é meramente uma aparência, e portanto "ilusório", porque a Realidade subjacente permanece imutável. Mesmo a natureza ilusória do mundo fenomenal não representa a verdade total, porque as formas são produzidas na substância da Realidade, e embora constantemente mudando, são essencialmente da natureza dessa Realidade. É este fato que fez certos filósofos tântricos negar a natureza ilusória do Universo fenomenal na significativa declaração a seguir:

नमिथ्यात्वाय कल्पन्ते जगतः शिवरूपतः

na mithyātvāya kalpante jagatah Shiva-rūpatah

> "O Universo não pode ser considerado uma Ilusão, porque é uma forma assumida por *Shiva,* a Realidade Suprema."

Este paradoxo criado pelo intelecto só é resolvido na visão da Realidade quando da Autorrealização, quando a natureza fenomenal do Universo manifestado é compreendida, e, no entanto, todo o fenômeno é visto como uma peça da Consciência Divina, como expresso na máxima Oculta:

ब्रह्मैवेदं विश्वम्

Brahmāivẹdam Vishvam

"Verdadeiramente, este Universo é nada mais que *Brahman*."

A doutrina fundamental da Ciência Oculta discutida acima fornece mui sumariamente o histórico e a base ampla de toda a Filosofia oculta. Todas as outras doutrinas devem adaptar-se a ela e ser consideradas meramente elaborações e aspectos diferentes da doutrina central nas diferentes esferas e níveis de existência. Quanto mais profundamente penetramos na importância interna dessas doutrinas, mais claramente vemos o quão intimamente estão relacionadas entre si, e enraizadas na doutrina fundamental da Realidade Última e única. Como as raízes de *Ashvattha* ou a Árvore da Vida, que pende para baixo a partir do Imanifestado, esta doutrina sustenta e é a Verdade central subjacente a toda a Doutrina Oculta. Realmente, seria um interessante exercício mental para um estudante da Ciência Oculta fazer uma tentativa para deduzir, passo a passo, toda a Doutrina Oculta em seu esboço amplo e essencial a partir da doutrina central da Realidade Una. Ele pode não obter pleno êxito na execução, mas pelo menos obterá uma compreensão parcial do fato de que essas diferentes doutrinas estão intimamente relacionadas entre si, e à semelhança das verdades abstratas da Matemática, são inerentes à natureza mesma da existência.

Voltando ao problema em discussão, e aceitando o princípio amplo de que o Movimento em abstrato é a base da Manifestação e dos mundos fenomenais produzidos na Realidade Una como um aparecimento, vamos agora detalhar um pouco mais e considerar a natureza deste Movimento, as várias formas que pode assumir na diferenciação, e as diferentes maneiras em que essas formas podem combinar para produzir a infinita variedade de fenômenos nos Mundos manifestados. Nossas ideias a respeito de Movimento e Energia são derivadas de nossas experiências do mundo físico, e uma vez que o Universo físico é somente a veste mais externa da totalidade do Universo que existe nos diferentes planos, naturalmente, essas ideias devem ser muito limitadas e parciais. Assim, quando tentamos entender como o Movimento pode esclarecer e servir como a base do mundo manifestado, devemos estar conscientes de nossas grandes limitações e não esperar apreender as realidades subjacentes a esta Doutrina Oculta, salvo numa perspectiva obscura.

Talvez também seja necessário dizer umas poucas palavras com relação ao uso da palavra "Movimento", para indicar, de um modo geral, o aspecto dinâmico da Realidade subjacente ao mundo fenomenal. Há diferentes aspectos deste dinamismo para o qual diferentes palavras são usadas em trabalho científico, tais como "força", "energia", "trabalho, "potência" etc. Esses diferentes aspectos estão relacionados entre si de uma forma definida. Por exemplo, "potência"[1] é definida como trabalho dividido por tempo; "trabalho" é definido como força multiplicada por distância. "Forças" são mensuradas comparando-as com a força com a qual os corpos são atraídos pela Terra, fenômeno que é chamado gravitação.

Uma vez que essas quantidades são mensuradas, no final das contas, em termos de movimento, e há muita incerteza com relação à sua real natureza nos círculos científicos, é melhor que nos confinemos no presente contexto à palavra "movimento". Trata-se de um fenômeno cognoscível que todos podem entender. O que produz o movimento é não apenas contestável, mas difícil de entender.

Que este é não apenas o método mais simples, mas também o mais apropriado de indicar o aspecto dinâmico da base do Universo manifestado, será visto quando levarmos em conta a Doutrina Oculta referente à base dos mundos fenomenais. Segundo essa doutrina, esses mundos são somente fenômenos mentais, e esses fenômenos são produzidos pelo movimento de um tipo ou de outro na substância mental. Não precisamos aprofundar-nos nesta questão aqui, porque já

1 Na literatura teosófica brasileira se convencionou traduzir *power*, do original em inglês, como "poder". Entretanto, ao longo do livro, talvez a palavra "potência" pudesse dar uma melhor noção ao que o autor se refere, principalmente em termos da Física, como, por exemplo, a potência de um motor elétrico ou de combustão, capaz de colocar em movimento um simples ventilador ou um pesadíssimo foguete em órbita da Terra. (N.E.)

foi discutida com algum detalhe em contextos apropriados, mas seria bom que o estudante tentasse compreender com clareza o princípio geral subjacente a esta Doutrina Oculta, se quiser entender o papel do "Som" e da "Luz", ao produzirem o mundo fenomenal.

Um interesse a mais foi concedido a esta Doutrina Oculta por causa da Teoria da Relatividade. Einstein descartou muitas das Teorias bem estabelecidas da Ciência Moderna, que ainda eram universalmente aceitas e esclareciam alguns dos fenômenos mais fundamentais do mundo físico, e ele explicava esses fenômenos com base no movimento, e só no movimento. É verdade que o modo como o movimento foi posto para explicar a gravitação, e outros fenômenos naturais, na Teoria da Relatividade não está de acordo com a concepção Oculta do papel do movimento na produção do mundo fenomenal, mas ainda assim, é definitivamente um passo na direção da Doutrina Oculta. Se tanto a Doutrina Oculta quanto a Teoria Científica designarem um papel fundamental ao movimento na produção de fenômenos naturais, e estiverem de acordo quanto aos princípios gerais, o modo como o movimento explica os fenômenos torna-se uma questão secundária, que se pode esperar ser resolvida e respondida posteriormente quando desenvolvimentos ulteriores nos diferentes campos da Ciência ocorrerem, e mostrarem as falácias e impropriedades das teorias científicas.

Não é possível discutir em detalhes a natureza do Som e da Luz e seus papéis na produção dos mundos fenomenais. É um tema muitíssimo vasto e complicado, e muito pouco foi divulgado para o público em geral a respeito dos aspectos mais sutis dessas duas forças naturais, para nos permitir ter um quadro completo dos dois fenômenos. Por esta razão, iremos nos referir resumidamente e de um modo geral a uns poucos fatos fundamentais referentes à natureza e aos papéis do Som e da Luz na Manifestação.

Devemos, porém, ter em mente o que foi dito sobre *Nāda* e sua diferenciação em uma variedade infinita de forças, energias, movimentos, etc., que desempenham seus respectivos papéis no mecanismo da manifestação. Eles não apenas desempenham papéis diferentes, mas cada força, etc., é transformada em formas cada vez mais densas e cada vez menos eficazes, à medida que descem, passo a passo, para os níveis inferiores da Manifestação, de modo que dificilmente possa aparecer algo em comum entre as formas superiores e inferiores, exceto a natureza essencial do Princípio.

Mas embora nesses extremos, o superior e o inferior, formas e aspectos difiram tão acentuadamente na aparência externa, há um fio indissolúvel de natureza comum e essencial correndo entre os diferentes aspectos e formas do Princípio, e juntos constituem um todo integrado, harmonioso e completo. *Ashvattha*, ou a Árvore da Vida, é, desse modo, não apenas um símbolo da Manifestação como um todo, mostrando a diferenciação da Realidade Última em diferentes Princípios ou *Tattvas*, mas também um símbolo de cada Princípio individual, mostrando sua diferenciação em variadas formas e aspectos, à medida que desce cada vez mais fundo nos níveis mais densos da Manifestação. Deve ser assim, se a manifestação em diferentes níveis for uma repetida projeção, penetração e expressão da única e mesma Realidade em estados mais densos e menos reais de Si mesma.

É assim que o Som e a Luz, que são Princípios Cósmicos em seus aspectos mais elevados, descem cada vez mais baixo, em formas cada vez menos sutis, e por fim assumem a forma do som e da luz físicos, com os quais estamos familiarizados, e que os físicos investigaram com tanta minúcia. Mas como a veste mais externa e a forma mais grosseira dos *Princípios* foram as investigadas, por mais exata e profunda sua investigação, eles não conseguem alcançar a verdadeira natureza, ou mesmo as formas mais sutis dos Princípios, embora possam ser capazes de conhecer muito a respeito de suas formas físicas, e possam, também, controlá-las e manipulá-las para seus objetivos físicos extremamente limitados. Não é de surpreender que a natureza essencial e verdadeira do Som e da Luz tenha permanecido um mistério desconcertante para o cientista moderno, a despeito de todos os desenvolvimentos científicos que ocorreram na Física.

Capítulo 19

O Papel da Luz e do Som na Manifestação – III

Em um capítulo prévio, já fizemos referência à natureza essencial da Luz e sua relação fundamental com o Som no mecanismo da Manifestação. A natureza essencial da Luz é radiação, e como matéria é nada mais que "radiação encapsulada", a Luz pode ser considerada como a matéria-prima do Universo. Certamente que a palavra radiação é usada na Ciência Moderna para indicar todos os tipos de vibrações eletromagnéticas, visíveis ou invisíveis, e o uso da palavra Luz está restrito a essas vibrações que podem afetar o olho. Mas como não se espera que o leigo esteja familiarizado com as distinções entre estes diferentes tipos de vibrações, é admissível que ele use a palavra luz mais familiar como representativa de todos os tipos de vibrações eletromagnéticas.

A relação da Luz com o Som é de natureza fundamental, embora no entendimento desta relação não consigamos obter muito auxílio a partir das investigações feitas pela Ciência Moderna. A razão para isso, como já foi ressaltado antes, está no fato de que o Som está relacionado e é um instrumento da Consciência, enquanto a Luz está relacionada e é um instrumento do Poder. Todo o Universo objetivo que, como foi mostrado em outra parte, é nada mais que Luz condensada, é uma atividade do Poder ou *Shakti*, e é um fenômeno aparentemente visível, tangível, que pode ser investigado por instrumentos que também estão no reino do mundo fenomenal. Portanto, tem sido mais fácil investigar os fenômenos da luz por métodos científicos. A Consciência, embora a fonte do

Poder, é o aspecto subjetivo da Realidade e está sempre oculta e presente no plano de fundo do mundo fenomenal. Não pode ser percebida ou investigada pelos métodos objetivos da Ciência Moderna, pertencentes ao mundo fenomenal. Só pode ser percebida e investigada pelos métodos subjetivos relacionados ao mundo Real da Consciência. O *Yoga*, que se baseia e utiliza esses métodos subjetivos de investigação, é, consequentemente, o único método correto e disponível de conhecer e investigar as realidades do Mundo Real que estão no reino da Consciência.

Uma vez que o Som está relacionado e é o instrumento da Consciência, o aspecto subjetivo da Realidade, suas funções, no reino da Manifestação, não são principalmente de natureza objetiva e nem passíveis de investigação pelos métodos objetivos da Ciência Moderna. Somente as repercussões do Som na matéria é que aparecem como vibrações físicas, que podem ser percebidas pelo ouvido e detectadas por meio de instrumentos físicos. Somente estes é que foram minuciosamente investigados pela Ciência Moderna.

Os aspectos mais sutis do Som, que são geralmente chamados *Vaikhari, Madhyamā Pashyanti* e *Parā,* foram investigados somente por métodos ocultos. Eles fornecem meios de comunicação entre diferentes estados de Consciência e formam a base das técnicas esotéricas do *Mantra Yoga* e do *Laya Yoga*.

Ao tentar entender a natureza essencial da Luz e seu papel na Manifestação, comecemos com um experimento científico simples que todo colegial tem de realizar quando estuda a natureza da eletricidade e do magnetismo.

Se um ímã em forma de barra é enfiado numa bobina de fio metálico, uma corrente elétrica é produzida no fio, conforme ilustrado abaixo:

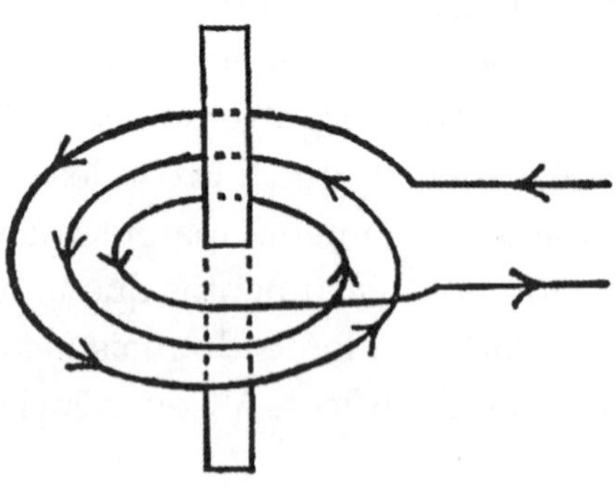

O experimento anterior mostra que um princípio dual polar, contendo aspectos positivo e negativo em uma forma potencial, é capaz de produzir energia sob forma cinética. Duas coisas necessárias para esta finalidade são: (1) movimento ou existência de força; (2) um mecanismo como um fio condutor, que pode servir como veículo da energia cinética gerada.

Poderá ser visto que o processo natural corporificado no experimento acima reflete, de uma maneira notável, o processo por meio do qual a Manifestação é produzida a partir do Imanifestado. O *Tattva Shiva-Shakti* é a base última do Universo manifestado, e permanece em contato com *Prakriti* em seu *Sāmyavasthā,* ou estado potencial no Imanifestado. Quando chega o momento da Manifestação, após um período de *Pralaya,* a Vontade Divina muda, a condição harmonizada de *Prakriti* chega ao fim, e os *Gunas* começam a atuar. No caso do experimento científico, é a aplicação da força que produz o movimento da barra magnetizada e gera a corrente elétrica no fio, que pode ser convertida em diferentes tipos de energia. No caso da Manifestação, é a aplicação da Vontade Divina, ou a Força, que energiza *Prakriti* ou Natureza e produz *Nāda,* a força potencial que assume infinitas formas de deslocamentos, vibrações e movimentos no reino da Manifestação. O mecanismo de *Prakriti* em um estado potencial, que é chamado *Mūla Prakriti,* é eterno e está sempre aí para receber o impulso Divino e se energizar para a ação.

É interessante notar que as formas de magnetismo, tanto positivas quanto negativas, estão presentes na barra magnetizada em uma forma misteriosamente invisível. Tudo que podemos ver de fora é o veículo externo da força dual, ou seja, a barra de aço. Por outro lado, quando o ímã se move e produz a corrente elétrica no fio, a eletricidade, forma primária de energia, está presente em uma forma misteriosamente invisível, e somente o veículo externo da corrente elétrica, ou seja, o fio de ferro, está visível. Assim, externamente, é apenas um movimento da matéria em um mecanismo em relação à matéria em outro mecanismo, e ainda assim todas essas sutis forças invisíveis estão trabalhando no interior desses mecanismos e podem ser percebidas pelos diferentes tipos de efeitos que são capazes de produzir no aparato físico, destinado a detectá-las. Assim, que os cientistas não venham a dizer que as forças mais sutis da Natureza não existem simplesmente porque são invisíveis, e seu rude aparato físico não consegue detectá--las.

Já que o mero movimento de uma barra de aço não magnetizada não pode produzir eletricidade no fio, segue-se que a fonte da eletricidade está no magnetismo da barra de aço sob uma forma invisivelmente misteriosa, e é isto que produz a corrente elétrica. De modo semelhante, o *Tattva Shiva-Shakti* polar é a causa última da Manifestação, e a fonte última de *Nāda,* e de todas as energias e vibrações que são dele derivadas por um processo de diferenciação. O elemento positivo da Consciência, neste princípio duplo, é a fonte da Vontade Divina onipotente, que permanece oculta no plano de fundo, e o elemento negativo do Poder é a fonte da infinita Energia Divina, que aparece na Manifestação e produz o mundo fenomenal.

No caso de um ímã em forma de barra, que representa um fenômeno polar, a força do magnetismo positivo e negativo é máxima nas extremidades, que são por isso chamadas polos do ímã. No centro, as duas forças opostas estão equilibradas, e, portanto, o magnetismo é zero. De modo que se nos movermos do polo positivo para o outro polo, o magnetismo positivo diminui gradualmente, torna-se zero, o magnetismo negativo começa então a aumentar e atinge o máximo no polo negativo, conforme mostrado abaixo:

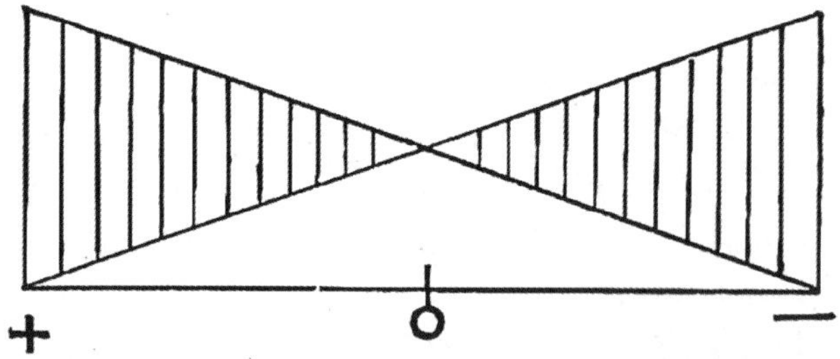

Essas condições em um ímã em forma de barra magnetizado refletem e ilustram, de modo notável, a relação das duas Realidades polares no *Tattva Shiva-Shakti. Shiva* e *Shakti* ou Consciência e Poder, sendo

Princípios polares, são inseparáveis e interdependentes, mas um pode ser mais predominante do que o outro no reino da Manifestação. Somente no Imanifestado é que eles existem em um estado perfeitamente equilibrado e harmonizado como o Absoluto. No reino da Manifestação, um é mais predominante do que o outro, e é este fato que determina se a Realidade particular aparece como uma expressão da Consciência, ou de sua forma diferenciada, Mente, por um lado, ou como uma expressão de energia, ou sua forma condensada, Matéria, por outro. Em ambos os casos uma está na vanguarda, e a outra, na retaguarda. Em ambos os casos a forma pura integrada é uma, enquanto as formas diferenciadas são muitas. A pura Consciência integrada de *Shiva* é uma, suas formas diferenciadas em expressões mentais são infinitas em número. O puro Poder integrado de *Shakti*, e mesmo a pura Energia integrada como *Nāda*, é uma, enquanto suas formas diferenciadas presentes em diversos tipos de vibrações, átomos e moléculas são infinitas em número.

Como todo fenômeno natural é uma expressão conjunta de dois princípios polares opostos, que refletem e expressam, em diferentes níveis, os princípios polares primários de Consciência e Poder, vejamos se não nos é possível rastrear ou entender a presença de ambos os princípios em tais fenômenos. Consideremos uma corrente elétrica. Aqui, ela é o elemento dinâmico do eletromagnetismo, ou seja, a eletricidade que é predominante e pode ser facilmente detectada. Onde está o elemento estático do magnetismo na corrente elétrica? Não pode ser visto, mas deve estar presente na corrente elétrica. Como sabemos? Quando passamos uma corrente em um ventilador elétrico, um campo magnético é produzido nas bobinas de campo, e é isto que faz com que o ventilador gire. É o princípio subjacente a todo motor elétrico. Em tal caso, de onde vem o magnetismo? Da corrente elétrica, certamente. Se passarmos uma corrente de água, ou qualquer outro fluido, em um tubo espiralado, não produziria um ímã. Não há outro meio de se produzir um ímã temporário desta maneira, e, portanto, não pode haver outra fonte deste magnetismo temporário, exceto a corrente elétrica temporária que o produz. Assim, é óbvio que uma corrente elétrica transporta dentro de si não somente a força elétrica, mas também o magnetismo que produz o campo magnético em torno do fio.

Já vimos como uma corrente elétrica é produzida em um fio, transpassando um ímã numa bobina. Neste caso, onde está a fonte da corrente elétrica? É óbvio que esta fonte deve estar no magnetismo do ímã, porque o movimento de uma barra de aço não magnetizada na bobina não pode produzir uma corrente elétrica. Assim, os experimentos acima, e as conclusões neles baseadas, mostram conclusivamente que eletricidade e magnetismo contêm um ao outro de uma maneira misteriosa, embora não consigamos detectar com facilidade nenhuma eletricidade num ímã, ou magnetismo numa corrente elétrica.

Se transferirmos nossa atenção do fenômeno eletromagnético para o princípio polar de Consciência-Poder, encontraremos não apenas uma relação semelhante existente entre os dois, mas também uma ação similar de um sobre o outro. Já vimos, em capítulo anterior, que segundo a Ciência Oculta, toda força possui consciência na retaguarda. Todas as forças da Natureza, que produzem todos os tipos de movimentos e mudanças no mundo fenomenal, são forças *conscientes*. A Ciência Moderna naturalmente não consegue ver este elemento mental, ou consciente, porque utiliza apenas meios físicos. A Ciência Oculta investiga esses fenômenos naturais não superficialmente à semelhança da Ciência Moderna, mas de uma forma total por meio de faculdades mentais, e assim consegue perceber o elemento mental ou consciente por trás das forças ou dos poderes aparentemente insensíveis atuando na Natureza.

Se todas as forças e poderes naturais são guiados e motivados pela Consciência na retaguarda, será o reverso disto também verdadeiro? Sim. Todas as expressões da Mente e da Consciência têm o poder, ou a capacidade, de exercer força oculta na retaguarda, mesmo quando estão em estado de repouso. Toda faculdade mental, toda expressão da mente, em algum tipo de conhecimento específico, possui um poder correspondente a ela associado, como podemos ver em nossa vida rotineira, e como os desenvolvimentos tecnológicos na Ciência Moderna demonstram de maneira tão espetacular. O conhecimento extraordinário com relação às forças mais sutis da Natureza, atuando nos planos mais sutis, que é obtido na prática do *Yoga*, confere poderes extraordinários, como mostra com muita clareza o terceiro capítulo dos *Yoga-Sūtras*. Mas embora as faculdades mentais ofereçam apenas poderes mentais ou psíquicos, a Consciência pura confere poderes espirituais, como *Ashta Mahā Siddhi*. E, por fim, a Onisciência confere Onipotência ao iogue. Assim, não apenas cada poder contém consciência na retaguarda, mas cada expressão da Consciência tem seu próprio Poder correspondente a ela associado em forma potencial ativa.

A semelhança notável entre os mais elevados princípios polares de Consciência e Poder e fenômenos de natureza polar nos planos inferiores não é, segundo a Ciência Oculta, acidental ou mera coincidência, a explicação sempre pronta do cético. Não é sequer um mero 'reflexo', conforme indicado pela máxima Oculta: "Tal como é em cima, é embaixo". É o resultado direto dos dois fatos mais importantes da existência, corporificados em duas doutrinas da Ciência Oculta. São elas: (1) Existe apenas uma Realidade Última em existência, e este Universo manifestado é o resultado da repetitiva projeção, reflexo e expressão dessa Realidade em estados progressivamente inferiores em Si Mesma. (2) O Universo manifestado é a atividade conjunta de dois Princípios polares Últimos em existência, que são a raiz de todas as expressões de Consciência e Poder, chamados *Shiva* e *Shakti* na Filosofia Hindu. Estas duas Doutrinas Ocultas estão corporificadas nos dois axiomas sânscritos seguintes:

Brahmāivedam Vishvam

"Verdadeiramente, este Universo é nada mais que *Brahman*, a Realidade Última."

Shiva-Shaktyātmakam Vishvam

"*Shiva* e *Shakti* são a Alma e Essência mais recôndita do Universo."

É necessário que o estudante de Ciência Oculta e Ciência Moderna compreenda, até onde for possível no reino do intelecto, a natureza e relação desses dois mais elevados Princípios de Consciência e Poder, e como eles se manifestam nos mundos inferiores, e, por meio de sua misteriosa ação conjunta, produzem os mundos fenomenais contra o pano de fundo da Consciência pura. É esta Consciência pura de *Shiva* que, como um espelho polido perfeito, reflete cada pensamento na Ideação Divina ou individual, e produz a impressão ilusória de mundos reais. É este Poder último ou *Shakti,* que diferencia, e através dos *Três Gunas,* fornece a base objetiva dos mundos fenomenais. Quando um mundo de forma, cor e movimento é produzido num espelho polido desta maneira, nada existe no fenômeno visual exceto o espelho polido sem imagem de um lado, e vibrações de luz, que produzem as imagens visuais, de outro. Semelhantemente, quando esses mundos fenomenais, mas aparentemente reais, são produzidos na consciência, nada há em existência, exceto a Consciência, que serve como pano de fundo das imagens mentais e luz da consciência, por meio da qual as imagens são produzidas e percebidas. Poderá ser visto, no pensamento mais profundo, que as próprias imagens mentais que são percebidas não têm existência real, e consistem meramente de formas, que são expressões temporárias produzidas na Consciência e, portanto, ilusórias. Mesmo que as consideremos como tendo uma quase-realidade de um certo tipo, sua substância é mental, já que a mente é apenas uma forma diferenciada da Consciência.

O símile acima revela a natureza da luz em seu aspecto mais elevado como Luz da Consciência, através do qual o mundo mental objetivo é percebido. Essa Luz da Consciência, embora essencialmente Una, parece também ser de muitos aspectos devido a suas diferentes funções e esferas de ação. Este fato está belamente expresso no *Sloka* sânscrito a seguir, no qual é feita uma tentativa para exprimir alguma ideia das diferentes formas ou funções da Consciência Suprema chamada *Shiva,* e que é a única Realidade em existência.

अन्तर्ज्योतिर्बहिर्ज्योतिः प्रत्यग्ज्योतिः परात्परः ।
ज्योतिर्ज्योतिः स्वयंज्योतिरात्मज्योतिः शिवोऽस्महम् ॥

antarjyotir bahirjyotih pratyagjyotih parātparah
jyotirjyotih svayamjyotirātmajyotih Shivo'smaham

É impossível transmitir o significado e a importância profundos deste *Sloka* em poucas palavras, mas como ele fornece alguma ideia da luz em seu aspecto mais elevado, consideremo-lo ao menos sumariamente. Primeiramente vamos dar a tradução literal das palavras e frases sânscritas usadas no *Sloka*.

अन्तर्ज्योतिः	= Luz interior
बहिर्ज्योतिः	= Luz exterior
प्रत्यग्ज्योतिः	= Luz da consciência espiritual direcionada ao interior
परात्परः	= Transcendental (que é)
ज्योतिर्ज्योतिः	= A Luz das luzes
स्वयंज्योतिः	= Luz Autoiluminada
आत्मज्योतिः	= A Luz de *Ātmā* ou do Espírito
शिवोऽस्महम्	= Eu sou esse *Shiva*.

> "Eu sou essencialmente esse *Shiva*, cuja natureza essencial é a Luz da Consciência Pura que ilumina a Si Própria, é o verdadeiro Iluminador por trás de todos os tipos de luzes, que é essa transcendental Luz da Realidade, que também Se expressa em luzes externas e internas."

Tentemos agora compreender a importância interna dos diferentes aspectos da luz a que este *Sloka* faz referência.

As duas primeiras frases ´luz interna´ e ´luz externa´ referem-se ao tipo de luz que é o instrumento de percepção através do órgão sensorial. No Plano Físico, que é o inferior, a percepção visual de objetos ocorre com o auxílio da luz com a qual estamos familiarizados, e que a Ciência Moderna investigou tão minuciosamente por meio de instrumentos físicos. O órgão de percepção, chamado *Indriya,* em sânscrito, é o olho, neste caso, e os instrumentos de percepção são as vibrações eletromagnéticas que atingem a retina do olho e produzem impulsos nervosos. Esses são transportados ao centro correspondente no cérebro, e por um processo misterioso são convertidos em sensação. Não precisamos abordar este assunto aqui, já que o mecanismo de percepção sensorial é bem conhecido e foi discutido em outros contextos. A frase *Bahirjyotih* refere-se obviamente a esta luz física que ilumina objetos no mundo físico externo.

Como é bem sabido dos estudantes da Ciência Oculta, existem mundos mais sutis, de matéria e vibrações mais refinadas, ocultas no interior do mundo físico. Nos dois Planos mais sutis seguintes, chamados Astral e Mental Inferior[2], na literatura Teosófica, a percepção ainda ocorre com o auxílio dos órgãos sensoriais, embora o mecanismo de percepção sensorial não seja exatamente o mesmo que no Plano Físico. Não apenas um órgão sensorial é necessário, mas um agente externo como a luz, para estimular esse órgão sensorial, é também necessário. A natureza deste instrumento não foi investigada cientificamente, mas considerando a relação desses mundos com o físico, presumivelmente é luz de comprimentos de ondas menores, que obviamente nos é invisível, mas consegue iluminar objetos nesses planos mais sutis. Uma vez que estes corpos mais sutis existem dentro do corpo físico e estão centralizados em torno do ponto da Consciência chamado *Bindu*, é possível estimular os órgãos sensoriais desses corpos, e também tornar o corpo físico sensível às vibrações destes planos mais sutis. Aqueles bem-sucedidos em fazê-lo percebem os fenômenos desses planos mais sutis também, como todos nós percebemos os fenômenos do Plano Físico. Seu horizonte mental é expandido e engloba também os dois Planos seguintes. A frase *antarjyotih* refere-se à luz como ela existe nestes Planos interiores mais sutis. É essencialmente da mesma natureza que a luz física, mas como ilumina objetos dos Planos internos, é chamada 'Luz interna'.

Para compreender a importância da frase seguinte *pratyagjyotih,* devemos lembrar que a percepção dos Planos espirituais da Individualidade[3], que funciona no Mental Superior, *Búddhico* e nos 4 subplanos inferiores do Plano *Átmico*[4], é de uma natureza inteiramente diferente da percepção nos três Planos inferiores acima referidos. A

---

2 Astral – Plano imediatamente superior ao Físico, em que os seres brilham que nem astros ou estrelas, é o Plano das emoções. Mental inferior – Plano imediatamente superior ao Astral, formado pelos quatro subplanos inferiores do Plano Mental, é o Plano das ideias concretas, em contraposição às ideias abstratas. Esse dois Planos são detalhadamente apresentados nos livros *O Plano Astral* e *O Plano Mental,* de C. W. Leadbeater, publicados no Brasil pela Editora Teosófica. (N.E.)

3 Vide Nota 3 do capítulo 15, p. 234. (N.E.)

4 Das ideias abstratas, intuicional e da vontade espiritual, respectivamente. (N.E.)

razão para isto, como foi mostrado em outros contextos, jaz no fato de que os veículos funcionando nesses Planos são "atômicos" em natureza, e não como os "corpos" usados pela personalidade nos três Planos inferiores. Não é necessário abordar esta questão aqui, primeiramente porque não é possível visualizar as condições de existência nesses Planos espirituais, e em segundo lugar, porque a matéria foi discutida em outros contextos. Mas devemos tentar apreender o princípio geral de que a Consciência funciona de maneira fundamentalmente diferente nos Planos espirituais da Individualidade, e este aspecto da Consciência é chamado *pratyak chetanā* na terminologia iogue. Se o estudante ler o comentário sobre o aforismo I-29 dos *Yoga-Sūtras*, poderá obter pelo menos uma ideia vaga e geral a respeito deste *pratyak chetanā*.

Pratyagjyotih está relacionado a *pratyak chetanā*, e pode ser traduzido como a Luz da Consciência Espiritual. Há, nos Planos Espirituais, uma relação misteriosa entre Luz e Consciência, e quanto mais nos aprofundamos nos reinos da Consciência, mais difícil se torna distingui-la da luz. Assim, aquela pode ser considerada como a mesma realidade em seu aspecto de Luz, e esta em seu aspecto de Consciência.

Não conseguimos conhecer ou visualizar a natureza desta luz espiritual nos planos inferiores, mas há um aspecto de sua natureza que podemos notar aqui. Ela é capaz de expressão e desdobramento a uma extensão infinita. Esta capacidade para expansão ilimitada é encontrada mesmo em sua expressão no Plano Físico, sob a forma de luz comum. A luz física continua a se expandir e viajar através do espaço vazio do Universo por milhões de anos, e este processo jamais termina teoricamente. A expansão da Luz Espiritual da Consciência é de uma natureza diferente, mas, ainda assim, podemos ver no fenômeno físico acima uma semelhança notável à natureza da Luz Espiritual da Consciência.

A capacidade para expansão infinita, que é inerente a esta Luz espiritual da Consciência, é dada a entender no aforismo II-28 dos *Yoga-Sūtras*.

> "Da prática dos exercícios que compõem o *Yoga*, da destruição da impureza, brota a iluminação espiritual *que evolui para o percebimento da Realidade.*"

Mas uma descrição mais detalhada, gráfica e bela é dada em *Luz no Caminho*[5], *especialmente* no Comentário sobre o aforismo 20 da Parte I.

> "Busca-o (o Caminho) com uma profunda obediência da alma à tênue estrela que arde no interior. Continuamente, à medida que vigiares e adorares, sua luz se tornará mais intensa. Então poderás saber que encontraste o começo do caminho. E quando houveres chegado ao fim, sua luz se transformará, subitamente, na luz infinita."

O parágrafo acima mostrará o significado interno da frase *parātparah,* e por que esta Luz é chamada "transcendental". É verdade que essa Luz Espiritual, em seus estágios iniciais de desabrochar, está no interior dos reinos da Manifestação, e, portanto, mais ou menos obscurecida pelos véus da mente. Mas ela possui a capacidade inerente de desabrochar *ad infinitum* e fundir-se na Luz da Realidade ou na Própria Realidade, pois, nesse estado, a triplicidade de Percebedor, Percebido e Percepção tornou-se a unidade de Consciência Indiferenciada ou Realidade.

Na segunda linha do *Sloka,* faz-se referência aos aspectos mais elevados da Luz como Pura Consciência. *Jyotirjyotih* significa a Luz das luzes. A frase obviamente se refere à Luz da Consciência. Seja qual for o modo ou mecanismo de percepção, a Consciência está sempre presente na retaguarda, e como foi explicado em outra parte, provê o poder iluminador da percepção em todos os níveis. Em *Pratyāhāra,* quando a consciência se retira dos órgãos dos sentidos, muito embora os olhos estejam abertos, nada é visto. Em *Shāmbhavi Mudrā,* a que se faz referência no *Sloka* seguinte, as mesmas condições estão presentes.

5 COLLINS, Mabel. *Luz no Caminho,* Brasília: Ed Teosófica, 7ª ed. , 2020, p. 54-55. (N.E.)

अन्तर्लक्ष्यं बहिर्दृष्टिर्निमेषोन्मेष वर्जिता ।
एषा सा शाम्भवी मुद्रा वेदशास्त्रेषु गोपिता ॥

antarlakshyam bahirdrishtirnimeshonmesha varjitā
eshā sā Shāmbhavī mudrā vedasāstreshu gopitā

"Quando a consciência se volta para o interior, em direção a um objeto interior (de contemplação), mas os olhos permanecem abertos, sem pestanejar, e, não obstante nada vendo, o estado é chamado *Sāmbhavī Mudrā* e é considerado um mistério pelas escrituras."

Svayamjyoti, que significa "Luz Autoiluminada", é esse poder de percepção na Consciência, por meio do qual Ela pode iluminar a si mesma e se perceber na Autorrealização. Este modo de percepção pode ser mais bem ilustrado por meio de uma luz central cercada por inúmeros globos de vidro semitransparentes. A luz pode penetrar através de todos os globos e iluminá-los todos. Se todos os globos forem removidos, um a um, e restar apenas a luz central, ela ilumina a si mesma e se revela em sua verdadeira natureza e pleno brilho.

Este processo da Consciência de se desvelar, e por fim iluminar, iluminando-se ou se revelando, é mencionado no aforismo IV-22 dos *Yoga-Sūtras.* Na percepção comum, através da mente, Percebedor, Percebido e Percepção constituem um estado triplo. Na Autopercepção da Consciência por si mesma, a triplicidade funde-se em um estado integrado. É este fato que torna possível a percepção da Realidade, que é um estado integrado. Só semelhante pode perceber semelhante. Será fácil entender a natureza da Autopercepção, se lembrarmos que na triplicidade da percepção, o objeto de percepção e a faculdade de percepção, que é chamada *Buddhi,* ambas surgem do Percebedor, ou expressando a mesma ideia em linguagem filosófica, os aspectos *Chit* e *Ānanda* são inerentes ao aspecto *Sat,* e derivados do aspecto *Sat,* na tríplice percepção.

Este Estado Integrado da Realidade, em que a faculdade de percepção funde-se no Percebedor, é chamado *Ātmajyotih.* O Espírito está centrado em si mesmo, e vê a Si mesmo por Si mesmo, se é que podemos colocar desta forma enigmática. Isto é *Kaivalya,* a meta da disciplina do *Yoga.* Chama-se *Kaivalya,* ou "Isolamento", porque nesse estado o *Purusha* está completamente isolado de *Prakriti,* o Poder fundiu-se completamente na Consciência, e só permanece a Consciência Pura ou Estado de *Shiva.* É este Estado, no qual todo ser humano existe em seu Eu mais recôndito, e no qual ele está destinado a se realizar de forma sempre crescente, no longo transcurso da evolução humana e supra-humana. E é a esta união, ou fusão, da Consciência Individual na Suprema Consciência de *Shiva* que se faz referência na última frase – *Shivo 'smaham* – na segunda linha do *Sloka.*

Capítulo 20

O Papel da Luz e do Som na Manifestação – IV

O que foi dito no capítulo anterior deve mostrar que a Luz, à semelhança do Som, é um Princípio fundamental que perpassa todo o campo da manifestação. Desempenha um papel tríplice na Manifestação. Provê a matéria-prima do mundo objetivo, conforme vimos no caso do mundo físico. Pois a matéria, segundo a Ciência Moderna, é nada mais do que luz ou radiação condensada. É também o instrumento de percepção, pois vemos os objetos com o auxílio da luz. Como a Manifestação é o resultado de uma projeção repetida da Realidade Última para estados cada vez menos sutis, que aparecem como matéria, devemos esperar que o papel perceptivo da luz torne-se cada vez mais predominante e importante, à medida que penetremos nos níveis mais profundos da Consciência. Na verdade, é assim, conforme vimos no último capítulo. À medida que a Consciência mergulha em níveis cada vez mais profundos da Realidade na prática do *Yoga*, a Luz, o instrumento de percepção, não somente torna-se cada vez mais sutil, porém cada vez menos distinguível da Luz, o Percebedor. E, no estágio final da Autorrealização, a Luz, o instrumento de percepção, funde-se com o Percebedor em um estado integrado em que ambos são indistinguíveis.

Deixemos por enquanto os aspectos mais sutis da Luz, que viemos considerando e vamos nos deter um pouco sobre seu aspecto inferior, sob a forma de fenômenos eletromagnéticos que foram minuciosamente estudados pela Ciência Moderna. É necessário começar a consideração deste aspecto da luz lembrando que há uma semelhança notável entre o comportamento da Consciência e o da luz física. O estudante da Ciência Oculta, que estudou as Doutrinas Ocultas à luz das descobertas feitas em diferentes campos da Ciência Moderna, não pode deixar de ser surpreendido pelo comportamento análogo de ambos. Estas similaridades de comportamento foram repetidamente assinaladas em *O Homem, Deus e o Universo* e *A Ciência do Yoga* e se estudarmos esses fatos cuidadosamente, é impossível evitar a conclusão de que há uma relação muito íntima e fundamental, embora misteriosa entre Consciência e mesmo a luz física.

Os cientistas não notaram e nada sabem a respeito desta relação, porque estudaram somente a luz física, e não reconhecem, pelo menos oficialmente, a existência da Consciência como princípio independente na existência. Assim, a questão de se notar esse comportamento análogo de luz e consciência, e levar em consideração sua importância na concepção da natureza do Universo, não surge neste caso. O estudante da Ciência Oculta tem uma grande vantagem sobre o cientista, ao ter uma concepção mais plena e mais verdadeira, não somente a respeito da natureza da luz, mas também de outras realidades puramente físicas. Ele tem à sua disposição não apenas o vasto e detalhado conhecimento da Ciência Moderna, mas também o conhecimento mais fundamental e confiável da Ciência Oculta, incorporado nas doutrinas básicas da Ciência Oculta. Este conhecimento ajuda-o não somente a visualizar o conhecimento científico em sua importância verdadeira e perspectiva correta, mas também a integrá-lo com o grosso do conhecimento da Ciência Oculta, para um entendimento mais claro da natureza de Deus, do ser humano e do Universo.

A íntima relação de consciência e luz física, suspeitada a partir do comportamento notavelmente análogo das duas, foi exposta em termos muito explícitos no *Sloka* sânscrito citado no capítulo anterior. Pois, de acordo com esse *Sloka,* as diferentes formas ou aspectos da Luz, nele mencionados, são meramente expressões daquela Consciência Suprema, que se encontra na base do Universo, e é também a Realidade interior mais oculta no coração de todo ser humano. Podemos não ser capazes de correlacionar essas expressões com esta

Consciência, ou compreender sua natureza, mas o fato aí está, e podemos utilizá-lo na formulação de uma concepção mais rica da natureza do Ser Humano e do Universo.

Já foi assinalado no capítulo anterior, que a frase *bahirjyotih* refere-se à luz física, com o auxílio da qual os objetos no mundo externo são visualmente percebidos. *Antarjyotih* significa "luz interna", e refere-se à luz dos planos mais sutis nos quais a personalidade temporária funciona. Uma vez que o mecanismo de percepção, em todos esses três planos, é semelhante, ou seja, através da atividade de um órgão sensorial, os objetos são vistos com o auxílio de vibrações oriundas do exterior, e podemos razoavelmente presumir que as luzes desses planos são semelhantes em natureza, ou seja, todas consistem de vibrações eletromagnéticas, mas diferem em comprimentos de ondas. De acordo com a Ciência Moderna, a escala de vibrações eletromagnéticas estende-se em ambos os lados a uma extensão ilimitada, e, portanto, pode-se considerar que as luzes dos planos mais sutis podem ocupar diferentes pontos nesta escala infinita. O ponto importante a se notar aqui é que todas essas luzes, segundo o *Sloka,* são expressões da Luz da Realidade.

Como pode a Consciência, que é da natureza do Espírito, assumir a forma de vibrações, que são da natureza da matéria, foi explicado em outro contexto. Por conseguinte, não precisamos abordar esta questão aqui novamente. Bastará lembrar o princípio geral de que a Consciência Suprema sendo, para todos os propósitos práticos, a Realidade Una fora da qual, e ao lado da qual, nada pode existir, a única mudança que pode n'Ela ocorrer deve necessariamente ser da natureza do movimento em sua substância, e este movimento, em sua forma mais elevada e mais sutil, deve poder assumir um número infinito de formas, e, através dessas formas, prover não somente a base material do Universo manifestado, mas também os instrumentos de percepção desse Universo objetivo em seus diferentes graus de sutileza. A Luz, em seu sentido mais geral, pertence à categoria desses instrumentos de percepção nos diferentes planos, e no Plano Físico descobriu-se ser uma vibração eletromagnética, que a Ciência Moderna tem investigado.

Apesar da enorme quantidade de pesquisa que tem sido realizada neste campo, os cientistas não conseguiram desvendar o mistério da *natureza* essencial da luz. Aliás, quanto mais se aprofundam no problema, e quanto mais fatos descobrem sobre a luz, mais confusos se tornam. A situação tornou-se tão ruim, que eles perderam a esperança de desvendar esse mistério e decidiram contentar-se com os fatos empíricos como são, muito embora estes sejam contraditórios, completamente incompreensíveis à mente humana e um fracasso em face de todo senso comum. Para dizer a verdade, abandonaram o senso comum como critério de julgar teorias científicas, e reservaram-no somente para atacar todas as ideias que não estejam de acordo com suas noções preconcebidas.

A frustração que se abateu sobre o mundo científico, em sua procura por uma realidade sem Deus, pode ser julgada até certo ponto a partir da seguinte citação de *O Universo e o Dr. Einstein*[1] (página 35).

> "A maioria dos físicos, porém, considera totalmente ingênuo especular a respeito da verdadeira natureza de alguma coisa. São 'positivistas' – ou 'empiristas lógicos' – que sustentam que o cientista pode fazer mais do que relatar suas observações. E, assim, se realiza duas experiências com diferentes instrumentos, e um parece revelar que a luz é constituída de partículas, e a outra que a luz é constituída de ondas, ele deve aceitar ambos os resultados, considerando-os não como contraditórios, mas complementares. Em si mesmo, nenhum dos conceitos é suficiente para explicar a luz, mas juntos explicam. Ambos são necessários para descrever a realidade, e não faz sentido perguntar o que é realmente verdadeiro. Pois, no léxico abstrato da Física Quântica, não existe tal palavra como 'realidade'."

Esta visão é repudiada por outra escola de físicos, incluindo Einstein, como ficará claro a partir do trecho a seguir:

1 Vide Nota 1 do Prefácio do Autor, p. 14. (N.E.)

> "Contudo há físicos atualmente para quem a lacuna entre Ciência e realidade apresenta um desafio. Einstein mais de uma vez expressou a esperança de que o método estatístico da Física Quântica mostrar-se-ia um recurso temporário. 'Não posso acreditar', diz ele, 'que Deus joga dados com o mundo'. Ele repudia a doutrina positivista de que a Ciência só pode relatar e correlacionar os resultados da observação. Acredita em um Universo de ordem e harmonia. E acredita que o ser humano que busca pode ainda atingir o conhecimento da realidade física".

Poderá ser visto, do que foi acima exposto, que a Teoria da Relatividade, embora ainda baseada na concepção materialista de haver apenas uma realidade física em existência, é um avanço surpreendente das antigas concepções ortodoxas e rígidas dos cientistas do século XIX, e aproximou muito a Ciência Moderna das Doutrinas Ocultas. Tentou unificar todas as forças materiais numa força básica única. Mostrou a natureza ilusória ou subjetiva de Tempo, Espaço e Massa. Mostrou que o Movimento é a base dos fenômenos físicos. Mostrou que a matéria é apenas energia condensada, e assim não há matéria real estritamente falando. Mostrou, inconscientemente, que o elemento subjetivo desempenha papel preponderante na investigação dos fenômenos. Todos esses são passos na direção da Doutrina Oculta.

Uma vez que já abordamos a natureza do Som e da Luz em seus diferentes aspectos com alguns detalhes, vamos agora resumir, mais uma vez, os fatos relevantes ocultos e científicos, referentes ao papel destes dois princípios no mecanismo da Manifestação, e assim integrar todos esses fatos em um quadro composto, que nos dê uma ideia desse mecanismo, pelo menos em linhas gerais.

(1) O primeiro ponto a observar é que matéria e energia são dois aspectos ou formas da mesma realidade, que provê a base do Universo objetivo. As duas são interconversíveis, a condensação da energia levando à formação da matéria, e a dissolução da matéria liberando energia em estado livre.

(2) Tanto matéria quanto energia podem existir em muitas formas e podem prover uma infinita variedade de fenômenos de diferentes graus de sutileza.

(3) Luz e Som são duas formas fundamentais de energia, e embora no plano inferior ambos se manifestem como vibrações e produzam sensações, desempenham papéis fundamentalmente diferentes na Manifestação. Embora seja difícil definir e enumerar suas funções com nossas limitações e conhecimento incompleto, pode-se dizer, de uma maneira geral, que na produção de formas, a função do Som é controlar e regular a estruturação e manutenção das formas organizadas, e a função da Luz é prover a matéria-prima dessas formas. Isto pode ser compreendido até certo ponto, levando em conta a constituição de um átomo. Todo átomo é como um Sistema Solar, no qual vários elétrons estão girando em torno de um núcleo central. Os elétrons são nada mais do que luz, cujo dinamismo foi reduzido, e que ficou presa nesta bem conhecida estrutura, como resultado do campo de força produzido pelo Som e o aparecimento de forças eletromagnéticas que estão, indubitavelmente, trabalhando no interior do átomo. Fenômeno semelhante ocorre em um Sistema Solar, mas as forças aí envolvidas são de uma natureza diferente, e são chamadas Gravitação e Inércia em terminologia científica. Mas a força subjacente que regula e controla essas forças é novamente o Som.

(4) É interessante notar aqui que Einstein tentou provar em sua Teoria Geral da Relatividade, que as forças do eletromagnetismo (que incluem todos os outros tipos de forças, como coesão, etc.) são essencialmente da mesma natureza que as da Gravitação e Inércia, e podem ser expressas pelos mesmos tipos de Equações de Campo. Isto quase corrobora a Doutrina Oculta, de que ambos os tipos de forças, embora aparentemente diferentes, têm uma fonte comum – o Som.

(5) Os parágrafos acima indicam as funções do Som e da Luz na produção das formas, seja a forma de um átomo, de um Sistema Solar ou de um corpo humano. Mas tanto Som quanto Luz têm outra função igualmente importante e fundamental, e essa função está relacionada à percepção do mundo objetivo que consiste de formas. As funções perceptíveis do Som e da Luz são fáceis de serem entendidas, no que

diz respeito ao mundo físico, porque ambas existem sob a forma de vibrações que estimulam seus respectivos órgãos dos sentidos e produzem as sensações de audição e visão. Mas este é o aspecto inferior da percepção. As condições nos mundos mais sutis, que interpenetram o físico, mudam progressivamente, e os modos de percepção mudam *pari passu.* Tanto Luz quanto Som continuam a desempenhar papel fundamental, embora inconstante na percepção nesses planos.

(6) Mas, como na produção das formas, os papéis do Som e da Luz, na percepção, são diferentes, devido à diferença na natureza essencial de ambos. A função da Luz está relacionada à cognição das formas, ou quaisquer que sejam as realidades objetivas de um plano particular de existência, conforme foi indicado, até certo ponto, na discussão do *Sloka* sânscrito no capítulo anterior. A função do Som, por outro lado, diz respeito à produção de mudanças nos estados subjetivos da Consciência. Não precisamos considerar esta questão aqui. É, verdadeiramente, uma parte da teoria do *Laya Yoga* e do *Mantra Yoga* e pode ser discutida em contextos apropriados.

(7) É necessário observar aqui, que as diferenças fundamentais nas funções do Som e da Luz são devidas ao fato de que estão relacionados aos Princípios de Consciência e Poder, respectivamente, ou *Tattva Shiva Shakti* como são chamados na Filosofia Hindu. É por esta razão que as funções da Luz estão ligadas ao aspecto objetivo da Manifestação, e as do Som ao aspecto subjetivo. Esta distinção é claramente perceptível, tanto na produção de formas, como na percepção das mesmas. Qualquer um que estude este problema cuidadosamente e consiga entendê-lo, ficará fascinado pela maneira como as Doutrinas Ocultas se amoldam em nossa experiência geral com as experiências obtidas na prática iogue, e também, com as recentes descobertas da Ciência Moderna quanto a isto.

Uma vez que o Som e a Luz existem ambos sob várias formas de crescente sutileza, e as formas correspondentes em cada nível podem ser consideradas como mutuamente relacionadas, esta sutilização progressiva pode ser representada simbolicamente pelo diagrama a seguir, mostrando as duas escadas que se alongam do nível inferior ao superior.

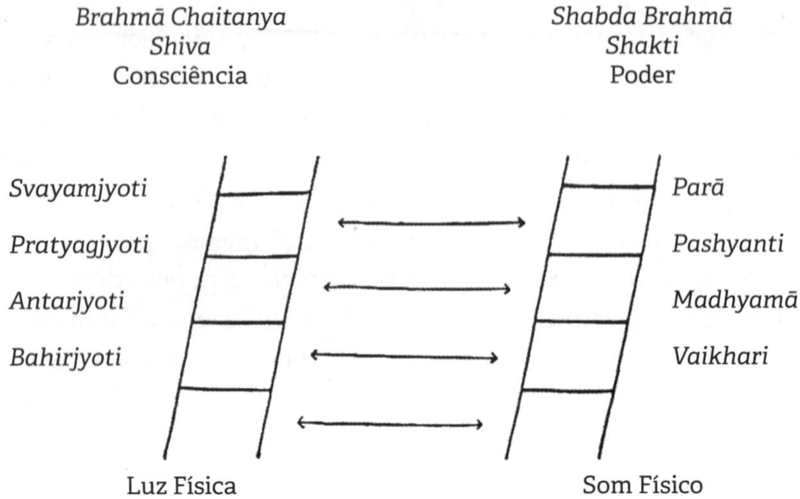

Pode-se considerar estes quatro estados como correspondentes aos quatro estados de Consciência, mas como o tema foi discutido minuciosamente em outros contextos, não é necessário abordá-lo ainda mais.

Como Luz e Som são ambos fenômenos Cósmicos, devemos também notar aqui sua relação com os cinco Princípios Cósmicos chamados *Pancha Bhūtas,* ou os Cinco Elementos. Segundo a Doutrina Oculta, *Ākāsha* é o Princípio Cósmico primário do qual todos os outros quatro Princípios são derivados e a ordem de derivação é dada abaixo:

Ākāsha (Espaço) → *Vāyu* (Vitalidade) → *Tejas* (Radiação) → *Jala* (Matéria Fluida) → *Prithivi* (Matéria Firme)

Uma vez que *Shabda* ou Som é a propriedade de *Ākāsha,* e *Prākasha* ou Luz é a propriedade de *Tejas,* segue-se que a Luz ocupa um estágio inferior ao do Som na cadeia de derivação. Isto significa que o papel do Som é mais fundamental do que o da Luz. Isto está de acordo com o fato de que ele é a força controladora e reguladora, enquanto a Luz está relaciona e é o instrumento do mecanismo objetivo e sua percepção.

(8) Uma vez que Som e Luz são duas expressões da mesma Realidade, que é dual e polar em natureza, cada um deve conter ambos

os princípios. O princípio positivo é predominante no Som, enquanto o negativo, é subordinado. Na Luz o oposto é verdadeiro. Esta conclusão é corroborada pelo fato científico de que a luz física é um fenômeno eletromagnético, no qual o elemento elétrico representa o princípio negativo e cinético relacionado ao Poder, enquanto o elemento magnético representa o princípio estático positivo relacionado à Consciência.

(9) A natureza dual do Som é demonstrada pelo fato de que em sua forma inferior produz repercussões na matéria que são da natureza de vibrações que reconhecemos como som físico. Sua função controladora e reguladora, que é uma função estática, é mostrada de uma forma bastante rude pela formação das figuras de Chladni, quando um pouco de areia é espalhado sobre a superfície de um tambor, e então com um arco fere-se a borda do tambor. Todo tipo de vibração produz seu próprio padrão, e mesmo uma leve mudança na natureza da vibração é refletida na modificação do padrão. Esta é uma ilustração muito simples da função formativa do Som no nível físico, mas mostra pelo menos que esta capacidade lhe é inerente.

(10) Um outro desenvolvimento interessante ocorreu muito recentemente no campo da Física, que corroborou ainda mais a Doutrina Oculta com relação à natureza e função do Som na Manifestação. Conforme foi assinalado acima, todas as forças estáticas como gravitação, magnetismo, etc., são derivadas do Som, e embora predominantemente estáticas devem também ter um caráter dinâmico, ou seja, devem poder dar origem a ondas em virtude de sua natureza dual. Os cientistas não sonhavam em associar ondas à gravitação, mas Einstein prognosticou, com base em sua Teoria da Relatividade, que deveria haver ondas gravitacionais que devem ser difíceis de detectar. Dúvidas com relação à existência de ondas gravitacionais persistiram por mais de cinquenta anos, e foi somente em 1970 que se provou que Einstein estava certo, finalmente, com base na prova experimental proporcionada pelo Professor J. Weber da Universidade de Maryland, Estados Unidos da América.

(11) É este caráter dual do Som que lhe permite servir como ponte entre diferentes estados de Mente e Consciência em *Laya Yoga* e *Mantra Yoga*. Este é um princípio geral que devemos manter em mente.

Sempre que dois princípios de uma natureza totalmente diferente têm de reagir, é preciso um terceiro princípio que combine a natureza de ambos, muito embora de uma forma artificial, para servir como *via media*. *Prāna, Kundalinī* são, todos, esses tais compostos intermediários. O Som pertence à mesma categoria quando usado como instrumento de afetar estados de Mente e Consciência. Sua capacidade com relação a isto aumenta mais pelo fato de que simultaneamente afeta os veículos da Consciência e sintoniza-os gradualmente às condições necessária para expressar diferentes estados de Mente e Consciência. Esses dois efeitos operam simultaneamente e se autorreforçam. O que foi dito a respeito das funções duais do Som, também é verdadeiro no caso da Luz, embora de uma maneira diferente.

Capítulo 21

Mundos Negativos

Que existem mundos negativos nos quais tudo como conhecemos existe misteriosamente em forma oposta é de há muito sabido da Ciência Oculta, embora, por alguma razão, o assunto tenha permanecido em segundo plano sem ser amplamente discutido. Ninguém levou a sério esta doutrina, e ela foi considerada meramente como suposição hipotética, que ocultistas e filósofos antigos adotaram para tornar sua filosofia sutil e, assim, mistificar o estudante. Mas agora que a Ciência Moderna chegou à conclusão de que deve haver mundos negativos[1] compostos

1 Os físicos notaram um paradoxo quando aprenderam a provocar colisões frontais entre as partículas subatômicas para transformá-las em energia pura. É que a energia produzida desse modo geralmente toma a forma de novas partículas, metade das quais é feita de matéria comum e a outra metade de antimatéria. Ou seja, sempre que se cria um próton de carga elétrica positiva, também surge um antipróton, que é negativo. Se nasce um elétron negativo, ao seu lado existe um antielétron positivo. Antimatéria é um inverso elétrico da matéria usual. Anti-hidrogênios passaram a ser produzidos em 1995, numa experiência dirigida pelo físico alemão Walter Oelert do CERN (Centro Europeu de Pesquisas Nucleares). Mas os físicos não sabem ainda exatamente o que procurar. Talvez a antimatéria sofra de alguma instabilidade, alguma propensão interna para desintegrar-se. E isso explicaria porque não existe o menor traço de antiestrelas ou antigaláxias, nem mesmo durante a história do Universo. Mais ainda, a busca contínua pela Matéria Escura e pela Energia Escura, propostas pelas teorias (ambas comportam 95% do nosso Universo, segundo essas teorias), não têm tido resultados após diversas tentativas e muitos bilhões de financiamento gastos em experimentos. A física e professora Jamie Farnes, da Universidade de Oxford no Reino Unido, apresentou a ideia de unificar Matéria Escura e Energia Escura em um único fenômeno, um fluido que

de antimatéria, que foi por eles recentemente descoberta, todo mundo começou a falar de mundos negativos, e a se perguntar onde eles estão e que aparência têm. Sua existência tem sido considerada como fato consumado pelos cientistas, porque foram descobertos certos fenômenos referentes à natureza das partículas subatômicas, e das conclusões matemáticas nelas baseadas, que apontam nesta direção.

A existência de mundos negativos não é mera suposição hipotética, ou um voo fantasioso do ponto de vista oculto. Em primeiro lugar, a existência desses mundos resulta da existência, no coração do Universo, de um Princípio Último que é perfeitamente harmonizado, integrado e total, o Princípio ao qual geralmente nos referimos como o Absoluto. Já que tudo quanto existe no reino do Manifestado ou do Imanifestado é não apenas derivado deste Princípio Último, mas também existe em forma harmonizada neste Princípio Último; qualquer coisa que aconteça no reino de tal Realidade deve ter a tendência de perturbar a harmonia e distorcer a perfeição da Realidade. Deve, portanto, estar equilibrado por algo exatamente semelhante, que é o exato oposto, de modo que os dois juntos restabelecem o equilíbrio e mantêm a condição de vazio.

Tudo na Manifestação deve perturbar a harmonia e distorcer a perfeição do Todo. Assim, tudo deve ter seu igual e oposto sob alguma forma e em alguma parte. Tempo, espaço, matéria, radiação e outros constituintes do mecanismo da manifestação devem existir sob duas formas que são iguais e opostas. E já que essas duas formas opostas não podem coexistir no mesmo mundo, como vimos no caso de partículas subatômicas e suas antiformas, deve haver dois tipos de mundos que são totalmente independentes e fora do alcance um do outro. Um desses mundos deve ser composto de princípios como existem em nosso mundo, e como os conhecemos, e o outro mundo, que podemos chamar de antimundo, deve ser composto de todos os princípios em sua antiforma.

Em segundo lugar, a existência desses mundos é sabida dos Adeptos altamente avançados da Ciência Oculta que podem neles atuar quando for necessário. Isto é possível porque esses mundos estão

---

possuiria "massa negativa". Embora essa matéria seja estranha para nós, segundo Farnes, ela sugere que o nosso Cosmo é simétrico em qualidades tanto positivas quanto negativas. (site Inovação Tecnológica – Redação – 31/12/2018) (N.E.)

abertos à Consciência que pode atuar sem qualquer instrumento. As limitações que surgem da incompatibilidade dos dois tipos de mundo aplicam-se somente ao lado da forma da Manifestação e aos instrumentos que funcionam nessas formas. A Consciência está acima do reino da Manifestação, e assim acima das limitações inerentes à Manifestação.

Aqueles interessados em entender os mistérios últimos da existência, e particularmente o mistério da dualidade que perpassa o Universo, devem ter clareza em suas mentes com relação à distinção entre os estados transcendentes e opostos de uma coisa. Há uma diferença fundamental entre os dois, embora pareçam o mesmo àqueles cujas ideias sobre o assunto são confusas. O oposto de uma coisa é seu igual, no mesmo nível, pertencente à mesma categoria, parte de uma *dvandva,* ou um par de opostos. O estado transcendente[2] de uma coisa, por outro lado, transcende o par de coisas correspondentes iguais e opostas, que surgem e desaparecem no estado transcendente. Ele está num nível mais elevado e é alcançado quando as coisas iguais e opostas são transcendidas.

Esta distinção entre os dois estados é indicada pelos prefixos अ e नि em sânscrito, नि geralmente indicando ausência, e अ o oposto de uma coisa. Mas não há uma linha acentuada de distinção entre o significado desses prefixos, que estão sendo usados de preferência como sinônimos em muitos contextos.

A distinção entre esses dois estados fundamentalmente diferentes é mostrada mui claramente pelo fenômeno da luz. A luz é branca,

2 Uma aproximação do estudo do estado transcendente de algo qualquer tem sido proposta pela abordagem da Transdisciplinaridade. A Transdisciplinaridade é uma "nova" abordagem científica, cultural, espiritual e social. Ela, como o prefixo "Trans" indica, diz respeito àquilo que está ao mesmo tempo entre as disciplinas, através das diferentes disciplinas e além de qualquer disciplina. Seu objetivo é a compreensão do mundo presente, para a qual um dos imperativos é a unidade do conhecimento. O físico teórico romeno Basarab Nicolescu, diretor do Centro Nacional de Pesquisa Científica em Paris, consultor da UNESCO e fundador do CIRET – Centro Internacional de Pesquisas Transdisciplinares – buscou introduzir essa abordagem no meio acadêmico ao escrever, em 1994, *O Manifesto da Transdisciplinaridade* (Ed. Triom). Na mesma linha, pensadores brasileiros, como o matemático e professor Ubiratan D'Ambrósio e o antropólogo e psicólogo Roberto Crema, associados ao educador e psicólogo francês Pierre Weil, publicaram, em 1993, *Rumo à Nova Transdisciplinaridade: sistemas abertos de conhecimento* (Ed. Summus), onde buscam aprofundar reflexões sobre esse tema considerado fundamental pela Declaração de Veneza, da UNESCO, em 1986. (N.E.)

ou colorida, sendo a luz branca a forma integrada das luzes coloridas. Ambas são coisas positivas, uma vibração, integrada ou diferenciada. Escuridão ou vazio, por outro lado, é a ausência total da luz, branca ou colorida. Não é o oposto da luz branca ou das luzes coloridas, embora seja geralmente considerada como tal. Qualquer coisa quando é combinada com seu oposto, destrói-o ou o faz desaparecer. A escuridão ou ausência da luz não pode destruir a luz branca, porque não tem existência real no plano em que a luz branca existe. A luz branca transcende as luzes coloridas, mas as trevas ou ausência da luz transcendem mesmo a luz branca.

Então, qual é o oposto da luz branca? Obviamente será uma espécie de luz que, quando combinada com a luz branca, fará ambas desaparecerem como luz. Chamemo-la luz-X. O vestígio para a relação de luz branca e luz-X pode ser encontrado na relação de partículas fundamentais do mundo subatômico e suas antipartículas correspondentes. Um par dessas partículas opostas, à semelhança do elétron e o pósitron[3], quando combinam, aniquilam-se e desaparecem em uma quantidade equivalente de radiação. Não mais existem como partículas. Assim, esta luz, que é o oposto da luz branca como a conhecemos, quando combinada com a luz branca, fará ambas desaparecerem como luz. Portanto, vamos por enquanto chamá-la de antiluz. Esta antiluz é, assim, o análogo da antimatéria no reino da radiação. Deve ser a base dos fenômenos luminosos nos antimundos, que serão compostos de antipartículas, que foram descobertas pela Ciência Moderna.

Uma vez que a descoberta experimental dessas antipartículas pela Ciência Moderna fez com que os cientistas considerassem com seriedade a existência de mundos negativos de antimatéria, e parcialmente corroborou a Doutrina Oculta referente à existência de tais mundos, revisemos rapidamente os descobrimentos surpreendentes que ocorreram na Física neste sentido durante os últimos cinquenta anos.

Nos dias de hoje, todo colegial sabe que a estrutura do átomo é semelhante à de um Sistema Solar, com um núcleo maciço no centro e um

---

3 Pósitron – é a antipartícula do elétron, também denominada antielétron. Apresenta carga +1 e spin ½, e sua massa é a mesma do elétron. Quando o pósitron é aniquilado com um elétron, as massas de ambos são totalmente transformados em fótons ou outras partículas. (Wikipédia) (N.E.)

número variável de elétrons girando em sua órbita. Quase toda a massa do átomo está concentrada no núcleo, que possui uma carga positiva e é composto de um número variável de prótons e nêutrons. O próton tem quase a mesma massa de um átomo de hidrogênio, que é o mais leve entre os átomos. O elétron, por outro lado, é uma partícula de carga negativa com peso desprezível que corresponde a 1/1800avos do próton.

Antigamente, os prótons e elétrons eram considerados os únicos constituintes de todos os tipos de átomos, mas subsequentemente, mais e mais novas partículas foram descobertas e o número de tais partículas, chamadas partículas fundamentais, aumentou consideravelmente[4] estas, o nêutron que é exatamente igual ao próton, mas sem conter carga elétrica, e o pósitron que é exatamente igual ao elétron, mas com carga positiva, são os mais importantes.

O pósitron é denominado a antipartícula do elétron, porque quando os dois se aproximam, são completamente aniquilados, e uma quantidade equivalente de energia radiante, cuja magnitude pode ser calculada, a partir da equação de Einstein $E=mc^2$, é emitida. Foi também possível criar experimentalmente, em laboratório, um par de partículas pósitron-elétron a partir de uma quantidade equivalente de energia. Assim, temos uma prova definitiva da possibilidade de a matéria ser completamente transformada em energia, por um lado, e partículas materiais materializarem-se a partir da energia imaterial, de outro. Este fato está em completa harmonia com a antiga Doutrina Oculta de que o Universo aparentemente material é produzido a partir de energia imaterial, e é meramente uma atividade de *Shakti,* o Poder Divino que pode assumir inumeráveis formas de energia.

É interessante notar que Dirac[5] tinha teoricamente previsto os fatos acima, em 1928, apenas a partir de considerações matemáticas. Ele previu não apenas a aniquilação e criação do par de pósitron-elétron, mas também

---

4 No original em inglês: *is now in the neighbourhood of 100.* Como algumas descobertas da Física subatômica, entre elas as emissões transitórias de energia, nem sempre têm sido classificadas como partículas, optou-se por não quantificar. (N.E.)

5 Paul Adrien Maurice Dirac, físico teórico britânico, que deu nome à Equação de Dirac (1928) na Mecânica Quântica, e que descreveu com sucesso partículas elementares de spin -1/2, como o elétron. (Wikipédia) (N.E.)

de outros pares de partículas, como o próton-antipróton ou o nêutron-antinêutron. Esses pares de partículas podem também ser agora produzidos em laboratório por bombardeamento atômico. Outros pares de antipartículas fundamentais como o méson-antiméson, neutrino-antineutrino foram também relatados. Estudos recentes destas antipartículas indicam que pode haver uma antipartícula para cada partícula que conhecemos.

A previsão da descoberta desses pares de partículas, a partir da análise matemática por Dirac, é também interessante do ponto de vista filosófico, que foi discutido ao lidarmos com a relação de Manifestação e Matemática. Se Manifestação e Matemática estão relacionadas entre si como um edifício e sua planta baixa, deve ser possível predizer essas descobertas por análise matemática desta maneira.

Após a descoberta dessas antipartículas fundamentais, surgiu a questão de se essas antipartículas poderiam ser combinadas e os átomos convencionais da antivariedade poderiam ser sintetizados. Esse trabalho foi realizado pela primeira vez pelo Dr. Lean Lederman em 1965. Ele conseguiu combinar um antipróton e um antinêutron para criar um núcleo antideutério, ou antivariedade de hidrogênio pesado. Com a criação deste antiátomo, foi comprovado não apenas que tanto a criação de matéria a partir da energia, quanto a completa conversão de matéria em energia, é possível, e que a existência de antimatéria não mais pode ser questionada.

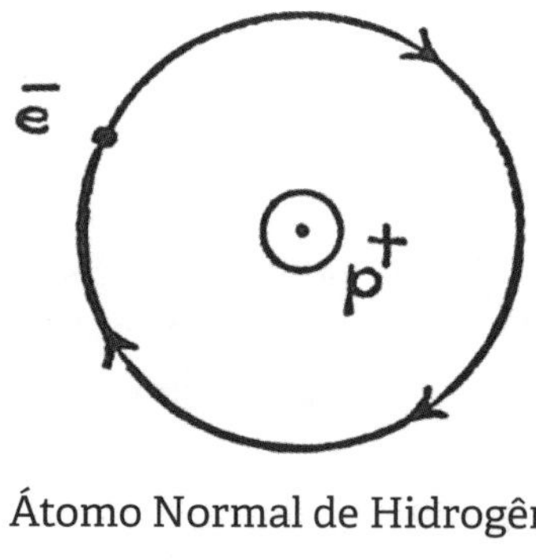

Átomo Normal de Hidrogênio

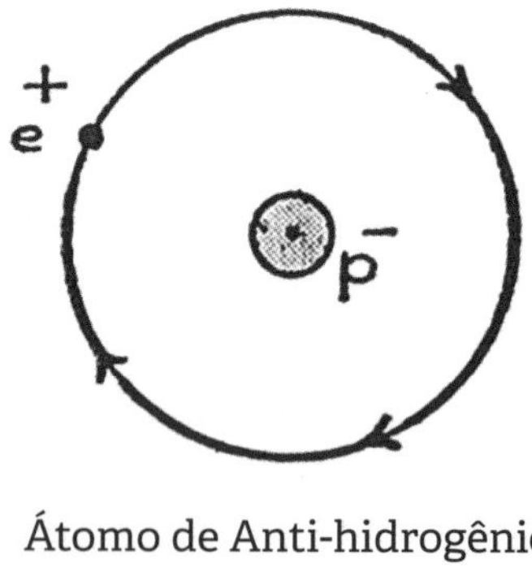

Átomo de Anti-hidrogênio

Para entender a relação de um átomo e sua antiforma, podemos primeiramente considerar o exemplo do átomo de hidrogênio, o mais simples de todos os átomos. Esse átomo tem apenas um próton no núcleo e um elétron orbitando o núcleo. No anti-hidrogênio, teremos, por conseguinte, um antipróton no núcleo e um pósitron ou antielétron orbitando o núcleo. Esses fatos podem ser representados diagramaticamente na figura anterior.

Um átomo de hélio possui dois prótons e dois nêutrons em seu núcleo. O átomo de anti-hélio deve, portanto, ter dois antiprótons e dois antinêutrons no núcleo, e dois antielétrons, orbitando o núcleo. No antioxigênio, o núcleo conterá 8 antiprótons, 8 antinêutrons e 8 pósitrons orbitando o núcleo. No caso do anticarbono, haverá 6 antiprótons e 6 antinêutrons no núcleo, e 6 pósitrons orbitando o núcleo. Desta maneira, é possível visualizar a estrutura das antiformas de todos os cento e dezoito elementos na Tabela Periódica.

Como todas as coisas, tais como água, terra, plantas, os corpos de animais e seres humanos e todos os objetos físicos são feitos de diferentes combinações desses cento e dezoito elementos comuns, podemos visualizar antiátomos desses cento e dezoito elementos combinando-os semelhantemente para formar água, plantas, etc., de um antimundo como o nosso, com a única diferença de que todos os seus átomos são da antivariedade. Estamos, assim, totalmente fundamentados ao especular a existência de um antimundo que é igual ao nosso, salvo que consiste inteiramente de antiátomos e antimoléculas. Um homem desse antimundo, embora constituído inteiramente de antimatéria, deve comportar-se da mesma maneira, mas, se por acaso ele entrar em contato com um homem comum, haverá uma explosão imediata, deixando um resíduo de matéria ou antimatéria do corpo do homem mais pesado.

Matéria e antimatéria são tão anti ou opostas em caráter, que o mais leve contato entre elas instantaneamente as converterá em energia. Esta conversão será acompanhada de uma explosão, porque conversão de matéria em energia, segundo a equação $E=mc^2$, é cem por cento. Mesmo na mais poderosa explosão da bomba de hidrogênio, somente cerca de um por cento da matéria é convertida em energia.

Do que foi dito acima, ver-se-á que não há possibilidade de encontrar qualquer antimatéria em nossa Terra. Também não é possível observar qualquer antimatéria no Espaço por meio de um telescópio, porque há a expectativa de que tanto matéria quanto antimatéria emitam o mesmo tipo de luz. Então qual é a base para a suposição, nos círculos científicos, de que a antimatéria verdadeiramente existe em alguns locais remotos no espaço?

Há algumas fontes de tremenda quantidade de energia no espaço, e é impossível explicar essas fontes, a não ser com base na interação de matéria e antimatéria ocorrendo nessas fontes. A quantidade de energia que pode ser liberada por tal interação pode ser julgada a partir do fato de que a mera interação de um próton e um antipróton – duas partículas subatômicas – libera 1,8 bilhões de elétron-volts de energia. Não conseguimos explicar a contínua produção de energia de fontes como quasares etc., a não ser com base na teoria de que matéria e antimatéria, em grandes quantidades, estão, gradualmente, em contato no interior desses quasares, etc., e liberando essas enormes quantidades de energia por mútua aniquilação.

Naturalmente, esta suposição meramente retrocede um passo sobre a pergunta – de onde veio originalmente toda esta energia? Pois, matéria e antimatéria podem ser produzidas em quantidades iguais, como vimos acima, somente a partir da energia, e as enormes quantidades desses dois tipos opostos de matéria só poderiam ter sido produzidas correspondentemente a partir de enormes quantidades de energia, segundo a equação $E=mc^2$. Os cientistas nada dizem sobre esta questão desconfortável, e como usualmente fazem, ignoram o que não conseguem explicar.

É um fato peculiar que, quando a matéria é produzida a partir da materialização da energia, iguais quantidades de matéria e antimatéria são simultaneamente formadas. Não foi possível criar um elétron individual, ou qualquer outra partícula fundamental individual a partir da energia, mas somente pares de partículas e de antipartículas de todos os tipos. Esse fato é de grande importância relativamente à natureza e à origem do Universo, e levanta muitas questões interessantes sobre as quais a Ciência Oculta tem muito a dizer e a dar uma informação significativa e definitiva.

A Ciência Moderna não tentou entender a importância mais profunda e a implicação deste misterioso surgimento de partículas e antipartículas somente aos pares, e a impossibilidade de criar uma única partícula de antimatéria. Este não é o local para se discutir as implicações filosóficas deste mistério, mas ele pode ser ressaltado de uma maneira geral, que mostra:

(1) Não apenas que a matéria pode ser criada a partir da energia, mas que há uma fonte de energia misteriosa e infinita, acima do reino da assim chamada matéria, a partir da qual esse estupendo Universo material, exigindo uma quantidade quase infinita de energia para sua produção, foi criado.

(2) Essa energia deve estar presente nessa fonte numa forma potencialmente dual, mas verdadeiramente neutra, da qual os pares de tipos de partículas opostos podem ser derivados.

(3) Essa infinita fonte de energia não pode ser material, porque a matéria, por mais estupenda que seja em quantidade, não pode verdadeiramente ser infinita. Apenas Mente e Consciência é que podem prover tal fonte. Somente na concepção Oculta de *Ākāsha* podemos encontrar uma pista para desvendar este mistério. Esta questão foi discutida em outro contexto, mas o estudante da Ciência Oculta deve ponderar profundamente sobre estes problemas para conseguir entender a importância das notáveis descobertas realizadas neste campo da Ciência Moderna.

Foi assinalado acima que a reação entre matéria e antimatéria é considerada como uma fonte provável da enorme quantidade de energia oriunda de certas constelações ou dos quasares[6]. Esta hipótese, porém, não se encaixa nas teorias atuais a respeito da história e da natureza do Universo. Se matéria e antimatéria foram criadas em quantidades iguais, como a antimatéria separou-se da matéria, antes de as duas se terem aniquilado? Se supusermos que há força gravitacional de repulsão ou antigravidade entre matéria e antimatéria, então a Teoria Geral de Relatividade tem de ser completamente descartada ou drasticamente modificada.

Foi sugerido que a existência de antigravidade pode ser testada simplesmente se projetando horizontalmente um feixe de antipróton gerado em um acelerador. Se o feixe se inclinar para cima, em vez de para baixo, da maneira usual, isto provará a existência de antigravidade ou repulsão gravitacional e invalidará a Teoria Geral da Relatividade.

6 Vide Nota 1 do Capítulo 9, p. 153. (N.E.)

O estudante verá do que foi declarado nos três últimos parágrafos, a frágil natureza de todas as teorias científicas que, à semelhança da Teoria da Relatividade, parecem estar firmemente estabelecidas, e que são atualmente quase universalmente aceitas. Se o experimento simples sugerido para testar a existência da antigravidade puder ser levado a cabo e se verificar que o feixe luminoso de antipróton em um acelerador se eleva, em virtude da repulsão gravitacional, toda a Teoria Geral da Relatividade desmoronará como um baralho, e os físicos mais uma vez estarão debatendo-se num mar de fatos físicos incertos e misteriosos. Não digo que isto acontecerá, mas pode acontecer segundo os cientistas, e mostra os alicerces incertos e fracos sobre os quais estão baseadas as teorias científicas.

Contrariamente à incerteza e à natureza sempre mutável das teorias científicas, as doutrinas da Ciência Oculta, que estão baseadas no único método certo e infalível da percepção direta, têm permanecido inalteradas desde tempos imemoriáveis. Se se descobrir que os assim chamados fatos científicos discordam dessas doutrinas essenciais e autênticas, conforme são conhecidas dos Adeptos da Ciência Oculta, os fatos científicos ou sua importância é que terão de mudar mais cedo ou mais tarde, e não as Doutrinas Ocultas. As teorias e filosofias científicas têm que, no final das contas, alinhar-se inevitavelmente com as Doutrinas Ocultas que representam as verdades últimas da existência, descobertas pelos Adeptos, e repetidamente verificadas por todo buscador bem-sucedido da Verdade.

सत्यमेवजयते नानृतं

Satyameva jayete nānritam

> "Verdadeiramente, é a verdade que prevalece no final das contas, e não a falsidade ou o erro."

Não devemos, porém, confundir os resultados da pesquisa clarividente ou da visão mística, com as doutrinas da Ciência Oculta. Esses resultados são também passíveis de erros, por razões sobre as quais não precisamos discutir aqui. Assim, que o cético não lance tais fatos na face do ocultista ou exija provas para as Doutrinas Ocultas.

Capítulo 22

O Princípio da Incerteza e a Vontade Divina

Revisemos resumidamente, e de uma maneira geral, os desenvolvimentos que ocorreram no campo da Mecânica Quântica, e seu impacto sobre a Doutrina Oculta, referente à questão do livre-arbítrio e da predeterminação. Segundo a Mecânica Newtoniana, se sabemos a dinâmica e a posição de um corpo, em um determinado momento, e as forças que atuam sobre ele, podemos prever tanto a dinâmica quanto a posição desse corpo durante todo o tempo futuro, com uma precisão limitada apenas por nossa habilidade experimental em mensurar as condições iniciais e as resultantes. A Mecânica Newtoniana deu uma resposta precisa e definitiva para o comportamento de uma partícula em movimento, tanto assim que Laplace fez sua famosa declaração: "Se me disseres as posições e velocidades atuais de todas as partículas no Universo, e as forças atuando sobre estas partículas, te direi toda a história futura".

Certamente compreendeu-se que tais cálculos de futuro ou passado seriam para sempre impossíveis, por causa do incalculável número de partículas no Universo, mas a importância do princípio residia no fato de que ele indicava rígida predeterminação da variedade materialista. Indicava que o curso deste Universo manifestado foi predestinado não por um Deus inconstante das religiões ortodoxas, mas predeterminado pela matéria. Assim, o materialismo científico entronizou formalmente a matéria, no lugar de Deus, como o árbitro de nosso destino e do futuro do Universo.

É óbvio que, segundo este princípio, todas as ações humanas são totalmente predeterminadas, e não há espaço para o livre-arbítrio, e muito menos para a Vontade Divina nos afazeres humanos. Mente e Consciência, devemos lembrar, são consideradas subprodutos de reações químicas, físicas e biológicas, não tendo existência independente e própria, segundo a filosofia do materialismo científico. Este conceito está corporificado em outro axioma famoso do materialismo científico, enunciado por Lombroso[1] em sua famosa máxima: "O Cérebro segrega pensamento como o fígado segrega bílis".

O desenvolvimento da Física Quântica revolucionou drasticamente os conceitos científicos que surgiam da Mecânica Newtoniana e criou confusão e incerteza, em vez de ideias precisas, nas afirmações dogmáticas que caracterizavam o pensamento científico na parte final do século XIX. Mas antes de rever esses desenvolvimentos muito sumariamente, permitam-me citar um trecho do livro do Sr. Barnett, que, laconicamente, abordou não somente estes desenvolvimentos, mas também o impacto geral que causou sobre a atitude e o pensamento científicos. No capítulo 4 de *O Universo e o Dr. Einstein*[2], ele diz:

> "A Física Quântica, assim, deita por terra dois pilares da velha ciência, casualidade e determinação. Pois, ao lidar em termos estatísticos e de probabilidades, ela abandona toda a ideia de que a Natureza exibe uma sequência inexorável de causa e efeito. E ao admitir margens de incerteza, ela revela a antiga esperança de que a Ciência, tendo em conta o atual estado e velocidade de todo corpo material no Universo, pode prognosticar a história do Universo por todo o tempo. Um subproduto desta renúncia é um novo argumento para a existência do livre-arbítrio. Pois, se os eventos físicos são indeterminados e o futuro é imprevisível, então, talvez, a quantidade desconhecida, chamada "mente", possa ainda guiar o destino do homem entre as infinitas incertezas de um Universo inconstante. Mas a noção invade o reino do pensamento, com o qual o físico não está interessado".

---

1 Cesar Lombroso foi um psiquiatra, cirurgião, higienista, criminologista, antropólogo e cientista italiano. (Wikipédia) (N.E.)

2 Vide Nota 1 do Prefácio do Autor, p. 14. (N.E.)

O leitor deve notar quão implacavelmente os desenvolvimentos científicos estão levando os cientistas modernos em direção às bem estabelecidas e consagradas Doutrinas da Ciência Oculta, e quão desesperadamente eles estão tentando evitar as verdadeiras questões, buscando refúgio em ideais e objetivos autoimpostos e arbitrários da Ciência Moderna. Quando seu conhecimento científico parcial e limitado apontava na direção da existência de rígida predeterminação, baseada na matéria, eles proclamaram agressivamente e com incontida alegria que mente, livre-arbítrio e sua origem, Deus[3], não existem. Agora que os mais recentes desenvolvimentos científicos mostraram que matéria, no sentido científico, não existe, e que a rígida determinação está morta, as questões vitais, referentes à mente e ao livre-arbítrio, tornaram-se "um reino de pensamento, com o qual o físico não está preocupado". "Verdadeiramente, não há ninguém tão cego quanto aqueles que *não querem* ver." Mas, durante quanto tempo podem eles combater nesta batalha perdida contra o conceito de uma base mental e espiritual do Universo proclamado inequívoca e enfaticamente pela Ciência Oculta? Até mesmo a Natureza parece estar contra eles, levando a seu conhecimento fatos cada vez mais embaraçosos e inegáveis.

Consideremos agora, particularmente, um importante desenvolvimento no reino da Física, que perturbou completamente muitas ideias bem estabelecidas do mundo científico, e explodiu o conceito do rígido determinismo sobre o qual se baseava o materialismo científico. É chamado Princípio da Incerteza.

Não é fácil para o leigo apreender o Princípio da Incerteza em todos os seus aspectos, mas a ideia principal e básica, por detrás, pode ser entendida até certo ponto, se estiver familiarizado, de um modo geral, com os mais recentes desenvolvimentos na Física e na Química. Ao explicar este princípio em termos mais simples, lembremos o que foi dito acima referente à posição e velocidade de todas as partículas no Universo, determinando completamente o passado e o futuro do Universo. Foi esta ideia que forneceu a base do determinismo rígido e foi considerada como um pilar do materialismo científico.

---

3 Vide a alínea (d) do Capítulo 17, p. 252. (N.E.)

Segundo o famoso Princípio da Incerteza, enunciado por Heisenberg, a própria Natureza colocou um limite na precisão com a qual podemos medir a posição e o dinamismo de uma partícula simultaneamente. Se tentamos medir a posição de uma partícula com maior precisão, isso leva automaticamente à diminuição na precisão da mensuração desse dinamismo e vice-versa. Em outras palavras, se reduzimos a incerteza em um, isto automaticamente leva ao aumento da incerteza na mensuração do outro, e o produto das duas incertezas jamais pode ser reduzido abaixo de um valor mínimo que é igual à Constante de Planck[4].

A incerteza, introduzida em nossos dados desta maneira, não se deve a imperfeições de nossos métodos de mensuração ou de nossos instrumentos. É inerente à natureza mesma das coisas, e nada podemos fazer a respeito, ainda que consigamos imaginar instrumentos e métodos de mensuração *ideais*: o defeito permanecerá porque está embutido, por assim dizer, no próprio processo natural e não pode ser eliminado.

Este comportamento peculiar dos objetos no mundo quântico subatômico deve-se ao fato de que o ato de medir altera o próprio objeto a ser medido. Como a observação ou a mensuração afeta o objeto, pode ser mais bem entendido a partir de um exemplo concreto simples. Suponhamos que queiramos medir a temperatura de um cc. (centímetro cúbico) de água por meio de um termômetro de mercúrio em vidro. Quando introduzimos o termômetro na água, o próprio termômetro absorve um pouco de calor da água e a temperatura mostrada será, assim, consideravelmente inferior à verdadeira temperatura da água. Podemos reduzir o erro utilizando dispositivos com menor capacidade de absorver calor, como miniaturas de pares termelétricos, mas o erro da mensuração jamais pode ser completamente eliminado. Está embutido no próprio processo de tirar a temperatura.

Divorciado de sua terminologia científica e de sua base experimental, o Princípio da Incerteza significa realmente que, em sua base última, no mundo subatômico, o mundo físico não segue as leis comuns do mundo físico, e desaparece não apenas da consciência do

4 Vide a Nota 2 do Capítulo 8, p. 145. (N.E.)

homem, mas também de sua compreensão. O cientista pode controlar o comportamento dessas partículas em massa, mas não o de uma única partícula. Ele chama essa incerteza, e falta de controle sobre o átomo individual, de "o elemento de inconstância no comportamento atômico" para evitar introduzir Mente, Consciência e todas as outras realidades da existência que estão ocultas por trás do mundo físico.

É muito estranho para o cientista moderno atribuir essa incerteza no comportamento atômico à inconstância, quando toda a filosofia e técnica da Ciência Moderna estão baseadas na tácita suposição de que os processos da Natureza ocorrem de acordo com Leis Naturais que atuam com exatidão matemática e que se pode confiar sob todas as circunstâncias. Quando algo parece comportar-se de maneira inconstante ou irregular, ele sempre atribui essa incerteza ao fato de desconhecer alguns fatores que estão envolvidos no processo sob consideração e tenta encontrar esses fatores para eliminar a incerteza. Mas em todos esses casos onde ele suspeita que fatores suprafísicos possam estar envolvidos e possam forçá-lo a renunciar à sua filosofia materialista, sua perspectiva científica se evapora, e ele está pronto para descartar lógica, senso comum, racionalidade e todos os outros atributos da perspectiva científica. Começa a bater em retirada, recusa-se até mesmo a considerar algo mais sobre o problema e busca refúgio em todos os tipos de desculpas para não enfrentar as realidades que estão envolvidas no problema.

A explicação oculta dessa incerteza, presente na base última do mundo subatômico, é perfeitamente clara. Segundo a Doutrina Oculta, este Universo, em todos os seus graus de sutileza, é derivado e é uma expressão da Realidade Última, que o perpassa, controla e guia a partir do interior. Ela só pode controlá-lo e guiá-lo se, no final das contas, os processos naturais subjacentes ao Universo estiverem sob Seu controle. Somente então é que seu progresso ordenado rumo ao objetivo previamente fixado, segundo o Plano Divino, pode ser assegurado e consumado. Em um Universo físico totalmente governado por forças cegas da Natureza, o que é implícito no rígido determinismo, não haveria nenhuma possibilidade de tal controle e orientação, e o Universo seguiria implacavelmente aonde quer que essas forças cegas o levassem.

O fato de que essa incerteza só é encontrada na base última do mundo físico, ou seja, no mundo atômico, é de grande importância. Permite ao Universo, em todas as suas partes, seguir seu curso segundo as leis da Natureza que atuam com exatidão matemática, e nas quais se pode confiar sob todas as circunstâncias. Mas quando alguma mudança se torna necessária, ela pode ser produzida a partir do interior, atuando sobre os átomos individuais que estão embutidos na Consciência Divina e podem, portanto, ser controlados pela Vontade Divina. Qualquer pessoa pode ver que a Consciência Divina, que pode controlar os átomos individuais na base do mundo físico, pode controlar todos os processos físicos que são erguidos sobre esta fundação. Assim, a existência simultânea do determinismo na superestrutura, e da incerteza na fundação do Universo, permite ao Universo guiar seu curso normalmente segundo leis naturais, e ainda seus processos serem corrigidos pela Sabedoria Divina, quando isto se torna necessário sob quaisquer circunstâncias.

É engenhosa a maneira como os físicos modernos tentaram evitar as dificuldades que surgem do Princípio da Incerteza. Eles afirmam que "não faz sentido para um físico preocupar-se com as propriedades e o comportamento de um único elétron; no laboratório ele trabalha com feixes ou abundância de elétrons, cada qual contendo bilhões de partículas individuais (ou ondas); ele só está preocupado, portanto, com o comportamento da massa, governada pelas leis da probabilidade e do acaso. Assim, não faz diferença prática se os elétrons individuais são partículas ou sistemas de ondas – agregados, eles podem ser retratados de uma forma ou de outra".

Esta conclusão só seria válida se houvesse apenas o mundo físico de átomos e moléculas em existência, e o átomo individual ou elétron fosse apenas uma partícula de matéria insensível, sem mais nada na sua retaguarda. Então, seu comportamento seria governado apenas pelas leis da probabilidade e previsto com base nas leis da Natureza. Mas se cada partícula individual última estiver embutida na Mente e na Consciência Divina, e acessível ao controle Divino, então as leis da probabilidade só governarão seu comportamento em condições normais. Também será possível para a Mente e Consciência subjacentes alterar o comportamento das partículas *en masse* desta forma. Simples partículas insensíveis não conseguem fazer isto.

Colocando em linguagem bastante rude, Deus manteve a iniciativa e o poder de controlar o Universo segundo Sua Vontade, em suas próprias mãos, não o deixando a átomos insensíveis ou a seres humanos inescrupulosos e subdesenvolvidos que gostariam de moldá-lo segundo seus propósitos egoístas ou seus julgamentos imaturos. O elemento do imprevisível e do inesperado é inerente à natureza mesma do Universo manifestado, e pode ser visto, mesmo nos afazeres humanos, por aqueles que têm olhos para ver essas coisas mais sutis, e cujas mentes não estejam completamente imersas em seus fenômenos. O ser humano é livre para fazer o que quiser, mas Deus também é livre para fazê-lo suportar as consequências de suas ações, seja através da operação ordinária das Leis *Kármicas*, ou através de circunstâncias extraordinárias que Ele pode criar para este propósito.

O que foi dito acima com relação à supremacia da Vontade Divina, em referência à matéria física, é igualmente verdadeiro com relação à mente. Cada mente individual está inserida[5] na Consciência Divina, e, portanto, acessível ao controle da Vontade Divina. Sendo a Mente mais flexível do que a matéria física, deveria ser mais fácil controlá-la, mas talvez essas diferenças não importem onde a Vontade e o Poder infinitos da Consciência Divina estejam envolvidos. As vidas dos seres humanos como indivíduos ou comunidades estão livres para seguirem seu curso normal, de acordo com as Leis Físicas e Suprafísicas a eles aplicáveis. Mas onde circunstâncias extraordinárias surgirem, a Consciência Divina pode intervir para colocar as coisas em ordem. Nada pode interferir nisto, porque esta Consciência atua por trás da mente, e a mente sequer está perceptiva desta orientação que vem do interior.

5 No original em inglês: *embedded*. (N.E.)

Glossário da Edição Brasileira[1]

- *Adepto* – "aquele que obteve". Em Ocultismo é aquele que, mediante desenvolvimento espiritual, conseguiu o grau de Iniciação (isto é, alcançou conhecimentos e poderes transcendentais) e chegou a ser Mestre na Ciência da Filosofia Esotérica. Vide *Mahātmā*.
- *Ākāsha* – a substância primordial; é o Princípio Cósmico primário. De acordo com a Doutrina Oculta, é a matriz e substrato, e assim a origem de todas as espécies de energias e movimentos dos quais são derivados todos os tipos de vibrações e partículas elementares. Espaço, éter, o céu luminoso. A sutil, supersensível essência espiritual, que preenche e penetra todo o espaço.
- *Anāhata Shabda* – o "som eterno produzido sem vibração de um instrumento material".
- *Ānanda* – Bem-aventurança, alegria, felicidade.
- *Ananta* – ilimitado ou infinito.
- *Ashwattha* – Árvore da Vida.
- *Ātman* – a Mônada divina, é o Espírito Universal, o sétimo princípio, assim chamado na constituição setenária do homem. A Alma suprema.
- *Avatar* – descido do alto. Encarnação divina. Descenso de algum deus ou Ser glorioso, que ultrapassou a necessidade de renascimento na Terra, no corpo de um simples mortal. *Krishna* era um Avatar de *Vishnu*.

1 Glossário dos termos sânscritos, baseado nas descrições do próprio autor ou conforme o *Glossário Teosófico* (BLAVATSKY, H. P. São Paulo: Ground, 2004).

- *Bindu* – Um ponto. Uma gota. Um Centro Monádico. O *chakra* do coração (no Homem), ponto da Consciência.
- *Brahmā* – O Terceiro *Logos*. O Criador.
- *Brahmā Chaitanya* – Realidade em seu aspecto de Consciência.
- *Brahman* (neutro): a Realidade transcendental no Imanifestado; a Realidade Imanifestada; a Realidade Última. É o impessoal, supremo e incognoscível Princípio do Universo, de cuja essência emana tudo e ao qual tudo retorna, e que é incorpóreo, imaterial, inato, eterno, sem princípio nem fim.
- *Bhūtas* – os cinco princípios cósmicos que estimulam as sensações.
- *Buddhi* – a faculdade de percepção. Mente ou Alma Universal. É também a Alma espiritual do homem (o sexto princípio). É a faculdade que está acima da mente racional e é a Razão pura, que exerce a faculdade discernidora da intuição, de discernimento espiritual.
- *Chidākāsha* – espaço mental. *Chitta* + *Ākāsha.* Substância Mental. Segundo o Ocultismo, o espaço como experimentamos, nos planos da manifestação, é mental em natureza.
- *Chit* – Mente Divina. O Princípio Mental. Consciência pura ou abstrata. Inteligência, consciência, mente, pensamento, percepção, coração. Entre os iogues, *Chit* é sinônimo de *Mahat*, o primeiro e divino intelecto.
- *Chitta* – Propósito, atenção, observação, ideia. A matéria mental.
- *Damaru* – é um tambor em forma de ampulheta usado principalmente na Índia e no Tibete e representa nestas culturas o som da criação do Universo. No Hinduísmo, o Universo brota da sílaba /*OM*/.
- *Devatās* – Formas que simbolizam no Hinduísmo funções e poderes Divinos diferenciados derivados de *Mahā Deva.* Condição divina, divindade.
- *Devī* – "A Deusa". Vide *Mahā Devī.*
- *Dvandvas* – par de condições ou qualidades opostas. Realidade polar estendendo-se em ambos os lados indefinidamente.
- *Gunas* – Qualidades, atributos. A Matéria (*Prakriti*) é constituída de três *gunas: Sattva*: bondade, pureza, harmonia, lucidez, verdade, equilíbrio, etc.; *Rajas*: paixão, desejo, atividade, inquietude, afã, dor, etc.; *Tamas*: inércia, apatia, confusão, ignorância, etc.

- *Gupta Vidya* – Ciência Oculta ou Conhecimento Secreto.
- *Indriyas* – órgãos dos sentidos.
- *Īshvara*: "O Senhor e Soberano". *Logos* Solar. Deidade que preside um Sistema Solar.
- *Jīvātmā* – o Espírito Divino no homem. O Espírito animador ou de vida; o Espírito individual ou humano, em contraposição ao Espírito universal ou *Paramātman*.
- *Jñeyam* – limitado.
- *Kalā* – derivada da raiz *Kala*, que significa "exercer poder", "ativar", "impelir", etc. Implica exercer uma função ou empenhar-se em alguma atividade que lhe seja apropriada. As formas ou funções diferenciadas de qualquer princípio na Manifestação. Um tempo, como regulador, idade, era, estação, etc.
- *Krama* – mecanismo da Manifestação. Marcha, progresso, sucessão; ordem, método.
- *Kshana* – *Kāla-anu*. Unidade última de tempo; irredutível unidade cósmica de tempo. Instante ideal. Períodos ou partículas de tempos as menores possíveis. "Pontos" ideais de tempo que subjazem em todos os tipos de modificações nas impressões espaciais, e que produzem a impressão ilusória do fluxo de tempo na consciência.
- *Kshetra* – equivalente a "campo".
- *Laya* – palavra derivada da raiz *li*, "dissolver", "desintegrar"; um ponto de equilíbrio (ponto zero ou neutro).
- *Laya Yoga* – é um sistema de *Yoga* que consiste em contemplar com atenção (...) o *nāda* (som) interno (...) e a mente funde-se na consciência por meio da ação deste som.
- *Logos Solar (Logoi* no plural) – Ser Divino cuja Consciência perpassa o Sistema Solar, controla e regula todas as suas atividades em todas as esferas, em todos os níveis, e provê o campo para a evolução de inúmeras Mônadas envolvidas na manifestação particular. A Divindade manifestada (...) a expressão exterior ou o efeito da Causa que permanece sempre oculta ou não manifestada. Assim, a linguagem é o *Logos* do pensamento; por isso se traduz corretamente com os termos "Verbo" e "Palavra", em seu sentido metafísico.

- *Maha* – prefixo. Grande, poderoso, abundante. No princípio de uma palavra composta tem o mesmo significado que *Mahat*, literalmente "O Grande". Quando unido a algum substantivo, denota o estado último e mais sutil de qualquer realidade em existência que possa existir em inumeráveis formas e em diferentes níveis de manifestação.
- *Mahābindu* – Grande Ponto. No qual está centrada toda realidade que existe, e a partir do qual é projetado tudo que está presente na manifestação. Centro *Logoico*.
- *Mahā Deva* – literalmente "Grande Deus". No Hinduísmo, o estado integrado de Funções Divinas.
- *Mahā Devī*– estado integrado de Poderes Divinos.
- *Mahākāla* – *vide Kalā*.
- *Mahākāsha* – literalmente "Grande Espaço". Espaço integrado. O princípio último do Espaço no Imanifestado.
- *Mahā-kshetra* – campo integrado, e que tudo inclui.
- *Mahātmā* – literalmente, "grande Alma ou Espírito". Um Adepto de ordem mais elevada. Os *Mahātmās* são seres eminentes que, tendo obtido o domínio de seus princípios inferiores, vivem, deste modo, livres dos impedimentos do "homem carnal" e estão de posse de um conhecimento e poder proporcionados segundo o nível que alcançaram em sua evolução espiritual.
- *Mahesha* – a Deidade que preside o Sistema manifestado. "Grande Senhor"; epíteto de *Shiva*. Sinônimo de *Maheshvara*.
- *Maheshvara* – *Māha Ishvara* – *Logos* Cósmico. Deidade que preside e governa todo o Cosmos.
- *Manobindu* – o ponto, centro, da consciência individual, através do qual a mente atua no caso de um microcosmo.
- *Māyā* – Ilusão. Tudo aquilo que é mutável, que está sujeito a transformações por decaimento e diferenciação e que, portanto, tem princípio e fim, é considerado como *māyā*: ilusão.
- Mônada (do grego *monas*, unidade). A Mônada é a centelha divina, o *Jīva*, o Eu, o Raio do *Logos*.
- *Mūla Prakriti* – literalmente, "Raiz da Natureza (*Prakriti*) ou da Matéria". A matéria cósmica indiferenciada, matéria primordial, essência ou raiz da matéria.

- *Nāda* – "som" manifestado; aquele "som" místico que contém, em forma integrada, todos os tipos de "Sons" que existem e desempenham diferentes papéis no Universo manifestado. A "Palavra insonora" ou a "Voz do Silêncio".
- *Nirbīja Samādhi* – Meditação "sem semente". É aquela meditação inconsciente ou sem uma consciência definida, em que, pelo efeito da completa suspensão das transformações (*vrittis*), a mente ou princípio pensador permanece em um perfeito estado de equilíbrio.
- *Nirīham* – "sem desejo".
- *Nirvishesha* – sem marcas ou sinais distintivos; sem quaisquer "objetos ou características particulares" (mas contendo todos os particulares em forma potencial).
- *Nishkāma Karma* – técnica de praticar ação como um agente da Vida e da Consciência Divinas, de modo que não se incorra em nenhum *Karma* pessoal no processo.
- *Pancha-bhūtas* – referidos como os Cinco Elementos Cósmicos.
- *Parabrahman* – a Realidade Última. Literalmente "superior a *Brahmā*". O supremo e infinito *Brahmā*, o "Absoluto", a Realidade sem atributos e sem segundo. O princípio universal, impessoal e inominado.
- Plano – do latim *planus*. Extensão do espaço ou de algo nele contido, seja no sentido físico, seja no metafísico, por exemplo, um "Plano de consciência". Temos os Planos Físico, Astral, Mental, etc. Há no Cosmos sete planos, três dos quais, os superiores, só se revelam aos Iniciados.
- *Prakriti* – "Natureza". Vide *Mūla Prakriti.*
- *Pralaya* – é um período de obscuridade ou repouso (planetário, cósmico ou universal); o oposto de *Manvantara.*
- *Prāna* – princípio vital; alento de vida; é a vitalidade, a força vital.
- *Prānamaya Kōsha* – literalmente "veículo ilusório de *prāna*"; é o "Duplo Etérico".
- *Pratyāhāra* – domínio dos próprios sentidos; abstração ou retraimento (um dos requisitos ou partes do *Yoga*, segundo se declara nos *Aforismos de Patañjali).*
- *Pūrna* – cheio, pleno, completo. A totalidade da Realidade.

- *Purusha* – Espírito, em contraposição à Matéria (*Prakriti*); o "Eu Espiritual". É um princípio primordial, puro, espiritual, consciente, eterno, não criado.
- *Sabīja Samādhi* – literalmente "*Samādhi* com semente" ou objetivo. Meditação consciente, ou seja, aquele estado de concentração mental em que, embora a mente encontre-se livre de transformações (*vrittis*), é consciente daquilo com que se identifica e por esta razão se chama consciente (*samprajñāta*).
- *Sādhana* – conjunto de meios de execução para obtenção do estado de *Samādhi*.
- *Samādhi* – tal palavra deriva das palavras *sam-ādha,* "posse de si mesmo". É um estado de arrebatamento (...) completo. É o supremo grau do *Yoga.* É aquele estado em que a concentração mental chega a um ponto tão extremo, que a mente assim fixa se unifica com o objeto em que se encontra concentrada.
- *Sānkhya* – Sistema filosófico fundado pelo Rishi Kapila; explica a natureza do Espírito (*Purusha*) e da Matéria (*Prakiti*), dois princípios igualmente não criados e eternos que, por sua mútua união, dão origem a todos os seres, animados e inanimados.
- *Sat* – Vontade. A única Realidade sempre presente no mundo infinito; a Essência Divina que é, porém da qual não se pode dizer que *existe,* uma vez que é o Absoluto, a própria *Seidade.*
- Senda – alude aos graus de progresso interior individual no curso do discipulado, ao desenvolvimento progressivo do indivíduo na via ascendente da espiritualidade.
- *Shabda* – "Som" latente no Imanifestado.
- *Shabda Brahmā* – Realidade em seu aspecto de Poder, sob a forma do Som. Também chamado de "*Brahmā* como Som"; é o "Som" misterioso, místico e incompreensível.
- *Shakti* – Vide *Tattva Shakti.*
- *Shiva* – Vide *Tattva Shiva.*
- *Srishti* – *Manvantara.* Manifestação ou um período de manifestação [do Universo], oposto ao *Pralaya* (repouso ou dissolução); aplicado a vários ciclos de criação, emanação, geração.

- *Tamas, Rajas e Satva* – conhecidos como os três *gunas*. São as três características da energia da Natureza. Correspondem respectivamente à inércia, ao movimento e ritmo, ou à estabilidade, mudança e harmonia.
- *Tanmātrā* – contraparte subjetiva ou mental dos objetos ou ambiente objetivo. Aparece na mente através dos órgãos dos sentidos ou *Indriyas.*
- *Tattvas* – Princípios fundamentais subjacentes à Manifestação.
- *Tattva Shakti* – O Princípio de Poder (Potência) Cósmico. O Poder Divino infinito.
- *Tattva Shiva* – O Princípio de Consciência Divina; Consciência Pura; Consciência Suprema; Consciência Cósmica.
- *Tattva Shiva-Shakti* – a dualidade primária que surge através da diferenciação da Realidade Última; a mais sutil polaridade em existência e a fonte oculta de todas as polaridades na Manifestação.
- *Upanishades* – A terceira divisão dos *Vedas* acrescentada aos *Brahmanas* e considerada como uma parte da palavra "revelada".
- *Vishnu* – o Preservador; é a Segunda pessoa da Trindade hindu, composta de *Brahmā, Vishnu* e *Shiva.* O Governante ativo de um Sistema manifestado.
- *Viveka* – discernimento penetrante; faculdade de análise e comparação.
- *Yoga* – A palavra *Yoga* significa, literalmente, "união" e é usada no sistema de *Patañjali* para designar a união ou harmonia do eu humano, ou inferior, com o Eu Divino, ou superior, através da prática da meditação.
- *Yoga-Sūtras* – famosa coleção de *Aforismos de Patañjali* que constituem um verdadeiro tratado de filosofia e prática do *Yoga.* Consta de quatro livros, que tratam respectivamente da Concentração (*Samādhi*), dos meios de Concentração (*Samādhiprāpti* ou *Sāndhana),* dos poderes *(Vibhūti)* e da Unidade ou Liberação (*Kaivalya).*

Posfácio – Outras Obras do mesmo Autor

Ricardo Lindemann[1]

Dr. Iqbal Kishen Taimni (1898 – 1978), como foi mencionado no prefácio, adquiriu notoriedade principalmente por sua tradução comentada do clássico *Yoga-Sūtra* de Patañjali, intitulada *A Ciência do Yoga*[2] (Ed. Teosófica, 1996), que é provavelmente a mais atual expressão da relevância do *Rāja-Yoga* na literatura teosófica, juntamente com *Introdução ao Yoga* (Ed. Teosófica, 2019) da Dra. Annie Besant.

Outra obra muito importante do Dr. Taimni, que talvez seus leitores deveriam ler antes de todas as outras, é *Autocultura à Luz do Ocultismo* (Ed. Teosófica, 1997), onde ele desenvolve magistralmente um estudo detalhado dos veículos da Consciência, tanto no que tange às suas funções, quanto no que tange à sua purificação e desenvolvimento. Esta obra também contém uma notável introdução ao *Yoga-Sūtra* de Patañjali e pode servir, portanto, como excelente leitura antes de *A Ciência do Yoga*, como também se poderia recomendar *Preparação para o Yoga* (Ed. Teosófica, 1992). Para aqueles que se interessam pelo aspecto devocional do *Bhakti-Yoga* poderia se recomendar *Autorrealização pelo Amor* (Ed. Teosófica, 2011) onde Dr. Taimni apresenta uma

---

1 Doutorando em Ciência da Religião pela UFJF, Mestre em Filosofia pela UnB, Diretor da Editora Teosófica e Ex-Presidente da Sociedade Teosófica no Brasil; ricardolindemann@uol.com.br.

2 Originalmente publicada em inglês: TAIMNI, I.K., PhD. *The Science of Yoga.* Chennai (Madras), India: Theosophical Publishing House, 1961.

tradução comentada do clássico *Bhakti-Sūtra* de Nārada. Também na linha do poder do som ou *Mantra-Yoga*, investigando seu significado e técnica, pode-se recomendar *Gayatri: o Mantra Sagrado da Índia* (Ed. Teosófica,1991).

Extraordinário poder de síntese de toda a trajetória evolutiva humana até a autorrealização ou Libertação se encontra em apenas vinte aforismos ou *sūtras* de O *Segredo da Autorrealização* (Ed. Teosófica, 2009) que apresenta uma tradução comentada do clássico *Pratyabijña Hridayam* de Kshemarāja, introduzindo a tradição monista do Shaivismo da Cashemira. Talvez mais avançado nesta escola seja *Shiva-Sūtras* (Ed. Teosófica, 2012), comentado por Dr. Taimni, que trata da Realidade Última e da natureza do ser liberado ou Mahatma. Também vislumbres sobre o Plano Divino são apresentados em *Princípios de Trabalho da Sociedade Teosófica* (1994). Essas são algumas das obras mais importantes do Dr. Taimni já traduzidas para a língua portuguesa. Não pareceu oportuno mencionar outras que ainda não foram traduzidas ao português. Fica o leitor convidado a aprofundar e seguir a linha de Filosofia do *Yoga* que mais lhe aprouver para libertar-se dos sofrimentos ilusórios ou desnecessários que o ser humano costuma gerar para si mesmo.

Índice Remissivo

A

B

Brahmā – 156, 194, 204, 233

C

D

G

I

J

K

L

M

T

U

V

Y

I. K. Taimni
A CIÊNCIA DO YOGA

Esta obra nos leva a um reencontro com a essência do *Yoga* a partir de um estudo comparativo da Ciência moderna com a clássica e primeira codificação da disciplina do *Yoga* – os *Yoga-Sūtras*, de autora de Patañjali, o grande filósofo indiano, no século VI a.C.

Descobertas da Física Quântica demonstram, por exemplo, que a irradiação da luz é descontínua, propagando-se através de porções discretas chamadas fótons. Tal fato cientificamente comprovado está em perfeita concordância com a teoria das *Kṣaṇas*, conforme os *Yoga-Sūtras* III-53 e IV-33, que considera como descontínua a própria natureza do tempo e da matéria. Como Patañjali poderia, há 2600 anos, conhecer tais fatos sem o apoio da tecnologia e pesquisa científica atuais?

Dr. Taimni define *Yoga* como uma ciência de autoconhecimento e libertação progressiva da consciência. Deste modo, responder-se-ia tal pergunta não pela crença ou especulação metafísica, mas pela experiência direta da prática da meditação enquanto método progressivo de pesquisa, através das diferentes camadas da mente, pela qual o ser humano pode conhecer a própria origem do Universo, bem como de si mesmo, e desvelar os grandes mistérios da vida e da morte.

gráfika®
papel&cores
Fone:61 3344.3101